中國倫理思想研究文叢

二 編

王澤應 主編

第 2 冊

中國傳統儒家忠德研究

歐陽輝純 著

花木蘭文化出版社

國家圖書館出版品預行編目資料

中國傳統儒家忠德研究／歐陽輝純 著 — 初版 — 新北市：花
木蘭文化出版社，2014〔民 103〕
目 2+240 面；19×26 公分
（中國倫理思想研究文叢 二編；第 2 冊）
ISBN：978-986-254-393-1（精裝）
1. 儒家　2. 倫理學
190.9208　　　　　　　　　　　　　　　　103001859

ISBN-978-986-254-393-1

9 789862 543931

中國倫理思想研究文叢
二 編 第 二 冊
ISBN：978-986-254-393-1

中國傳統儒家忠德研究

作　　　者　歐陽輝純
主　　　編　王澤應
總 編 輯　杜潔祥
副總編輯　楊嘉樂
編　　　輯　許郁翎
出　　　版　花木蘭文化出版社
負 責 人　高小娟
聯絡地址　新北市中和區中安街七二號十三樓
　　　　　　電話：02-2923-1455／傳眞：02-2923-1452
網　　　址　http://www.huamulan.tw 信箱 hml 810518@gmail.com
印　　　刷　普羅文化出版廣告事業
初　　　版　2014 年 9 月
定　　　價　二編 5 冊（精裝）新台幣 9,000 元　　　　版權所有·請勿翻印

中國傳統儒家忠德研究

歐陽輝純　著

作者簡介

歐陽輝純，男，1976 年 2 月生，湖南永州人，2004 年畢業於湖南師範大學新聞與傳播學院，獲文學學士學位，2008 年畢業於廣西師範大學政治與行政學院，獲哲學碩士學位，2012 年畢業於中國人民大學哲學院，獲哲學博士學位。現爲廣西民族大學政治學與國際關係學院教師、倫理學碩士生導師。在《道德與文明》、《倫理學研究》和《齊魯學刊》等刊物上發表論文 20 餘篇。主要研究中國哲學、中國儒學、中國倫理思想史和中國政治思想史。

提　　要

　　儒家忠德是中國倫理思想史上最重要的德目之一，本書全面而系統地論述了儒家忠德的內涵、起源、發展和歷史實踐及其當代價值。儒家忠德在中國漫長的倫理思想發展史中，經歷了整合與創建、發展與抗爭、批判與重構等幾個階段。立德、立言、立功是儒家忠德實踐的主要表現方式。現代忠德是對傳統儒家忠德的揚棄，是創造性地轉化和發展。儒家忠德和其它道德文化資源一樣，參與了現代化的建設，審視它的價值，有利於促進現代社會健康和諧發展。同時，它對陶冶國民愛國主義情操、提升國民敬業精神和塑造國民人格都具有重要意義。儒家忠德並不是現代社會發展的障礙，而是現代社會秩序一個不可忽視的保證，是現代文明質量保證的重要因素。它在一定意義上還爲現代人類的生存帶來價值和意義。今天我們要建設社會主義和諧社會，就更應該汲取傳統儒家忠德的優秀成分，剔除其糟粕，以便使其與時代相適應，與社會相協調，更好地促進社會發展。本書立足於中國傳統文化，採用歷史唯物主義和辯證唯物主義的方法，創造性地繼承和發展了儒家忠德理論，代表了新時期研究儒家忠德的最新成果。

目

次

導　論

　　「忠」在傳統社會中，是最重要的德目之一，它對傳統中國人的道德實踐、國民性塑造、民族精神的凝聚等方面發揮了重要作用。但是，「忠」畢竟是傳統社會的產物，在現代社會中研究「忠」具有什麼意義，目前的研究狀況怎麼樣，研究思路又是怎樣的，這是我們首先要討論的問題。

一、忠德地位與研究意義

　　傳統儒家忠德不是一具僵屍，而是活著的現在。美國著名社會學家愛德華・希爾斯在《論傳統》一書中認為，現代的人們無法逃離過去，依舊生活在過去的掌心中，「現代生活的大部分仍處在與那些從過去繼承而來的法規相一致的、持久的制度之中；那些用來評判世界的信仰也是世代相傳的遺產的一部分。」〔註1〕因此，傳統忠德不是歷史殘渣，而是古人留給我們的珍貴的精神遺產。處在今天這個個性多元化的時代，人們如何面對傳統的忠德，傳統的忠德究竟有怎樣的地位，這些問題不能不引起我們的思考。

　　首先，忠德在中國傳統倫理思想史上具有極為重要的地位，影響巨大。儒家把忠稱為「六德」，即「知、仁、聖、義、忠、和」（《周禮・地官司徒》）、「四教」，即「文，行，忠，信」（《論語・述而》）、「忠為令德」（《左傳・昭公十年》）；同時，《左傳・文公十八年》稱，「忠、肅、共、懿、宣、慈、惠、和」為「八元」，「忠」位列「八元」之首。《左傳・文公十八年》還把「孝、

〔註1〕　〔美〕愛德華・希爾斯，論傳統〔M〕，傅鏗、呂樂譯，上海：上海人民出版社，2009：2。

敬、忠、信」稱之爲「吉德」。從這些文獻中就能看出「忠」在儒家倫理思想中的重要性。自從漢武帝「罷黜百家，獨尊儒術」，儒家成爲官方意識形態之後，「忠」不僅成爲一種德性，而且成爲封建統治者最基本的價值判斷和道德準則。大凡是「謀大逆」、「謀反」等不忠的行爲一旦敗露，就會被封建統治者處以極刑甚至滅族。「不忠」無論是在政治道德維度上，還是在爲人處世中，都是無法被寬恕和原諒的。

其次，在中國倫理思想史上，忠德是中國傳統社會道德調節、道德修養和道德追求的重要表現。「忠」是一種全德，包括做人之忠和爲政之忠兩個方面，其基本的內涵是「盡己」。朱子說：「盡己之謂忠。」（《論語集注・學而》）它具有普遍性的意義和價值，也正如《左傳・成公十年》所言：「忠爲令德，非其人猶不可，況不令乎？」《左傳・昭公十年》也說：「忠爲令德，其子弗能任，罪猶及之，難不愼也？」在做人方面，忠德的「盡己」之意不是僅僅要求某個人的「盡己」，而是要求所有的人，上至王公大臣，下至平民百姓，都應當盡己盡力。每個人都應當在自己的社會角色中盡心辦事，認眞做人。可以說，在古代中國，忠德滲透在每個社會角落和社會角色中，具有價值凝聚和價值判斷的作用。在傳統社會中，它是一種眞誠的出於道德理念的獻身，是一種出於社會責任感的奮鬥，是一種追求人格完善的努力。而那些眞誠地爲了社會和人類進步而奉獻自身的忠貞之士，更表現了對個人的超越。〔註 2〕因此，忠德是中國傳統社會道德調節、道德修養和道德追求的重要表現。

最後，忠德是我們研究中國傳統道德尤其是儒家政治道德一個重要的角度。儒家認爲忠德是強調「以民意爲天命」的「公忠」，是一種智慧的存在，是對邪惡的匡正和對正義的追求，其內在的本質精神是仁愛。對於封建君主來說，希望天下所有的臣民都臣服於自己，而他們自己更希望在「上天之子」的光環下，即使窮兵黷武、殘暴淫蕩、爲所欲爲，也希望天下所有的人都臣服於自己的統治。事實上，這只不過是封建統治者的一廂情願。他們在儒家設計的道德秩序中，受到諸多的限制。臺灣著名學者林安梧說：「就政治思想的層面來說，儒家即強調『以民意代表天命』，因此奉天承命的人君需得對民意尊重，亦必經過民意的考驗。再說，史官的秉筆直書、人君死後的諡法等皆使人君的行爲有所顧忌。而宰相制度、御史制度及徵辟、選舉、科舉制度等亦能使得君主在政府內部之中的權力受到限制。由於帝王受到精神及道德

〔註 2〕參閱李慶，中國文化中人的觀念〔M〕，北京：學林出版社，1996：505。

上的限制，因此使得他要透過中央的政府機構與社會鄉野溝通，而保住其帝位。」〔註3〕儒家之忠對皇權的權威性進行了道德捆綁。所以說，儒家忠德在傳統倫理思想上是極爲重要的存在，忽視儒家忠德的存在，儒家倫理是不完整的。忠德是我們研究中國傳統道德一個重要的角度。

在新的歷史條件下，研究忠德有助於深化對中國傳統道德的研究，有助於弘揚中華民族優秀道德傳統，更有助於促進現代社會精神文明建設。換句話說，研究忠德具有重要的學術意義和現實意義。

第一，學術意義。忠德是中國傳統文化最重要的德目之一，有人甚至認爲忠德是傳統道德最高的德目，是傳統文化不可分離的組成部分。通常人們一提到傳統社會的「忠」，首先想到的可能是臣對君的那種「君要臣死，臣不得不死，君要臣亡，臣不得不亡」的「愚忠」。誠然，「愚忠」雖然是忠德的一種踐履方式，但是，這不是忠德的全部內涵。如果把忠僅僅理解爲「下對上」、「臣對君」的單一維度，那麼對忠的理解就很容易走向片面化和極端化。

事實上，傳統儒家忠德文化對社會各階層都提出了不同的道德要求。忠德在傳統文化中是一個動態變化的過程，可能在一定的時期內忠德的政治維度被特別強調，而在某種歷史條件下忠德作爲普通的德性又格外凸顯。我們可以從傳統的經、史、子、集等傳世文獻中，也可以從 20 世紀後期大量的出土文獻中找到許多證據。因此，把忠僅僅理解爲「下對上」、「臣對君」顯然是不夠充分的。儒家忠德在道德實踐中主張「以道明善」、「從道不從君」。儒家忠德在「道統」和「治統」之間既矛盾又統一。這種矛盾和統一影響了傳統社會政治格局的形成和運行，對社會各個方面都產生了深遠影響。因此，挖掘和釐清傳統忠德思想資源，對深化中國傳統道德的研究具有重要意義。

第二，現實意義。首先，研究忠德有利於弘揚愛國主義精神。公忠愛國是忠德重要的內容之一。孔子講「士志於道」、「明道救世」；孟子講「民爲貴」、「君爲輕」；荀子講「儒者在本朝則美政，在下位則美俗」；范仲淹講「先天下之憂而憂，後天下之樂而樂」；東林黨人講「事事關心」；顧炎武講「天下興亡，匹夫有責」等等，這些論述無不體現出仁人志士公忠愛國的高尚情懷。我國是一個統一的多民族國家，「大一統」的公忠愛國思想深入人心。因此，挖掘傳統忠德的道德資源，對弘揚愛國主義，加強民族團結，培養當代公民

────────────

〔註 3〕林安梧，儒學革命：從「新儒學」到「後新儒學」〔M〕，北京：商務印書館，2011：43。

的愛國主義精神無疑具有重要意義。

其次，研究忠德有利於培養公民敬業精神。「敬」和「忠」是相通的。《說文解字》說：「忠，敬也。盡心曰忠。」段玉裁解釋說：「未有盡心而不敬者。」也就是說盡心的也都是敬業的。因此，「敬業精神」也就是「忠業精神」。改革開放三十多年來，我國經濟建設取得了舉世矚目的成就，人們的生活水平普遍提高了，中華民族正在以越來越自信的姿態屹立於世界民族之林。但是，隨著我國改革開放和市場經濟建設的深入發展，也出現了一些社會道德失範現象。近年來相繼發生的「毒奶粉」、「瘦肉精」、「地溝油」、「彩色饅頭」等事件就是明證。如果我們的社會時時處處充滿善意與忠誠，每個人忠於職守，做到盡心竭力，那麼上述這些不道德的事件就可能不會發生。不道德現象的出現，是因為一些人滋生了極端享樂主義和極端利己主義思想，他們為了滿足自己的私利，而忘記了他人、社會和國家。只有無私才算是忠，只有面臨誘惑而不動搖的才算是忠。《左傳‧成公九年》說：「無私，忠也。」《左傳‧昭公元年》說：「臨患不忘國，忠也。」我國當前實行市場經濟，既是法治經濟，也是道德經濟。要做到「公家之利，知無不為」（《左傳‧僖公九年》）才算是忠。如果每個企業或各行各業的職員多一份忠於顧客或消費者或他人的敬業精神，無疑對消費者、對企業、對國家等都是有利的。同時，這對市場經濟建設也無疑會起到重要的促進作用，也能更快更好地提高人們的生活質量和幸福指數。如果人們生活在一個充滿欺騙的世界裏，那麼人的生活是難以想像的。因此，忠德對培養公民敬業精神具有重要作用。

最後，研究忠德有利於培育國民人格。忠誠是國民人格的靈魂。國民人格的培育最基本內容就是忠德的培育。中國素來被稱為禮儀之邦，是仁義忠孝大國。儒家認為做人要做到「厚德廣惠，忠信愛人」，要「不為驕侈，不為泰靡，不淫於美」（《逸周書‧文傳解》），要「先義後利」、「見利思義」。如果「先利後義」，那可能就要遭遇恥辱。荀子說：「先義而後利者榮，先利而後義者辱。」（《荀子‧榮辱》）如果一個人不忠，失去知恥之心，就會招來辱罵。如果一個國家的公民失去恥辱之心，那麼社會道德秩序就會崩潰，這是一個國家的恥辱。顧炎武說：「人之不廉而至於悖禮犯義，其原皆生於無恥也。故士大夫之無恥，是謂國恥。」（顧炎武《日知錄‧廉恥》卷十三）曾子概括孔子的學說為「夫子之道，忠恕而已矣」（《論語‧學而》）。王弼的解釋是：「忠者，情之盡也。」（《王弼集校釋‧論語釋疑》）這些對培養自強不息、積極進

取、修己安人、堅韌仁愛、崇尚正義、愛好和平的國民人格起到了重要作用。因此，研究忠德有助於培育和發展國民人格。

二、忠德之研究狀況述評

目前學術界忠德的研究成果比較豐富，概括起來主要分為兩大類：專著和論文。

第一，忠德的專著方面

在專著方面，對忠德的歷史發展做了詳細論述的，是山東大學王成教授的《中國古代忠文化研究》（香港天馬出版有限公司 2004 年版）。該書按照歷史朝代更迭的順序，以文化史作為背景，對每個朝代重要的思想家和文化形態關於忠的論述做了詳細的分析。比較全面、系統、深入的分析了傳統「忠」文化的產生、發展和演變，具有較高的學術價值。

王子今教授的《「忠」觀念研究──一種政治道德的文化源流與歷史演變》（吉林教育出版社 1991 年版）一書是從「忠」的政治道德視角來論述其歷史演變的。該書從「忠」的初探、「忠」的早期文化遺存、先秦至宋代理學時代的「忠」和民俗文化中的「忠」的地位等方面論述了「忠」的內涵和特徵。該書資料豐富，論述詳細，提出了許多建設性的觀點。

朱漢民教授的《忠孝道德與臣民精神──中國傳統臣民文化論析》（河南人民出版社 1994 年版）一書是把忠看成是一種政治道德規範。該書重點論述了中國傳統臣民忠德精神產生的原因、發展和演變。作者認為中國傳統臣民忠德精神的核心是為了維護皇權，其本質是扼殺臣民的獨立人格，使臣民在皇權專制統治下無條件地履行政治義務。作者從忠德的政治道德的角度來分析臣民文化精神，這種視角是值得肯定的。

雷學華的《忠──忠君思想的歷史考察》（廣西人民出版社 1996 年版）一書分為三部分：忠的理論探討、忠的事例評析和忠的反思。雖然全書只有一百多頁，篇幅不長，但是，對忠的含義、形成和演變等方面做了精確的分析。

彭永捷教授 2000 年由紅旗出版社出版的《忠──盡己報國的責任》一書，通過擬人手法討論了「名分之忠」、「衝突之忠」、「忠於自由、自我與生命」、「報國之忠」、「現代之忠」等問題。該書通過散文化、擬人化的對話方式來討論忠，方法新穎，說理透徹。

忠德應用方面的著作具有代表性的是李好的《行政忠誠理論與實踐》（湖南大學出版社 2008 年版）。該書從行政忠誠的思想淵源、行政忠誠的概念與內涵、行政忠誠的道德基礎、行政忠誠的實踐困境和行政忠誠的實現等方面來對行政忠誠進行了論述，提出了許多有見地的觀點。

此外，臺灣張崑將的《德川日本「忠」「孝」概念的形成與發展——以兵學與陽明學爲中心》（華東師範大學出版社 2008 年版）一書是中國學者研究日本「忠」、「孝」方面的專著。該書第四章主要通過對日本學者三鹿素行的成熟作品《中朝事實》和吉田松陰獄中做的《講孟餘話》來討論日本「忠」的思想。作者認爲，日本的「忠」是建立在「恩」的先天概念基礎之上的，尤其是日本勤皇武士道爲了強調日本的主體性，把「忠」的對象上昇到一個抽象的、神話中的天皇身上，以彰顯日本國家的主體性。這種「忠」是一種「純忠」，具有道德本體論的色彩，對後世影響深遠。

第二，忠德的論文方面

研究忠的論文很多，歸納起來主要有以下幾個方面。

一是專門研究忠的論文。主要有：孟祥才的《「忠」的觀念在我國的歷史演變》（《歷史教學》1984 年第 2 期）、趙克堯的《論忠與君權觀念的歷史演變》（《浙江學刊》1989 年第 1 期）、蕭羣忠的《論「忠」及其現代意義》（《西北師大學報》1990 年第 6 期）、鄭曉江的《「忠」之精神探源》（《江西師範大學學報》1991 年第 4 期）、范正寧的《「忠」觀念溯源》（《社會科學輯刊》1992 年第 5 期）、牛京輝的《「忠」的歷史演變和基本內容》（《中國人民大學學報》1996 年第 2 期）和《論忠》（《道德與文明》1995 年第 5 期）、范鵬和白奚的《「禮」、「忠」、「孝」的現代詮釋》（《孔子研究》1997 年第 4 期）、白奚和范鵬的《傳統「忠」德與現代職業道德》（《首都師範大學學報》1998 年第 1 期）、王成和王怡的《傳統公忠思想與當代道德建設析論》（《山東農業大學學報》2001 年第 1 期）、陳傑和章秉純的《公忠與私忠》（《雲南師範大學學報》2001 年第 6 期）、解頡理的《「忠」觀念探源》（《哈爾濱學院學報》2005 年第 9 期）、曲德來的《「忠」觀念先秦變考》（《社會科學輯刊》2005 年第 3 期）、裴傳永的《忠觀念的起源與早期映像研究》（《文史哲》2009 年第 3 期）和《歷代釋「忠」述論》（《理論學刊》2006 年第 8 期）、劉厚琴的《忠倫理與漢代官吏激勵制度》（《魯東大學學報》2007 年第 3 期）、黃娟的《中國古代「忠」的思想對當前思想政治教育的啓示》（《高等教育與學術研究》2009 年第 1 期）、張繼

軍的《先秦時期「忠」觀念的產生及其演變》(《求是學刊》2009 年第 2 期)、
姚順月的《忠的觀念與近代中國民族主義》(《學海》2010 年第 4 期) 等等。

　　以上論文或從忠的起源、演變,或從忠的內涵,或從忠的當代價值等方
面來論述,內容豐富,視角多元,是研究忠德的重要資料。

　　二是從歷史上某個人物或從某本經典著作中提煉忠的論文。這方面的論
文主要有:裴傳永的《孔子的忠德觀探析》(《倫理學研究》2005 年第 6 期)、
孔祥林的《孔子「忠」的意義及其當代價值》(《孔子研究》2003 年第 4 期)、
王成的《董仲舒「忠」思想研究》(《山東社會科學》2005 年第 3 期)、王成和
張旭東的《韓非「忠」思想研究》(《山東大學學報》2005 年第 4 期)、郭學信
的《范仲淹人格與儒家忠道意識》(《學海》2002 年第 5 期)、王成和裴植的《〈管
子〉忠思想研究》(《管子學刊》2007 年第 3 期)、王子今的《〈呂氏春秋〉「大
忠」「至忠」宣傳及其政治文化影響》(《寶雞文理學院學報》2008 年第 1 期)、
劉偉的《論〈三國志〉中的忠觀念》(《西華師範大學學報》2004 年第 3 期)
等等。

　　此外,關於忠義、忠孝、忠誠、忠節、忠貞和忠信等方面的論文也很多。
筆者從中文期刊數據庫和萬方數據中搜索到與「忠」或與「忠」連用為主題
的論文不少於一千篇。這還不包括有的具有忠德的內涵,但是沒有在標題中
使用「忠」的論文。

　　以「忠」為主題的博士、碩士論文也很多。主要有裴傳永的博士論文《中
國傳統忠德觀的歷時性考察》(山東大學 2006 年中國古典文獻學博士論文),該
論文分六章,分別從忠的地位、忠的起源、歷代對忠概念的詮釋、忠的主體觀
的歷史嬗變、忠的客體觀的歷史嬗變和中國傳統忠德觀的歷史作用與當代價值
等方面來分析和論述忠的。該論文因為是文獻學專業博士論文,更多地是偏向
資料的整理與整合,而對忠的價值、理論內涵分析等方面明顯感覺不足。還有
東南大學趙如的碩士論文《從「忠」到民族主義的嬗變——以梁啓超為個案的
研究》(東南大學 2008 年倫理學碩士論文)和廣西師範大學解頡理的碩士論文
《先秦「忠」觀念的演變》(廣西師範大學 2006 年專門史碩士論文) 等等。同
時,以忠孝、忠恕、忠節等為主題的博士、碩士論文也很多。

　　三是散見於專著和教材中的關於「忠」的論述資料。主要有:羅熾、白
萍著的《中國倫理學》(湖北人民出版社 1997 年版)、唐凱麟和張懷承著的《成
人與成聖——儒家倫理道德精粹》(湖南大學出版社 1999 年版)、許亞非著的

《中國傳統道德規範及其現代價值研究》（四川大學出版社 2002 年版）、陳瑛主編的《中國倫理思想史》（湖南教育出版社 2004 年版）、李承貴著的《德性源流——中國傳統道德轉型研究》（江西教育出版社 2004 年版）、沈善洪和王鳳賢著的《中國倫理思想史》（人民出版社 2005 年版）、沈順福著的《儒家道德哲學研究——德性倫理學視野中的儒學》（山東大學出版社 2005 年版）、羅國傑主編的《中國倫理思想史》（中國人民大學出版社 2008 年版）、張錫勤和柴文華主編的《中國倫理道德變遷史稿》（人民出版社 2008 年版）、蕭羣忠著的《中國道德智慧十五講》（北京大學出版社 2008 年版）、朱貽庭主編的《中國傳統倫理思想史》（華東師範大學出版社 2009 年修訂第 4 版）、張錫勤著的《中國傳統道德舉要》（黑龍江大學出版社 2009 年版）、黃光國著的《反求諸己——現代社會的修養》（臺灣洪葉文化事業有限公司 2010 年版）、張繼軍著的《先秦道德生活研究》（人民出版社 2011 年版）。

以上這些專著或從忠的內涵或從忠的演變或從忠與其它德目的比較來論述，論證充分，分析精確，是研究忠德不可多得的成果。

從上述文獻可知，近年來對「忠德」的研究具有以下特點與不足。

首先，強調爲政之忠，而忽視做人之忠。把「忠德」理解爲一種「臣對君」的政治道德是研究者普遍的看法。許多學者認爲，忠德作爲一種政治道德在秦漢政權統一後特別突出，因此他們在論述中往往只強調「臣對君」的單一維度而忽視其它方面。

最典型的著作是朱漢民教授的《忠孝道德與臣民精神——中國傳統臣民文化論析》（河南人民出版社 1994 年版）。作者認爲，中國傳統以忠爲核心的臣民文化具有崇拜君主、忠於君主、報答君恩和揣摩君意等方面的政治功能。此外，劉澤華教授在其主編的《中國政治思想史》（浙江人民出版社 1996 年版）一書中認爲，忠是君臣、主僕隸屬關係在觀念上的反映，是傳統宗族體系與政治體系的合一。事實上，忠德作爲政治道德只是忠德一個方面而非全部。把秦漢以後忠德豐富的內涵僅僅看作是「臣對君」的單一維度，這肯定是不充分的。

忠德作爲政治道德自然有一個漫長的歷史發展過程，從先秦到明清，都在不斷變遷中發展。秦漢大一統的王權建立以後，不僅「臣對君」的這一維度被強調，君對臣、君對民、民對君、民對官、官對民、地方官員和屬下之間忠的維度也很突出。因此，筆者認爲秦漢大一統以後「忠德」的內涵是立

體式的、多元的，而非僅僅是單純的「臣對君」的一個方面。

　　其次，注重官員之忠，而忽視士或庶民之忠。余英時認爲，士在職業上是「不定項」，先秦是「遊士」、「策士」，秦漢以後被稱「士大夫」。士是四民（士農工商）之首，介於官僚和庶民之間。他們是文化傳承的載體，以弘道爲宗旨，主張「明道救世」、「從道不從君」。士人中有一部分人通過薦舉制或科舉制成爲政府官員，他們要執行中央或上級的命令，要效忠中央政府，這是官員一種「忠」的表現。但是，還有一部分「士人」無心仕途，選擇躬耕或經商或著述立說，這部分人的忠德也很少爲學術界關注。

　　最後，注重忠德的政治維度，而忽視忠德的文化維度，也就是說學術界比較強調「政統」而忽視「道統」。忠德的內涵、起源、發展和變化是多種因素如政治因素、經濟因素、制度因素等引起的。但是，學術界往往只關注「政統」層面，對「道統」層面視而不見。與其有人說漢武帝採納了董仲舒「獨尊儒術，罷黜百家」的建議，用「政統」把以儒學爲主體的「道統」作爲官方意識形態，不如說是「政統」對儒學爲主體的「道統」的屈服。正如余英時在《士與中國文化》中所說的，漢代的皇帝承認儒家的正統地位與其說是由於儒家有利於專制統治，毋寧說是政治權威最後不得不向文化力量妥協。〔註4〕由此可見，對忠德的研究不能僅僅只關注「政統」層面，不能僅僅只看到「政統」中政權的更迭、皇帝的更換、朝代的更改，還要看到道統、法統、學統等多種因素的力量。

　　總之，當前學術界研究忠德有特色，但也有不足，還有進一步研究的必要。筆者在前人研究的基礎上，打算採取史論結合和辯證唯物主義與歷史唯物主義的方法力圖對傳統忠德進行全面剖析，試圖擴大忠德的研究範圍、全面界定忠德的性質、拓展忠德的主體、完善研究忠德深層的政治和文化機制，希望在對傳統忠德的研究中提出新的看法，爲進一步深化忠德研究做出自己的努力。

三、本書研究方法與框架

　　本書採用的研究方法主要有以下幾種。

　　第一，辯證唯物主義和歷史唯物主義方法。忠德不是人們頭腦憑空產生的，它根源於人類社會歷史條件。忠德的演變也不是人們一廂情願的產物，

〔註4〕余英時，士與中國文化〔M〕，上海：上海人民出版社，2003：142。

不是純粹出於人們的意志或情感，不是人們脫離社會歷史經濟條件的「自我欣賞」的「獨奏曲」，而是與整個社會歷史經濟發展聯繫在一起的，無論這種聯繫是協調的還是衝突的。傳統忠德有精華，如盡己利人、公忠愛國，但也有糟粕如愚忠、私忠。如果不採用辯證唯物主義和歷史唯物主義方法，離開社會歷史條件來抽象地研究忠德，就可能很難得出令人信服的結論。辯證唯物主義和歷史唯物主義方法的運用有助於對忠德進行全面的分析。

第二，文獻解讀法。研究忠德不僅僅要從宏觀的社會歷史條件入手，而且還應當要認真閱讀文獻，回到歷史文獻產生的時代，進入文獻。不僅要用現代人的眼光來審視忠的內涵和價值，而且要對文獻有一種同情的瞭解。總之，既要走進文獻，又要跳出文獻來研究忠德。

第三，個案研究法。忠德不僅是觀念、理論與規則，而且是實踐、品德與事迹。歷史上記載忠的事例浩如煙海，在研究中需要採用個案研究法，選擇具有典型忠德事例來研究。只有這樣才有可能從點到面、全面系統地研究忠德的歷史實踐和忠與孝之間的關係，才有可能得出令人信服的結論。

最後，理論聯繫實際的方法。忠德是實踐性很強的德目之一，只有運用理論聯繫實際的方法，才能更好地認識忠德的起源、內涵和演變，才能全面分析忠德的價值和意義，才能更好地爲現實服務。

基於以上的方法，本書主要的框架如下：

導論部分主要介紹了忠德的地位、研究的意義、研究現狀、研究的方法和框架。

第一章主要論述「忠」字考辨、忠德的起源和忠德的兩個主要的維度：做人之忠和爲政之忠。我們認爲，一是「忠」與「中」古字是相通的，表示公正、正義、善意；二是「忠」表示「盡己」、「盡心」；三是「忠」可以理解爲「誠」、「信」、「敬」等內涵。基於上述忠的內涵，我們認爲做人之忠包括盡己利人、待人以善、持事以敬等三個方面；爲政之忠包括一心事君、公忠愛國、明道救世等三個方面。

第二章對忠德觀點的演變特點和規律做了分析。本書是在前人研究的基礎上對忠德歷史演變做了較爲系統的研究。筆者認爲忠德歷史演變包括整合與創建、發展與抗爭、批判與重構等幾個方面。忠德的演變不但有外部社會經濟因素，而且有內部的因素。它不僅僅是臣對君、下對上單方面的忠，也包括官對民、官對國、民對君等多方面的忠。傳統忠德的演變是政統與道統

矛盾統一的產物，是多種力量動態的融合，同時又在這種動態融合中產生忠德的變化和發展。

第三章主要論述忠德的歷史實踐。通過史論結合的方式，從點到面較為全面地分析了忠德主體、忠德客體、忠德的實踐類型如立德、立言、立功之忠以及忠孝與「五常」的統一和衝突。

第四章是忠德的價值審視。本章對忠德歷史影響、當代價值和忠德的現代養成進行了論述。筆者在歷史文獻的基礎上，本著實事求是的學術精神，分析了儒家忠德在傳統社會中的價值、作用和影響，並說明它在當代社會中的價值。在此基礎上嘗試回答了如何培養新型的適應當代社會的忠德之士，以便更好地為社會主義現代化建設服務。

結語部分在總結的基礎上，進一步闡釋了忠德的主要內涵、儒家之忠的現代命運和當代價值。我們相信，在建設社會主義和諧社會的今天，忠德依然具有不可或缺的重要價值，它依然在現代社會中起著重要作用，具有積極意義。

第一章　忠德含義論析

　　忠德在傳統社會中對凝聚人心、協調人際關係、穩定社會秩序等方面起著重要作用，至今仍具有重要影響。既然「忠」如此重要，那麼，它是何時出現的呢？其內涵是什麼呢？作爲德性它的特點是什麼呢？這些都是本書首先要解決的問題。

第一節　忠德起源

　　我們認爲「忠」至少有三個方面的內涵：一是「忠」與「中」古字相通，表示公正、客觀、正義、大公無私等含義；二是「忠」表示「盡心」；三是「忠」可以理解爲「誠」、「信」、「敬」等。因此，忠德作爲德性是一種泛指、是一種「全德」，具有廣泛的道德內涵。忠德作爲一種德性出現在堯舜禹時代，這個時代忠德的主要特點是強調上對下的忠，即統治者對民眾的忠。

一、「忠」字義辨

（1）「忠」字與忠觀念考辨

　　「忠」字出現在什麼時代，不同的學者有不同的看法。目前國內能詳細確認的《甲骨文編》和《金文編》沒有發現「忠」字。傳統儒家經典《今文尚書》和《詩經》中也沒有發現「忠」字。就目前所掌握的資料來看，「忠」字最早出現在戰國時期中山國的青銅器上，其上刻有「竭志盡忠」字樣。依此證據，很多學者認爲，中國古代在三代（夏、商、西周）沒有「忠」觀念。

　　范正宇先生認爲三代沒有忠觀念。他說：「成就於西周之前的《尙書》（中

國最古老的史書和政典彙編）與《詩經》（我國第一部詩歌總集）裏，仍無有
關忠的文字記載。考古學、文獻學所提供的有力證據，可以直接說明三代還
沒有忠的觀念。」〔註1〕

　　著名學者李奇認為，「『忠』作為政治道德準則，在兩周奴隸社會的鼎盛
時期還沒有產生。」〔註2〕她引用了兩個證據。一個是王國維在《殷周制度論》
中的觀點，王國維考證認為，「自殷以前天子與諸侯君臣之分未定也，故當夏
后之世，而殷王慶、王恒，累葉稱王，湯未放桀之時，亦已稱王，當商之末
而周之文、武亦稱王，蓋諸侯之於天子，猶後世之諸侯於盟主，未有君臣之
分也。周初亦然，於《牧誓》、《大誥》皆稱諸侯曰『友邦君』，是君臣之分未
全定也。」（王國維《觀堂集林・殷周制度論》）這是李奇引用的第一個證據。
第二個證據，她說：「今文《尚書》、《詩經》中沒有『忠』字，是當時社會情
況的實際反映。」〔註3〕

　　曲德來先生的看法與范正宇先生相同，認為作為觀念的「忠」在春秋以
前尚不曾產生。他提供的證據認為，「甲骨文中無『忠』字。西周以前的金文
中亦無『忠』字。《周易》的卦爻辭中無『忠』字，只在十翼的《文言》中出
現過一次。據考，《文言》非孔子作，應產生在戰國之初。《詩經》中無『忠』
字。《尚書》的情況比較複雜。今文《尚書》中無『忠』字。古文《尚書》中
『忠』字出現七次：《仲虺之命》（命，應為誥，引者注）《泰誓》《蔡仲之命》
《君牙》《冏命》五篇各出現一次，《伊訓》一篇出現兩次。但是這六篇都是
偽古文，不能證明西周以前已經有了『忠』觀念。」〔註4〕

　　張繼軍先生也認為，「忠」在西周沒有產生。他說：「可以大膽地假定，
在西周時期『忠』觀念作為倫理道德範疇還沒有產生。」〔註5〕他提供的證據
與曲德來先生的是一樣的。他說：「在《甲骨文編》已經考辨的九百餘字當中，
我們還看不到『忠』的痕迹。即便是目前國內最完備的金文輯錄《殷周金文
集成》中，也僅能見到兩例關於『忠』的釋文，且均出於戰國之銘器。在《詩》
及《尚書》等傳世文獻中也大抵如此。《詩經》中的『忠』字並無一見，《尚
書》中雖有7處出現，但都出於《古文尚書》，無法作為兩周『忠』字及其觀

〔註1〕范正宇，「忠」觀念溯源〔J〕，社會科學輯刊，1992（5）：74～75。
〔註2〕李奇，論孝與忠的社會基礎〔J〕，孔子研究，1990（4）：77。
〔註3〕李奇，論孝與忠的社會基礎〔J〕，孔子研究，1990（4）：77～78。
〔註4〕曲德來，「忠」觀念先秦演變考〔J〕，社會科學輯刊，2005（3）：109。
〔註5〕張繼軍，先秦時期「忠」觀念產生及其演化〔J〕，求是學刊，2009（2）：35。

念已經產生的確證。」〔註6〕因此，他說，兩周時期「忠」觀念還沒有產生。

筆者認為，范正宇、李奇、曲德來、張繼軍等人的論述需要我們釐清一個問題，那就是對於「忠」字和「忠」觀念，我們要區別來看。「忠」字並不等於「忠」觀念。有「忠」觀念並不一定同步出現「忠」字。毛澤東曾經說過：「道德起於道德哲學之先，故道德哲學之成，成於經驗，下更暢發之。」〔註7〕又說：「倫理學未成立以前，早已人人有道德，人人皆得其正鵠矣。」〔註8〕這也就是說，忠德的行為，先於「忠」字或「忠」觀念出現。馬克思說：「物質生活的生產方式制約著整個社會生活、政治生活和精神生活的過程。不是人們的意識決定人們的存在，相反，是人們的社會存在決定人們的意識。」〔註9〕我們不能因為目前發現的三代文獻中沒有「忠」字，就否定三代沒有「忠」觀念的存在。觀念往往出現在文字之前。

王子今先生反駁范正宇先生的論證時說：「『考古學、文獻學所提供的有力證據』，是可以『直接說明』歷史存在的，但是卻不能夠『直接說明』歷史的不存在，就是說，可以證明『有』，卻不能證明『沒有』。這是因為，『考古學、文獻學所提供的』，只是歷史存在的片斷的不完整的遺留。這樣的『證據』無論怎樣『有力』，也是不能夠證明『直接』地徹底否定某種歷史存在的可能性的。」〔註10〕筆者同意王子今先生的觀點。甲骨文是一種殷商時期的文明，尤其是占卜與祭祀的記載殘片，但是，這不是殷商時代全部文明的記載。不僅如此，到目前為止，我們對甲骨文的認識也只是局部的，還有很多我們至今無法體認和闡釋。

李學勤先生指出：「甲骨文的不同字數據說已逾五千，但必須承認，其中已經釋定，為學者所公認的，數目並不很多。有些在卜辭中經常出現的字，到現在還不認識，不懂得怎麼講。」還說，「卜辭很多字我們是不認識的，很多辭我們不能通解。」〔註11〕張傳璽先生也說：「甲骨文單字數約有四千五百字左右，其中可以認識的，大約有兩千字左右。」〔註12〕夏商周三代流傳至

〔註6〕 張繼軍，先秦時期「忠」觀念產生及其演化〔J〕，求是學刊，2009（2）：35。
〔註7〕 毛澤東，毛澤東早期文稿〔M〕，長沙：湖南出版社，2009：119。
〔註8〕 毛澤東，毛澤東早期文稿〔M〕，長沙：湖南出版社，2009：216～217。
〔註9〕 馬克思恩格斯選集（第2卷）〔M〕，北京：人民出版社，1995：32。
〔註10〕 王子今，「忠」觀念研究——一種政治道德的文化源流與歷史演變〔M〕，長春：吉林教育出版社，1999：18～19。
〔註11〕 李學勤，失落的文明〔M〕，上海：上海文藝出版社，1997：36～37。
〔註12〕 張傳璽，中國古代史綱（上）〔M〕，北京：北京大學出版社，1991：60。

今的資料很少，甲骨文雖然是一種古代成熟的文字，但是今人還有很多字不能解釋。而且，在中國境內中國文字的前身不僅僅只有甲骨文這一種文字。例如巴蜀文字，就不是漢字。李學勤先生說：「有一個觀點，我在不同場合說過多次，這裡還想重複一下，就是不能認爲在中國境內的古文字只有像商周文字那樣的漢字的前身。」〔註13〕既然還有部分甲骨文今天不能認識甚至解釋，而且也可能還有不只是甲骨文一樣的文字，那麼，上述幾位研究者，就斷定夏商周三代沒有「忠」，也沒有「忠」觀念，這樣的結論是很難讓人信服的。

不僅如此，我們還應該清楚「忠」和「忠德」是兩個不同的概念和範疇。「忠」字的出現是文明進步的體現，而「忠德」至少包括忠德主體的德性和忠德的行爲兩個方面，它不僅是一種道德智慧，是一種實踐理性，而且是一種理性行爲。不能說一個人認識「忠」字，就一定會出現「忠德」的行爲。同理，也不能說不認識「忠」字就不會出現「忠德」的行爲，也不能說出現了「忠德」的行爲就肯定出現了「忠」字。「忠」字和忠德行爲，這是兩個不同的範疇。事實上，「忠」字與「忠德」並不構成必然的聯繫。但是，一般地說，「忠」的行爲應當出現在「忠」字以前，「忠」字是忠德實踐發展到一定階段的產物。

由上所知，我們的觀點是「忠」觀念早已有之，而「忠」字出現比「忠」觀念晚。

（2）「忠」字義辨

既然「忠」字的出現是忠德實踐發展到一定階段的產物，那麼「忠」的內涵有哪些呢？

「忠」具有廣泛的內涵，不僅僅是人們常說的是一種臣對君的道德規範，更不是那種「愚忠愚孝」的「忠」。它的本意主要是指「公正」、「正直」、「盡心」、「無私」、「忠誠」、「忠信」等內涵，是一種泛指，沒有具體的對象。作爲一種德性的概括，它是一種「全德」，具有廣泛的內涵。

《古代漢語詞典》解釋「忠」，有三種含義。一是指辦事盡心竭力，如《論語·學而》：「吾日三省吾身，爲人謀而不忠乎？」二是指忠於君主，如《世說新語·賢媛》：「爲子則孝，爲臣則忠。」三是通「中」、符合，如《管子·

〔註13〕李學勤，中國古代文明研究〔M〕，上海：華東師範大學出版社，2009：468。

禁藏》：「順天之時，約地之宜，忠人之和。」詞組有：忠謹、忠款（作「忠誠」解）、忠良、忠言、忠貞，等等。〔註14〕《漢語大詞典》解釋「忠」有四種意思：一指忠誠無私，盡心竭力；二特指事上忠誠；三指忠厚；四指姓。〔註15〕《辭源》解釋「忠」，主要指忠誠。〔註16〕

筆者認為「忠」的內涵主要有三個方面。

第一，「忠」與「中」古字相通，「忠」，即「中」，「中」猶「忠」，表示公正、客觀、正義、無私、正直等含義。「忠」與「中」相通，這是「忠」較早的內涵，大概在「忠」字出現之前，「中」代替「忠」被人們使用。這或許是「忠」字出現比較晚的原因。

《尚書‧仲虺之誥》記載大臣仲虺稱讚成湯的話：「王懋昭大德，建中於民，以義制事，以禮制心，垂裕後昆。」陸德明在《經典釋文》卷三《古文尚書音義上》解釋說，中字「本或作忠字」。《周禮‧春官‧大司樂》：「以樂德教國子中、和、祗、庸、孝、友。」這裡的「中」，漢代經學大師鄭玄注釋為，「中，猶忠也。」《詩經‧小雅‧隰桑》：「中心藏之，何日忘之？」《詩經‧唐風‧有杕之杜》：「中心好之，曷飲食之。」這裡的「中」，都可以作「忠」解。清代學者惠棟在《九經古義》中考證說：「『中』與『忠』，古字通。漢《呂君碑》云：『以中勇顯君。』義做『忠』。《後漢書》：『王常為忠將軍』，《馮異傳》作『中將軍』。《古文孝經》引《詩》云：『忠心藏之。』今《毛詩》作『中』。」《隸辨》卷一說：「《張遷碑》：『中騫於朝』，《金石文字記》云：『中』者『忠』之誤。按：《書‧仲虺之誥》：『建中於民』，《釋文》云：『中』，本作『忠』，『中』、『忠』字古或通用。又《魏橫海將軍呂軍碑》：『君以中勇，顯名州司』，亦以『中』為『忠』。」《兩漢金石記》也說：「『中』為『忠』。」《授益堂金石跋》：「顧氏所指『中』為『忠』之誤，『中』、『忠』自通用，非誤也。」〔註17〕因此，「忠」與「中」是可以互訓的。

「中」字本來為「徽幟」，後來引申為「公正」、「公中」、「中正」等內涵。著名學者唐蘭先生說：「中者最初為氏族社會中之徽幟，《周禮‧司常》所謂『皆畫其象焉，官府各象其事，州各象其名，家各象其號』，顯為皇古圖騰制

〔註14〕古代漢語詞典〔M〕，北京：商務印書館，1998：2033。

〔註15〕漢語大詞典（縮印本）〔M〕，上海：上海辭書出版社，2007：4242。

〔註16〕辭源（修訂本）〔M〕，北京：商務印書館，2009：1207。

〔註17〕王子今，「忠」觀念研究──一種政治道德的文化源流與歷史演變〔M〕，長春：吉林教育出版社，1999：2～4。

度之孑遺。此其徽幟，古時用以集眾，《周禮》大司馬教大閱，建旗以致民，民至，僕之，誅後至者，亦古之遺制也。蓋古者有大事，聚眾於曠地，先建中焉，群眾望見中而趨附，群眾來自四方，則建中之地為中央矣。列眾為陣，建中之酋長或貴族，恒居中央，而群眾左之右之望見中之所在，即知為中央矣。然則中本徽幟，而其所立之地，恒為中央，遂引申為中央之義，因更引申為一切之中。」〔註 18〕唐蘭先生的推測是合理的。古代民族往往有自己的「圖騰」、「禁忌」或「神物」，這些「圖騰」、「禁忌」、「神物」是最初的道德規範。它們被賦予該古代民族原始的集體意志，是他們集體意志的象徵物，也是道德調節和倫理控制的工具。「中」原來是一種「徽幟」，也是古代民族意志的一種象徵物。它樹立在地上，「群眾左之右之望見中之所在」，是民眾集合的中心，後來就引申為「中央之義」，也就具備了公正、正義的原始內涵意象。

蕭兵先生認為：「設『中』於心就構成了『忠』的意象。」〔註 19〕其實，不僅僅「中」於心構成「忠」的意象，而且當「中」立於「心」時，就已經具備了「忠」的某種道德內涵。現存中國最古最長的文獻《尚書‧盤庚中》，曾經記載了盤庚對臣民的一次訓話：「汝分猷念以相從，各設中於乃心。」盤庚要求臣民同心同德，團結一體，把「忠」立於心中。孔安國對這句話解釋說：「群臣當分明相與謀念，和以相從，各設中正於汝心。」

《說文解字》說：「中，內也。」〔註 20〕段玉裁訓為：「中者，別於外之辭也，別於偏之辭也，亦合宜之辭也。作內，則此字平聲、去聲之義，無不賅矣。」這裡「內」，實質上具有「別於外」、「別於偏」、「合宜」三種含義，而這正是「忠」的重要內涵。

《論語‧堯曰》：「咨爾舜！天生曆數在爾躬，允執其中。」這裡的「中」體現為不偏不倚。又如《尚書‧洪範》：「無偏無陂，遵王之義；無有作好，遵王之道；無有作惡，尊王之路。無偏無黨，王道蕩蕩；無黨無偏，王道平平；無反無側，王道正直。」這裡雖然沒有出現「中」字，其實隱含了「中」的公正、正直的內涵。《國語‧周語》說：「考中度衷，忠也。」這裡「忠」

〔註 18〕 唐蘭，殷商文字記〔M〕，北京：中華書局，1981：53～54。

〔註 19〕 蕭兵，中庸的文化省察──一個字的思想史〔M〕，武漢：湖北人民出版社，1997：820。

〔註 20〕 〔漢〕許慎，說文解字〔M〕，北京：中華書局，1963：14。

與「中」應該是相通的。《韓非子·五蠹》:「則有仇讎之忠」。這裡的「忠」,高亨先生解釋爲「忠,借爲中。」

由上述可見,「忠」與「中」可以互訓,表示客觀公正、正直、大公無私等內涵。《左傳·文公二年》中說:「忠,德之正也。」《呂氏春秋·孝行》說「事君不忠」,高誘注曰:「忠,正也。」這裡的「忠」表示公正。《孝經·事君章》:「進思盡忠」,注疏引《字佶》說:「忠,直也。」這裡的「忠」可以理解爲「正直」。《左傳·僖公五年》:「君子是以知季文子之忠於公室也。相三君矣,而無私積矣,可不謂忠乎?」《左傳·僖公五年》說「忠」的一個重要表現就是:「公家之利,知無不爲也,忠也。」只有那些爲公的,不爲私的才是「忠」。《廣韻·東韻》:「忠,無私也。」《忠經·天地神明章》也說:「忠也者,中也,至公無私」,「不正其心而私事,與忠相反也。」

事實上,「忠」作爲「公中」、「公正」、「正直」、「大公無私」等含義,慢慢地在儒家倫理思想中,成了道德行爲主體和道德實踐的重要倫理原則。

第二,「忠」是「盡心」。最早對「忠」做解釋的文獻見於《左傳·桓公六年》。該文獻記載季梁對隨侯的話:「所謂道,忠於民而信於神。上思利民,忠也;祝史正辭,信也。」季梁是春秋時代隨國的賢臣。當時楚武王侵略隨國,隨國派了一名少師主持議和,在議和的時候,楚武王故意讓自己的軍隊紀律鬆散,軍容不整,這讓狂妄自滿的少師認爲楚國的軍隊不堪一擊,他回到隨國後,建議隨侯出擊楚國。季梁正是在這種背景下勸阻隨侯出軍而說了這番話的。所謂的「道」,包括「忠」和「信」兩個維度。孔穎達解釋爲:「所謂道者,忠恕於民而誠信於神也。」〔註21〕這裡的「而」應當做順承連詞,「民」是第一;「神」是第二位的。只有「忠於民」然後才能「誠信於神」。季梁接著對隨侯說的「吾牲肥腯,粢盛豐備,何則不信?」這句話進行了反駁,說:「夫民,神指主也。」(《左傳·桓公六年》)因此,這裡我們可以確立季梁的「忠於民」比起「信於神」來說,「民」是第一位的。「上思利民,忠也」中的「上」,孔穎達注釋爲「上位者」,也就是指統治者。統治者如何「利民」?就是要求統治者「在上位者思利於民,欲民之安飽。」〔註22〕統治者要盡心盡力讓老百姓吃飽穿暖、安居樂業,這就是「忠」。這裡的「忠」是針對統治者而言的一種政治美德和行爲規範。

〔註21〕十三經注疏(清嘉慶刊本)〔M〕,阮元校刻,北京:中華書局,2009:3799。
〔註22〕同前註。

　　有時候，「忠」的對象是下對上，孔穎達注釋「忠、肅、共、懿、宣、慈、惠、和，天下之民謂之八元」(《左傳‧文公十八年》)時說：「忠者與人無隱，盡心奉上也。」〔註23〕這裡孔穎達認為盡忠就要「盡心奉上」，與《左傳‧桓公六年》的注釋恰恰相反。由此可見，從《左傳》關於忠的主體來看，有時候指統治者，有時候指被統治者。但是，無論是統治者的「盡忠」還是被統治者的「盡忠」，「忠」作為「盡心」、「盡力」內涵是確定的。所以，許慎在《說文解字》中說：「忠，敬也，盡心曰忠。從心，從聲。」這正確地解釋了忠的內涵。

　　一個人要「忠」，要做到心中無私，坦坦蕩蕩面對他人和社會。《國語‧晉語二》說：「除暗以應外謂之忠。」說的就是這個意思。其實「忠」的「盡心」這層含義一直被後世所肯定和發展。北魏時期桓範就說：「為小臣者，得任則治其職，受事修其業，思不出其位，慮不過其職，竭力致誠，忠信而已。」(《世要論‧臣不易》)這裡的「忠」就是對「盡心」的肯定和發展。宋代邢昺在《論語注疏‧里仁》中，對「夫子之道，忠恕而已矣」之「忠」的解釋是：「忠，謂盡中心也。」這個疏義肯定了忠的「盡心」這層含義。

　　理學大師朱熹在注釋《中庸》「忠恕違道不遠，施諸己而不願，亦勿施於人」時，對「忠」的內涵做了充分的解釋。他說：「盡己之心為忠，推己及人為恕。」「施諸己亦勿施於人，忠恕之事也。以己之心度人之心，未嘗不同，則道之不遠於人可見。故己之所不欲，則勿以施之於人，亦不遠人以為道之事。」作為一個道德行為的主體，只有做到「盡心」才能算作「忠」，用「忠」推及到他人就是「恕」。「忠」是「恕」的前提和條件，「恕」是「忠」的綿延和行為方式。「忠」是體，「恕」是用；「忠即是一，恕即是實。」(陳淳《北溪字義‧一貫》)在這個層面上，「忠恕」是一物兩面，都具有「盡己」的意思。

　　從外在行為上來說，「盡己」在實踐中要不留餘地，盡自己最大的努力去行動。宋儒陳淳說：「盡己是盡自家心裏面，以所存主者而言，須是無一毫不盡方是忠。如十分底話，只說得七八分，猶留三分，便是不盡，不得謂之忠。」(陳淳《北溪字義‧忠信》)盡己就是行為主體不留「餘地」，「無一毫不盡」，如有所保留，或者找個理由不盡心，便不是忠。這是陳淳對「忠」的行為主體積極義務的解釋。從忠德主體內心方面來說，「盡己」之忠具有「克己」的

〔註23〕十三經注疏（清嘉慶刊本）〔M〕，阮元校刻，北京：中華書局，2009：4042。

含義，指努力克制行爲主體的內心的情感、情緒和欲望及衝動等。在最關鍵的時候，保持清醒的頭腦，不產生「思維短路」，不「怒髮衝冠」。一個人能夠懂得在適當的時候「克制」自己的情緒，控制自己的情緒，不爲情緒左右自己的行爲，理性地處理事情和他人的關係，在關鍵的時候不失去理智，這是「克己」的行爲體現。從這個方面來說，「愚忠」不是一種「忠」，而是一種打著「忠」的旗幟進行活動的行爲，至少從這個方面上來說，「愚忠」不是儒家「忠」的本意。這是因爲「愚忠」是不加分析、不知變通、不辨善惡、不辨好壞地行忠。事實上，「忠」是一種理性的選擇，不是毫無原則、任由情緒控制、不顧現實條件進行的那種莽撞的行動。

朱熹在注釋《中庸章句・第十章》「子路問強」那段話時說，「抑其血氣之剛，而進之以德義之勇也」，不要「知之過而不擇乎善，行之過而不用其中，不當強而強者也」（《中庸章句・第十一章》）。所以，忠的「克己」層面，就是在適當的時候要採取適當的方式，是一種道德理性行爲，而不是不顧原則、不顧條件的「盲動主義」、「機會主義」、「冒險主義」。只有理性地「盡忠」，忠才能達到預期的效果，才能對忠的對象產生好的效果，才是眞正意義上的忠。《國語・晉語八》記載了叔向一段很有名的話：「子何患焉。忠不可暴，信不可犯，忠自中，而信自身，其爲德也深矣，其爲本也固矣，故不可拐也。今我以忠謀諸侯，而以信履之，荊之逆諸侯也亦云，是以在此。若襲我，是自背信而塞其忠也。信反必斃，忠塞無用，安能害我？」叔向是說晉國恪守忠信之道，是一種理性的行爲，楚國想背棄忠信之道侵略晉國，這是非理性的愚蠢行爲，必然會自取滅亡。

總之，「忠」的「盡己爲人」、「竭心做事」等內涵包括外部和內部兩個方面：對外要「居處恭，執事敬，與人忠」（《論語・子路》）做到「盡心盡力」，不留私情；對內要做到「吾日三省吾身：爲人謀而不忠乎？與朋友交而不信乎？傳而不習乎？」（《論語・學而》）要時時反省自己，時時克制自己的欲望，保持理性，不至於因爲自己的情緒失控而使整個事情毀於一旦。「忠」字的「盡心」的內涵，體現了儒家「仁」的倫理精神。「忠，仁之實也」，〔註24〕正是發展了「忠」的最本初的內涵。

第三，「忠」爲「誠」、「信」、「敬」等內涵。《左傳・文公元年》云：「忠，

〔註24〕李零，郭店楚簡校讀記（增訂本）〔M〕，北京：中國人民大學出版社，2007：130。

德之正也。」《左傳・成公十年》說:「忠,爲令德。」「令德」即全德。忠既然是一種全德,所以在很多語境下忠都可以與其它的德目合用。與誠互訓,也是屬於這類情況。

「忠」可以指「誠」,「誠」可以指「忠」,兩者互訓。古代是單音詞,因此有時候用誠,有時候用忠。「忠」與「誠」相通,本質上都是指一種眞實無妄的狀況。朱熹說:「忠,只是實心,直是眞實不僞。」(《朱子語類》卷十六)「誠者,眞實無妄之謂,天理之本然也。」(《中庸章句・第二十章》)忠是「盡心」,是一種「實心」,是「不僞」。這正和「誠」相同。「忠與誠皆是實理。」(《朱子語類》卷二十一)所以,朱熹說:「一心之謂誠,盡心之謂忠。誠是心之本主,忠又是誠之用處。用者,只是心中微見得用。」(《朱子語類》卷二十一)因此,當有人問朱熹「誠便是忠信否」的時候,朱熹便說:「固是。」(《朱子語類》卷二十一)還說:「『誠』字以心之全體而言,『忠』字以其應事接物而言。」(《朱子語類》卷六)劉寶楠也說:「誠心以爲人謀謂之忠。」(《論語正義・學而》)所以,從「盡心竭力」這個層面上,「忠」和「誠」是相通的。當然,在後來的發展中,忠與誠有了區別。忠偏重於事物的行動過程,而誠則是偏重於行爲主體的態度。這是道德規範發展的必然。但是在源頭上,兩者無區別,可以互訓。

《說文解字》說:「信,誠也。從人言。」《釋名》曰:「信,申也。言以相申束使不相違也。」忠,也與信的意思相通。第一,信和忠,都有眞實、忠誠的含義。《論語》有「主忠信」(《論語・學而》)、「言忠信」(《論語・衛靈公》)、「必有忠信如丘者」(《論語・公冶長》)等說法。朱熹說:「忠是信之體,信是忠之發。」(《朱子語類》卷二十一)陳淳有言:「有話只據實說,無便曰無,有便曰有。若以無爲有,以有爲無,便是不以實,不得謂之信。」(《北溪字義・忠信》)可見,「忠信只是一事。」(《朱子語類》卷二十一)第二,從忠的實踐來說,忠表示盡心,指人;信表示盡心,指事。兩者連用爲「忠信」,這正好表明了一個完整的忠德行爲。朱熹說:「盡己之謂忠,盡物之謂信」,「有於己爲忠,見於物爲信」(《朱子語類》卷二十一)。也就是說忠是人內心的盡心,信是人在做事過程中的盡心。所以從「盡心」的角度來說兩者相通。不過,在範疇上相比,忠的範圍要比信要寬廣。

「敬」與「忠」的內涵也是相通的。朱熹認爲,「敬字工夫,乃聖門第一義,徹頭徹尾,不可頃刻間斷。」(《朱子語類》卷一十二)第一,從心理層面來說,

敬有盡心、「主一」的內涵。「敬」是一種「整齊嚴肅」的態度，是一種「內無妄思，外無妄動」的執著。這種執著，就是專一。專一，也可以說是「主一」。「主一之謂敬。」（《河南程氏粹言》卷一）而「主一」就是忠。第二，從行為層面來說，敬是始終專一做一件事，而忠的行為也是表示專一做一件事。因此，從行為層面來說，兩者也是相通的。朱熹說：「敬是始終一事。」（《朱子語類》卷十二）還說「敬不在外，但存心便是敬。」（《朱子語類》卷十二）具體說來，在行為上要做到「坐如屍，立如齊」，「頭容直，目容端，足容重，手容恭，口容止，氣容肅。」（《朱子語類》卷十二）這是道德主體在行為舉止上表現出一種專一的態度。在內心深處要做到居敬，要求道德主體內心要「有所畏謹，不敢放縱」（《朱子語類》卷十二），要「敬以直內」。朱熹說：「只收斂身心，整齊純一，不恁地放縱，便是敬。」（《朱子語類》卷十二）這些正好也是忠心做事的體現。因此，「敬」在行為上也體現為忠。第三，在道德修養上，「敬」的方式也體現為「盡心」，其目的是為了提高自己的修養，為了更好地「利人」，這和忠的內容也是相通的。宋代理學家很欣賞程頤的「涵養須用敬，進學在致知」這句話。朱熹曾經引用程頤的話說：「入道莫如敬，未有致知而不在敬者。」（《朱文公文集・與湖南諸公論中和第一書》卷六十四）敬是人對自己內在「人欲」的打磨和歷練，宋代理學家有時候把這種方式叫「主一」。程頤說：「所謂敬者，主一之謂敬。」（《河南程氏遺書》卷十五）他們認為這是在「收拾自家精神」（《朱子語類》卷十二）。只不過，理學家是從「理」的高度來闡釋「敬」，但是從道德修養層面來說，這個「敬」與「忠」的「盡心盡力」、「克制」自我的欲望、衝動是一致的。

　　儘管「忠」與「誠」、「敬」、「信」等基本內涵相通，但是它們在後世倫理思想發展過程中卻出現了不同的價值維度，無論是價值主體、價值客體還是價值實施的行為方式都有不同的側重點。語言文字是隨著人們社會政治、經濟生活發展變化而發展變化的，它們也不另外。徐復觀說：「我認為追求一個名詞的語源，可以發現文化概念的源流演變之跡，但決不可以語源的意義，作為衡斷文化中某一概念的是非得失的標準。因為語言所代表的概念，是不斷地在演變，而且是人不斷地作意識之創造和增加的。假定硬說千年以後的某一概念，即同於千年以前的某一概念，這固然是危險。但硬拿千年以前的某一概念，以限定或否定千年以後的某一概念，同樣也是非常的不合理。」〔註25〕

〔註25〕徐復觀，中國思想史論集續篇〔M〕，上海：上海書店出版社，2004：235。

總之，「忠」無論作爲「公正」、「正直」、「中正」，還是作爲「盡心」、「盡己」，亦或是作爲「敬」、「誠」還是「信」等內涵，只是代表「忠」的基本的道德內涵。忠的「公正」、「正直」、「中正」等內涵，醞釀了後來忠德的行爲原則；「盡心」、「盡力」則體現爲忠德主體的內在德性價值；「敬」、「誠」、「信」等的內涵則包含了忠德實踐主體的態度，在實踐上表現爲忠德主體的內在和外在的超越。

二、忠德起源

錢穆先生認爲：「『孝』的觀念起源於『血緣團體』，『忠』的觀念起源於『地域團體』。中國人所謂『移孝作忠』，即是『由血緣團體中之道德觀念轉化而成地域團體中之道德觀念』。〔註26〕根據現代研究成果可知，原始人過的是一種群居生活，尤其是在人類蒙昧時期，血緣家庭是他們聯繫的紐帶，那時候地域意識還沒有產生。在這個血緣家庭時代，「兄弟和姊妹起初曾經是夫婦」〔註27〕。在那個時代，「同胞兄弟姊妹、從（表）兄弟姊妹、再從（表）兄弟姊妹和血緣更遠一些的從（表）兄弟姊妹，都互爲兄弟姊妹，……也一概互爲夫妻。」〔註28〕在人類的蒙昧時期，人們有血緣家庭意識，但是還沒有地緣意識，雖然也產生了一些低級的道德意識，但是還沒有出現較高級的忠德觀念和忠德行爲。那麼忠德究竟起源於何時呢？我們認爲忠德可能在原始社會前期還沒有出現，而應當起源於原始社會末期，大致在堯舜禹時代。

我們認爲忠德起源於堯舜禹時代。這可以從兩個方面來討論：一是從現代的研究成果來看，二是從傳世的經典文獻來看。

一是從現代的研究成果來看。根據現代研究成果可知堯舜禹時代是存在的，忠德起源於這個時代。金景方先生和錢耀鵬先生肯定了堯舜禹時代的存在，認爲這個時代是「中國的早期國家」或者是「相對獨立的早期國家」。金景方先生說：「堯、舜、禹時代的部族聯合體是中國在部落聯盟之後產生的一種新的社會組織，是中國從原始社會向國家過渡的一個中間環節。部族聯合體的組成、管理和領導機構與後世的國家機器相比，儘管還很原始、很簡單，但在某些方面已經初步具備了國家機器的基本特徵，我們稱之爲準國家或半

〔註26〕 錢穆，中國文化史導論（修訂本）〔M〕，北京：商務印書館，1994：162。
〔註27〕 馬克思恩格斯選集（第4卷）〔M〕，北京：人民出版社，1995：31。
〔註28〕 馬克思恩格斯選集（第4卷）〔M〕，北京：人民出版社，1995：33。

國家，實質上就是中國的早期國家。」〔註 29〕錢耀鵬先生認為：「在堯舜禪讓傳說故事的背後，至少可能存在著善惡相對獨立的早期國家，與五帝時代普遍築城建國、王國林立的歷史發展特點相吻合。」還說：「堯舜禪讓故事可能是有所依據的歷史事實，即堯舜禹三者是聯繫在一起的。」〔註 30〕

　　堯舜禹時代不僅早期國家出現了，而且文明和道德也已經建立起來了。李學勤教授認為：「考古研究已經使我們窺見相當於傳說中堯、舜時代的社會、文化的眞相。例如已有不少報導的山西襄汾陶寺遺址，其年代上限在公元前 2500 年至前 2400 年之間，下限不晚於公元前 2000 年，正好與堯、舜傳說的時代大致相當。陶寺發現了面積達 280 萬平方米的大型城址，其中有結構複雜的建築基礎，有規模頗大的貴族墓葬，出土了玉器、銅器及陶製的禮樂器等，還出現了文字。最近發掘的一處特殊建築基址，有學者推測與『觀象授時』可能有關，而後者正是《堯典》的一項內容。大家知道，陶寺的地理位置同文獻中『堯都平陽』正好接近。由此看來，認為傳說中堯、舜時代文明業已初步建立，是妥當的。」〔註 31〕

　　柳詒徵在《中國文化史》中說：「唐、虞以降，國家統一，政治組織，漸臻完備。於是立國行政，始有確定方針。……據此，是一代有一代所尙之道，其道各有所敝。而夏道近於虞，故虞、夏往往連言。」〔註 32〕「夏道尙忠，本於虞。……夏時所尙之忠，非專指臣民盡心事上，更非專指見危授命。」〔註 33〕柳詒徵先生不僅指出了忠德的起源唐虞時代，而且指出了忠德起源最初的內涵。

　　裴傳永先生在《忠觀念的起源與早期映像研究》一文中也說：「堯舜時代是中國歷史上道德昌明的一個時代」，「堯舜時代所孕育、產生的道德觀念，除了孝、恭、信、公、讓、義、慈、直、清等之外，還包括忠。」〔註 34〕作者從古代的典籍，如《禮記》、《左傳》和《史記》等文獻和堯舜禹的實際行動兩個方面來論述自己的觀念。在典籍方面，作者引用了《禮記・表記》中

〔註 29〕 金景芳、呂文郁，論堯舜禹時代是由原始社會向國家過渡的中間環節〔J〕，學習與探索，1999（3）：126。

〔註 30〕 錢耀鵬，堯舜禪讓的時代契機與歷史眞實——中國古代國家形成與發展的重要線索〔J〕，社會科學戰線，2000（5）：134。

〔註 31〕 李學勤，舜廟遺址與堯舜傳說〔N〕，光明日報，2005－8－17（11）。

〔註 32〕 柳詒徵，中國文化史（上冊）〔M〕，上海：上海古籍出版社，2001：89。

〔註 33〕 柳詒徵，中國文化史（上冊）〔M〕，上海：上海古籍出版社，2001：90。

〔註 34〕 裴傳永，忠觀念的起源與早期映像研究〔J〕，文史哲，2009（3）：114～115。

關於孔子稱讚帝舜有「忠利之教」，君子之人有「忠而不犯」來說明忠德在堯舜時代已經存在。作者還用司馬遷在《史記・五帝本紀》所說的，「舜乃……命十二牧論帝德，行厚德，遠佞人」的記述和「天下明德皆自虞帝始」作爲佐證。〔註35〕

二是從傳世的經典文獻來看。李民教授認爲：「《堯典》所寫的社會現象雖然是斑駁陸離，但經認眞研究仍可看出，其所寫的主要方面正是禹以前的堯、舜時期氏族制度瓦解並向階級社會過渡的歷史狀況。」〔註36〕不僅如此，中國最早的古書之一《尚書》第一篇《堯典》開篇就講堯的德性，該篇認爲儒家提倡的聖賢道德是從堯開始的，認爲堯是忠德修養很高的人，說他「克明俊德，以親九族」，「平章百姓」，「協和萬邦」。《說苑・君道》也說：「禹曰：『堯舜之人，皆以堯舜之心爲心，今寡人爲君也，百姓各自以其心爲心。』」這已經表明，在堯舜時代人們已經有了忠德，個體意識的覺醒已經出現。司馬遷在《史記・五帝本紀》中論斷說：「天下明德皆自虞帝始。」

《史記・五帝本紀》中說：「堯曰：『嗟！四嶽：朕在位七十載，汝能庸命，踐朕位？』嶽應曰：『鄙德忝帝位。』堯曰：『悉舉貴戚及疏遠隱匿者。』眾皆言於堯曰：『有矜在民間，曰虞舜。』堯曰：『然，朕聞之。其何如？』嶽曰：『盲者子。父頑，母嚚，弟傲，能和以孝，烝烝治，不至奸。』」這裡大概是中國倫理思想史上第一次以是否有「德」作爲人才選拔的標準。堯想將自己的帝位傳給後世，西邊的諸侯認爲他們自己的德性淺薄，不堪大任，因此推薦有德有才的舜來繼承帝位。

其實，堯有很多的兒子，他是爲了氏族部落聯盟的利益，不把帝位傳給兒子而是傳給了德厚才高的舜。這是忠德「盡己爲公」的體現。《呂氏春秋・孟春紀・去私》中說：「堯有子十人，不與其子而授舜；舜有子九人，不與其子而授禹：至公也。」這裡體現了堯舜忠於集體和部族聯盟的忠德勇氣。所以堯被稱之爲「美堯」，稱他這種禪讓爲公的忠德行爲爲「美堯之事」或「美堯之功」。《尚書・堯典》〔註37〕中說稱讚堯「欽、明、文思、安安，允恭克

〔註35〕裴傳永，忠觀念的起源與早期映像研究〔J〕，文史哲，2009（3）：115。

〔註36〕李民，《尚書・堯典》與氏族社會〔J〕，鄭州大學學報（哲學社會科學版），1980（2）：83。

〔註37〕《十三經注疏》中的《尚書注疏》，自從清代學者閻若璩《尚書古文疏證》考證了僞《尚書》中的《仲虺之誥》、《湯誥》、《伊訓》等25篇是東晉代人獻的僞作之後，影響深遠，學術界很多學者接受了閻若璩的觀點，學界的一些人

讓，光被四表，格於上下」。孔子也大爲稱讚堯舜的忠德行爲。他說：「大哉堯之爲君也！巍巍乎！唯天爲大，唯堯則之。蕩蕩乎，民無能名焉。巍巍乎其有成功也，煥乎其有文章！」「巍巍乎，舜、禹之有天下也而不與焉！」（《論語・泰伯》）孔子高度讚揚了堯舜擁有天下而一心爲公、不爲私的道德品質。

不僅如此，堯還「巡狩行教，勤勞天下」。《淮南子》中說：「堯之有天下也，非貪萬民之富，而安人主之位也，以爲百姓力征，強凌弱，眾暴寡。於是堯乃身服節儉之行，而明相愛之仁，以和輯之。是故茅茨不翦，採椽不斫，大路不畫，越席不緣，大羹不和，粢食不毇。巡狩行教，勤勞天下，周流五嶽。豈其奉養不足樂哉？舉天下而以爲社稷，非有利焉。」（《淮南子・主術訓》卷九）堯的這種一心爲公，忠貞愛民的忠德行爲，爲歷代所稱讚。

堯的繼任者舜，雖然出生在一個「父頑」、「母囂」、「象傲」（《尚書・堯典》）的家庭背景中，但是他也用自己的實踐行動，證明了自己是忠於民眾、

一談到僞《尚書》就色變，不敢引用，好像閻若璩的結論就是定論。其實僞《尚書》也不全部是僞作，其中的很多文字是源於先秦一些古籍。例如《仲虺之誥》篇，在先秦諸子百家作品中多次被引用。因此，筆者認爲，只要有選擇性地參考這25篇所謂的僞《尚書》是可以的。劉起釪先生在《尚書學史》（修訂本）中認爲，先秦部分篇章因爲各種各樣的原因「後來失傳了，賴先秦文獻保存了他們的一些散佚文句，至晉代被僞古文相應的篇名剽襲了一些，因此進入了僞篇中。還有一些不知篇名遺句，也被收入僞篇中。但不影響這些文句原來是先秦已有的古文。」（劉起釪，尚書學史（訂補本）〔M〕，北京：中華書局，1989：32。）劉先生的觀點是很有價值的。事實上，閻若璩的《尚書古文疏證》對僞《尚書》25篇文字的考證，是不全面的，很多地方是值得商榷的。鄭傑文和傅永軍主編的《經學十二講》中論述說：「閻若璩的《疏證》之作事實上有兩個預設的前提：一是認爲古本《尚書》的篇章原都是體制嚴整而文辭古奧的，應大略如伏生所傳的二十九篇所體現的那樣；二是相信漢代孔壁古文十六篇爲『眞古文』，也應該如伏生所傳的二十九篇那樣。這兩個預設都是需要證明的，否則便不能用作辨僞的標準。問題很顯然，如果古本《尚書》的體制文辭原不像通常所設想的那樣整齊，各種《尚書》傳本所收錄的篇章原也並不一樣，那就不能僅據一種標準衡量現存的《尚書》古本。所以根據上述，我們以爲閻氏《疏證》所關照的標準有問題，他的寫作在相當程度上忽視了《尚書》流傳的複雜性（或說是將這種複雜性過分歸納於後人的作僞），因而他所揭發的問題中的大多數，並不能作爲讞定今本《尚書》的古文部分爲僞的直接證據，況且所疏還有很多條目屬於質疑的範疇而非定論。」（鄭傑文，傅永軍，經學十二講〔M〕，北京：中華書局，2007：110。）鄭傑文和傅永軍先生的看法是有道理的。筆者認爲可以有選擇性的運用僞《尚書》中的文字，而不是對閻氏的《疏證》中所說的僞25篇全部棄而不用。

忠於集體、忠於部落聯盟的道德典範。郭店楚簡《唐虞之道》中說，舜做兒子的時候，能夠做到忠心事父，「古者虞舜篤事瞽盲，乃戴其孝」，做堯的臣子時，能做到「為堯也，甚忠」，「忠事帝堯」。〔註38〕

舜帝以敬為忠，有一顆大公無私的忠德之心。賈誼評價說：「帝舜曰：『吾盡吾敬而以事吾上，故見謂忠焉；吾盡吾敬以接吾敵，故見謂信焉；吾盡吾敬以使吾下，故見謂仁焉。是以見愛親於天下之人，而見歸樂於天下之民，而見貴信於天下之君。故吾取之以敬也，吾得之以敬也。』」（賈誼《新書・修政上》卷九）

舜忠於自己的職責，常常通過自己實際的忠德行為來感化他人。「歷山之農者侵畔，舜往耕焉，期年，甽畝正。河濱之漁者爭坻，舜往漁焉，期年而讓長。東夷之陶者器苦窳，舜往陶焉，期年而器牢。仲尼歎曰：『耕、漁與陶，非舜官也，而舜往為之者，所以救敗也。舜其信仁乎！乃躬藉處苦而民從之。故曰：聖人之德化乎！』」（《韓非子・難一》）舜帝見到歷山的老百姓互相爭奪田產，他到那裡耕作，一年後，那裡百姓的田界就很正常了。撈魚為生的百姓為爭水中的高地而爭論不休，舜前去那裡一年後，老百姓就自願把水中的高地讓給年紀大的。東夷人製造的陶器質量不好，不堅固容易破碎，舜到那裡一年後，東夷人生產的陶器就很堅固了。舜是在用自己的德性感化周圍的人。

禹（也叫夏禹）是舜帝的繼任者，他為了治理洪水，勤奮備至。「禹親自操橐耜而九雜天下之川。腓無胈，脛無毛，沐甚雨，櫛疾風，置萬國。」（《莊子・天下》）他曾經多次路過自己的家門，都沒有進去。「勞身焦思，居外十三年，過家門不敢入。薄衣食，致孝於鬼神。卑宮室，致費於溝淢。」（《史記・夏本紀》）大禹為了民眾的利益，為了徹底治理洪水，他不但盡心竭力，而且節衣縮食，不敢奢侈，自己住簡陋的房子，卻花費大量的物資用來修築溝渠。最終洪水被治理，「事已成，功已立，為萬世利」（《呂氏春秋・先識覽・樂成》）。因為禹常年在外治理洪水，據說腿部曾經受傷，走路一拐一瘸的，被人稱稱之為「禹步」。後世用「禹步」來讚美他的忠德行為。孔子稱讚禹說：「禹，吾無間然矣。菲飲食而致孝乎鬼神，惡衣服而致美乎黻冕，卑宮室而盡力乎溝洫。禹，吾無間然矣。」（《論語・泰伯》）

〔註38〕李零，郭店楚簡校讀記（增訂本）〔M〕，北京：中國人民大學出版社，2007：124。

　　禹是夏代的開創者，最後由他的兒子啓建立夏朝。夏代初期推崇的還是忠德，或者說夏代是把忠德作爲治國之道的。也就是說後世講的「夏道」其實就是講的是「禹道」。後來夏桀殘暴，放蕩不羈，殘害百姓，拋棄了堯舜禹以來的爲民而盡忠盡力的忠德，因此民眾就推翻他的統治。

　　《禮記・表記》曾經記載了孔子對夏代道德特點的評價：「夏道尊命，事鬼敬神而遠之，近人而忠焉，先祿而後威，先賞而後罰，親而不尊。其民之敝，蠢而愚，喬而野，樸而不文。」孔子這裡講的夏道，其實就是禹道。孔子認爲夏代的道德原則是親近人，待人忠厚，重獎賞而輕刑罰。「近人而忠」在孔子看來是夏道「忠德」的基本內涵。孔穎達解釋孔子的這句話是說：「『事鬼敬神而遠之，近人而忠焉』者，宗廟在外，是『遠鬼神』也。朝廷在內，是『近人』也。以忠恕養於民，是『忠焉』也。所爲如此，是『親而不尊』也。」〔註39〕

　　《說苑・修文》篇說：「夏后氏教以忠，而君子忠矣。」《白虎通義・三教》說：「夏人之王教以忠，其失野，救野之失莫如敬。」又說：「三教所以先忠者，行之本也。三教一體而分，不可單行，故王者行之有先後。何以言三教並施，不可單行也？以忠、敬、文無可去者也。」「人道主忠，人以至道教人，忠之至也；人以忠教，故忠爲人教也。」《白虎通義・三教》認爲，忠是夏代道德教化的核心，是「行之本」，對於夏代統治者來說，盡忠是最高的境界。

　　董仲舒也認爲，要想把漢代的社會治理好，就應當用夏代的策略，實行忠德教化。他說：「繼治世者其道同，繼亂世者其道變。今漢繼大亂之後，若宜少損周之文致，用夏之忠者。」（《漢書・董仲舒傳》）

　　司馬遷在《史記・高祖本紀》太史公曰中總結說：「夏之政忠。忠之敝，小人以野，故殷人承之以敬。敬之敝，小人以鬼，故周人承之以文。文之敝，小人以僿，故救僿莫若以忠。」夏代的政治教化是教人忠厚老實。不過忠厚老實如果走到極端就會使人粗野，所以殷商統治者就倡導敬天地鬼神。這種敬天地鬼神狀況發展到極點就使人迷信鬼神，所以西周的統治者吸取了殷商統治者的教訓就教人講究禮樂文明，但是這種禮樂文明走到極端，就會使人鄙薄虛僞，所以要改變這種鄙薄虛僞的狀況，反過來又倡導忠厚老實的忠德品質。司馬遷好像通過一個循環論證的方式，論述了夏、商、周這三代忠德

的發展變化。表面上看，西周的忠德變化好像是重複了夏代忠德的同一內涵，其忠德形式相同，但是卻具有不同的內涵，而且是一種新的發展，帶有西周社會時代的烙印。他揭示了西周晚期「王綱解紐」、「禮崩樂壞」、「禮樂征伐自諸侯出」的道德混亂的現實。

忠德爲什麼在當時社會中普遍流行，圍繞這個問題春秋戰國時期的許多思想家如孔子、慎到、孟子等思想家紛紛作出了精到的分析和論述。西周忠德的發展是夏代忠德否定之否定的發展，是對夏代忠德的「揚棄」。而夏代的忠是和堯舜禹忠的是一脈相承的。

總之，我們認爲忠德起源於堯舜禹時代，但是我們也很難確定地說出忠德起源於何年何月，因爲道德的起源是個逐漸演變發展的過程，它除了受外部的政治、經濟、社會歷史條件的制約外，還有忠德自己的發展規律和歷史繼承性。再說，中國的歷史在公元前 841 年之前沒有準確的年代。因此，要具體地說出忠德起源於何年何月那是不現實的，也是不負責任的說法。同時需要說明的是，儘管春秋戰國時代，是忠德百家爭鳴的時代，忠德的內涵已經成熟，而且呈現多元化的價值維度。但是他們如果不是從以前的忠德範疇中汲取營養，忠德是不可能突然繁榮的。如果忠德忽然之間就能繁榮起來，「這未免有點像傳說中的老子，生下來便有了白鬍子」。﹝註40﹞所以說，春秋戰國時代忠德的繁榮是有其淵源的，它是不可能速成的，這個淵源可以追溯到堯舜禹時代。

第二節　做人之忠

在儒家看來，忠德大致可以分爲做人之忠和爲政之忠。前者是做人的普遍道德，後者是爲人臣的道德、是特殊道德。做人之忠主要分爲：盡己利人、待人以善、持事以敬三個方面。

一、盡己利人

盡己利人之忠具有普遍性，是針對所有的人。《忠經》認爲：「天之所履，地之所載，人之所履，莫大乎忠。」（《忠經・天地神明章》）不同文化背景的人也都應具有盡己利人的德性。孔子說：「與人忠，雖之夷狄，不可棄也。」

﹝註40﹞夏鼐，中國文明的起源〔M〕，北京：中華書局，2009：82。

（《論語・子路》）盡己利人是做人之忠最基本的德性。一般地說，盡己就是要做到盡自己的責任和能力，不找任何藉口推脫、拒絕別人。總體說來，盡己利人是道德主體發自內心的眞情行動，是毫無保留地付出。具體地說就是要做到無私、專一和盡心竭力。

第一，無私。《左傳・成公九年》說：「無私，忠也。」程頤還把這種「無私」的德性，稱之爲「天德」。他說：「無私，天德也。」（《二程集・周易程氏易傳》卷一）盡己利人只能是出於「無私」的動機，如果是帶有「私心」就不是忠德的行爲。因此，盡己利人的基本道德屬性是「利人」，不是「利己」。只有出於自己「無私」的忠德行爲，才具有忠德的道德價值。如諸葛亮爲治理蜀國，嘔心瀝血，鞠躬盡瘁，就是一種無私利人的忠德行爲。

盡己利人之忠強調「無私」。這裡的「私」指人的私欲和私心。很多人不忠，是因爲爲自己的私欲考慮得太多。二程說：「蓋欲利於己，必損於人。」（《二程集・河南程氏經說》卷六）歷代王朝中發生的臣弒君、下對抗上的不忠行爲，多半是人的私心引起的。《管子》說：「私意行則國亂。」（《管子・明法解》）還說：「私者，亂天下者也。」（《管子・心術下》）因此，盡己利人的忠是要求人們做到無私心，更多地爲別人考慮。一個人能夠克服自己的私欲，舍己爲人，就是無私。爲了成全他人，不顧及自己的得失，就是忠。

無私之忠，在特殊的情況下如爲了拯救他人，還能做到舍己爲人，犧牲自己的利益甚至生命。這種無私也是孟子說的「以身殉道」（《孟子・盡心上》）。例如，春秋時期晉國的程嬰爲了趙家不絕後，用自己的親生嬰兒代替趙家的嬰兒，眼睜睜看著自己的嬰兒被政敵殺死。無私之忠，往往不是出於功利的目的，不是想從別人那裡得到金錢、權力或名譽等，而是出於道德良知和道德心理，是一種較高的忠德修養。王弼說的「忠者，情之盡也」（黃侃《論語義疏》引），是對無私之忠的最好概括。

第二，專一。專一是盡己利人又一種表現形式，是指一心一意對待某人或某事。董仲舒說：「心止於一中者，謂之忠；持二中者，謂之患；患，人之中不一者也。不一者，故患之所由生也。是故君子賤二而貴一。人孰無善，善不一，故不足以立身；治孰無常？常不一，故不足以致功。」（《春秋繁露・天道無二》）一個人不專一，不忠心，就是禍患，就很難在社會上立足，更難在社會做到利人。《忠經・天地神明章》中說：「忠也者，一其心之謂也。」程頤說：「盡己之謂忠。」（陳淳《北溪字義・忠恕》）朱熹說：「爲人謀時，

竭盡自己之心，這個便是忠。」（《朱子語類》卷二十六）這些也都說明了一心一意、盡心利人是忠德最基本的要求。

專一，可以體現為對愛情的專一和忠貞。例如尾生就是一個典型。《莊子》和《史記》中都記載了尾生的故事。《莊子・盜跖》說：「尾生與女子期於梁下，女子不來，水至不去，抱梁柱而死。」《史記》說：「（尾生）與女子期於梁下，女子不來，水至不去，抱柱而死。」（《史記・蘇秦列傳》）姑且不論尾生歷史上是否實有其人，但是這種行為就是對愛情專一的最好詮釋。

專一，還可以體現在朋友交往中，表現為對友情的忠誠。在傳統社會中，朋友之間為了表達自己的忠誠和友善，有時候會訂立「不是同年同月同日生，但願同年同月同日死」的友情誓言，這就是專一的體現。如《三國演義》中的劉備、關羽和張飛桃園結義就是如此。還如，戰國時期的刺客聶政和荊軻答應了別人的事，一諾千金，專心為之，這是專一的又一典型。再如，戰國燕太子丹的謀士田光，他曾經幫助燕太子丹秘密制定荊軻刺殺秦王的計劃。當太子丹告訴他，「所言者，國之大事也，願先生勿泄」（《史記・刺客列傳》）時，他為了消除太子丹擔心自己泄漏秘密的疑心，激勵荊軻刺殺秦王，自刎而死，足見其對人的專一。總之，專一之忠是一心一意待人，沒有任何私心雜念。

第三，盡心竭力。盡心竭力是傾其忠德主體所有的能力全力待人。盡心竭力體現為有條件要去做，沒有條件創造條件也要去做。南宋陳淳說得最為明白。他說：「盡己是盡自家心裏面，以所存主者而言，須是無一毫不盡方是忠。如十分底話，只說得七八分，猶留兩三分，便是不盡，不得謂之忠。」（陳淳《北溪字義・忠信》）

這種盡心竭力之忠無論是誰都應當做到，上至王公大臣，下至平民百姓都是如此。陳淳說：「事君之忠，亦只是盡己之心以事君。為人謀之忠，亦只是盡己之心以為人謀耳。」（陳淳《北溪字義・忠信》）這種盡心竭力強調的是主體內在德性，需要在具體行動中體現出來。朱熹說：「忠，只是盡己。」（《朱子語類》卷二十一）還說：「『忠』，只是樸實頭白直做將去。」（《朱子語類》卷二十四）可見，盡心竭力是一個人立身行事、待人的基本忠德修養。

第四，講究忠恕之道的原則。忠恕之道的實際是「己所不欲，勿施於人」，「己欲立而立人，己欲達而達人」。這是孔子的弟子曾參概括出來的。曾參說：「夫子之道，忠恕而已矣。」（《論語・里仁》）王弼在《論語釋疑》中解

釋說：「忠者，情之盡也；恕者，反情以同物者也。」楊伯峻先生解釋說，「恕」就是「己所不欲，勿施於人」；「忠」就是「己欲立而立人，己欲達而達人」。〔註41〕從這個意義上來說，忠恕表示一個完整的盡己利人的忠德行為。「忠」是道德主體盡心而為，盡心的對象可以是他人、國家或者君主。「恕」是要做到推己及人，自己不想做的事或者做不到的事不要強求別人去做。換句話說，自己沒辦法去盡心做到的事，不能要求別人做到。錢穆先生說：「盡己之心以待人謂之忠，推己之心以及人謂之恕。人心有相同，己心所欲所惡，與他人之心之所欲惡，無大懸殊。故盡己心以待人，不以己所惡者施於人。忠恕之道即仁道，其道實一本之於我心，而可貫通之於萬人之心，乃至萬世以下人之心者。」〔註42〕在儒家忠德看來，「忠」與「恕」是兩個緊密相連的德行。宋代大儒陳淳說：「忠是就心說，是盡己之心無不真實者。恕是就待人接物處說，只是推己心之所真實者以及人物而已。」（陳淳《北溪字義‧忠恕》）總之，忠恕是一體兩面，兩者是不可分離的，「忠恕猶形影」（陳淳《北溪字義‧忠恕》）。

　　如果說無私、專一、盡心竭力是盡己利人的行為方式，那麼講究忠恕之道則是盡己利人之忠的行為原則與方法。

　　盡己利人要遵循忠恕之道的原則，也就是說在忠德行為上，除了自己無私、專一、盡心竭力之外，還要站在別人的立場上來考慮問題，即所謂的「恕道」，這樣可以避免出現好心辦壞事的結果。對於一個盡己利人的人來說，他會忠心替人辦事。在他看來他這樣做是有利於他人，但是如果一味地以自己的意志替別人辦事，儘管也是無私、專一和盡心竭力地去做了，在主觀上忠德主體也是抱著盡己利人的心理。但是如果他不遵循忠恕之道的原則，其行為的結果有可能在客觀上不是利人，而是給他人造成了不必要的麻煩，甚至是傷害。這也就是通常說的好心辦壞事。因此在盡己利人的忠德行為中，需要講究忠恕之道，需要站在他人的立場上思考自己行為是否會對他人造成客觀上的麻煩。為了更好地做到盡己利人，需要在忠德實踐中牢牢把握忠恕之道的原則，所以它是盡己利人不可分離的部分。

　　總之，無私、專一、盡心竭力是盡己利人之忠的表現形式，忠恕之道是盡己利人之忠的原則，它們都是盡己利人之忠的重要內容。

〔註41〕楊伯峻，論語譯注〔M〕，北京：中華書局，1980：39。
〔註42〕錢穆，論語新解〔M〕，北京：生活‧讀書‧新知三聯書店，2005：98。

二、待人以善

以善待人，是成全他人，不是害人。孔子說：「忠告而善道之。」（《論語‧顏淵》）包咸解釋說：「忠告，以是非告之。以善道導之。」邢昺也解釋說：「言盡其忠以是非告之，又以善道導之。」〔註43〕待人以善能夠促進他人和社會的進步，對人生存和事物的發展具有正面的意義與價值。具體說來應當是教人、助人、寬恕人。

第一，教人。《說文解字》說：「教，上所施、下所效也。」這裡的「上」可以理解為「尊長」或者是社會經驗或知識豐富的人。教人往往是經驗或者知識豐富的人勸導那些涉世不深的人。從職業的角度來說，這些人可以是長者、可以是教師。他們誠心教人，傳道、授業、解惑。通過教人，使受教者懂得做人做事的道理，這樣可以使人避免少犯錯誤或少遭受挫折。二程說：「聖人盡道，以其身之所行者教人，是故天下之人皆至於聖人之域也。」（《河南程氏粹言》卷二）

孔子說：「學而不厭，誨人不倦。」（《論語‧述而》）「誨」就是教導，誨人不倦，是指教導別人不知疲倦。這是盡心，是一種忠。這種「誨人不倦」本身意味著「教不倦」。「學不厭，知也。教不倦，仁也。」（《孟子‧公孫丑上》）「教不倦」是「仁」。而廣義的「仁」，本身就含有忠的意思，因此，「教不倦」就是忠，是教者盡心盡力把所得到的知識或人生經驗傳授給接受者。

孟子曾經認為人生有三樂。其中「得英才而教育之」，就是其中一樂。孟子說：「君子有三樂，而王天下不與存焉。父母俱存，兄弟無故，一樂也；仰不愧於天，俯不怍於人，二樂也；得天下英才而教育之，三樂也。君子有三樂，而王天下不與存焉。」（《孟子‧盡心上》）這種以教為樂的精神，是待人以善的一種表現形式。特別是在受教者面對人生的重大選擇、精神困頓或迷茫的時候，如果有長者或智者，能夠指點迷津，這對他們的作用是巨大的。如劉備在迷茫時，三顧茅廬，諸葛亮盡心幫助劉備分析當時的形勢，建議他聯吳抗曹，還決定出山幫助劉備建立蜀漢基業。這是智者教人的典型例子。還有的是長者對晚輩的教導，一些學問和人生經驗豐富的長者對年青人的教導就屬於這種情況。

在傳統社會中教人以善，主要的目的還是「經夫婦，厚人倫，美教化，

〔註43〕李學勤，十三經注疏‧論語注疏（標點本）〔M〕，北京：北京大學出版社，1999：169。

移風俗」（《毛詩正義》卷一）。在具體行爲上，使受教者能夠「出則事公卿，入則事父兄」（《論語・子罕》），做到「非禮勿視，非禮勿聽，非禮勿言，非禮勿動」（《論語・顏淵》）。

至於封建社會統治者那種「不教而殺」的行爲，就不是一種忠德行爲。孔子說「不教而殺謂之虐。」（《論語・堯曰》）荀子也說：「不教而責成功，虐也。」（《荀子・宥坐》因此，待人以善，最基本是要教人什麼是善，如何做到善。這是爲人盡忠的一種實踐方式。所以，孟子概括說：「分人以財謂之惠，教人以善謂之忠，爲天下得人謂之仁。」（《孟子・滕文公上》）

第二，助人。助人是待人以善的另外一種形式。教人主要體現是一種思想和精神上的幫助和指導，助人更多地體現爲行動上或是體力上的實際幫助。墨子曾經說：「有力者疾以助人，有財者勉以分人，有道者勸以教人。」（《墨子・尙賢下》）無論是用體力助人、用錢財幫人、還是用大道理教人，都是待人以善的方式。

助人的方法有很多種。一是用體力爲人提供幫助。「路見不平，拔刀相助」的俠義行爲就體現爲這種方式。這種體力上的幫助，是一種「仁救」、「義戰」（《司馬法・嚴位》），是用善意來對抗邪惡，不是以強凌弱，以大欺小。在面對困難時，這些人「救人於厄，振人不贍」（《史記・太史公自序》）。古代那些劫富濟貧的忠義之士，就是爲用體力來幫助別人的人。如宋代梁山好漢。他們武藝高強，替天行道，爲民除害。二是用錢財來幫助別人。墨子說的「有財者勉以分人」就指這種助人的方式。在傳統社會中，有時候遇見天災人禍，忠義之人捐錢捐物，開設「義莊」，來幫助遭難的窮人或者災民就是屬於這種情況。用錢財來助人，可以是幫助集體或國家，也可以是幫助某個人，資助某個人。在傳統社會，有時候把用錢財慷慨助人的行爲，稱之爲「指困」。三國魯肅就是這樣的人，他爲人忠厚，輕財好施。有一次，周瑜向魯肅借糧，但是魯肅只有兩困米，各約三千斛，魯肅指著其中的一困，二話沒說，直接叫周瑜搬走。他這種樂善好施的行爲令周瑜大爲驚奇，兩人於是結爲好友。《三國志》中記載了這件事，「周瑜爲居巢長，將數百人故過候肅，並求資糧。肅家有兩困米，各三千斛，肅乃指一困與周瑜，瑜益知其奇也，遂相親結，定僑箚之分。」（《三國志・吳志・魯肅傳》）

第三，寬恕人。教人、助人是待人以善的積極外向的行爲，其目的是爲了成全人，是由自我走向他人，是超越了個體自我的價值，而寬恕人是一種

內向的行為。當別人犯了錯誤或者是一時疏忽冒犯了自己，自己不睚眥必報，而是能夠原諒別人、理解他人，因此寬恕他人也是一種待人以善的方式。朱熹說：「爲人謀時，竭盡自己之心，這個便是忠。」（《朱子語類》卷二十一）還說：「忠，是要盡自家這個心。」（《朱子語類》卷六）「盡自己之心」、「盡自家這個心」包括了外向的教人、助人，自然也包括內向的寬恕和原諒他人。寬恕人、原諒人，沒有一顆寬大、仁厚、忠誠的胸懷，是很難做到的。俗話說，「宰相肚裏能撐船」，表達的也正是一個人的寬宏大量。

能夠寬恕和原諒別人的錯誤，需要用自己的眞誠和寬容來待人。戰國時期的藺相如就是這樣的。他因爲完璧歸趙和澠池之會取得了外交上的勝利，爲國家立了大功，爲維護趙國的利益和國家尊嚴作出了重要貢獻，所以位居上卿，與廉頗同列。廉頗認爲自己功高蓋世，爲趙國立下了汗馬功勞，而藺相如只是憑幾次外交上「徒以口舌爲勞」的勝利就位居上卿。他不服氣，宣言說：「我見相如，必辱之。」他這些行為連藺相如的門人都看不慣，藺相如的門人還認爲藺相如害怕廉頗。但是藺相卻以一顆寬大的胸懷寬恕了廉頗。藺相如說：「夫以秦王之威，而相如廷叱之，辱其羣臣，相如雖駑，獨畏廉將軍哉？顧吾念之，彊秦之所以不敢加兵於趙者，徒以吾兩人在也。今兩虎共鬪，其勢不俱生。吾所以爲此者，以先國家之急而後私讎也。」（《史記·廉頗藺相如列傳》）這就是用一顆寬恕的心，爲了國家的利益，去善待他人。無疑藺相如的行為是一種待人以善的忠德行爲。

孟子說：「君子所以異於人者，以其存心也。君子以仁存心，以禮存心。仁者愛人，有禮者敬人。愛人者，人恒愛之；敬人者，人恒敬之。有人於此，其待我以橫逆，則君子必自反也：我必不仁也，必無禮也，此物奚宜至哉？其自反而仁矣，自反而有禮矣，其橫逆由是也，君子必自反也：我必不忠。自反而忠矣，其橫逆由是也。君子曰：『此亦妄人也已矣。如此，則與禽獸奚擇哉？於禽獸又何難焉？』是故君子有終身之憂，無一朝之患也。」（《孟子·離婁下》）孟子認爲君子「以仁存心，以禮存心」、「自反」才能更好的善待他人、寬恕他人。當然，善待他人，不是害怕別人，而是用一顆忠心去待人，體現一種「大丈夫」的精神，能夠做到「居天下之廣居，立天下之正位，行天下之大道。……富貴不能淫，貧賤不能移，威武不能屈」（《孟子·滕文公下》）。

總之，無論是教人、助人還是寬恕人都表現爲待人以善的忠德行爲。這

種待人以善的做人之忠不是僅僅局限在某時某地，而是要把盡己利人忠德的善的德性內化爲道德主體的一種習慣，成爲自身修養不可分離的部分，只有這樣才能「愛人者，人恆愛之；敬人者，人恆敬之」。只有這樣，才能做到「以善服人者，未有能服人者也。以善養人，然後能服天下」（《孟子・離婁下》），才能使「天下盡忠，淳化而行也」（《忠經・盡忠章》）。

三、持事以敬

　　持事以敬就是要忠於自己的職責，具有敬業精神，爲了做好某件事，持之以恒，堅持到底，不輕易放棄。儒家強調一個人在社會上應有積極進取的責任心，強調「天下興亡，匹夫有責」，主張「事父母，能竭其力，事君，能致其身」（《論語・學而》）。儒家做人之忠是需要通過做具體的事情體現出來。孔子對子產說：「有君子之道四焉：其行己也恭，其事上也敬，其養民也惠，其使民也義。」（《論語・公冶長》）無論是「行己」、「事上」、「養民」都是要通過做具體的事情體現出來。董仲舒說：「士者，事也。」（《春秋繁露・深察名號》）王安石也說：「夫所謂儒者，用於君則憂君之憂，食於民則患民之患。」（《王安石全集・子貢》）士人是通過具體爲民辦事來體現自己的社會責任心。荀子說：「儒者在本朝則美政，在下位則美俗。」（《荀子・儒效》）他們反對尸位素餐，反對做社會的寄生蟲。孔子強調，「敬其事，而後其食。」（《論語・衛靈公》）因此，儒家忠德要求人們對任何事情都抱恭敬之心，盡心盡力爲之。所以，持事以敬也是儒家做人之忠重要的內容。具體說來持事以敬就是要做到盡職盡責、精益求精、鍥而不捨。

　　第一，盡職盡責。儒家認爲，每個人都應當在社會中承擔起自己的責任，做到忠於職守，盡職盡責。古代社會結構主要是士、農、工、商爲主體的「四民」社會，每個人在社會中都有自己的責任。明代王陽明說：「古者四民異業而同道，其盡心焉，一也。士以修治，農以具養，工以利器，商以通貨，各就其資之所近、力之所及者而業焉，以求盡其心。其歸要在於有益於生人之道，則一而已。士農以其盡心於修治具養者，而利器通貨，猶其士與農也；工商以其盡心於利器通貨者，而修治具養，猶其工與商也。故曰：四民異業而同道。」（《王陽明全集・節庵方公墓表》）這「四民異業而同道」，就是要在自己的社會角色中承擔自己的責任，盡職盡責。如果社會上的人都不承擔自己的責任，社會財富就會匱乏，社會就無法發展。司馬遷說：「《周書》曰：

『農不出則乏其食，工不出則乏其事，商不出則三寶絕，虞不出則財匱少。』財匱少而山澤不闢矣。」（《史記‧貨殖列傳》）說的就是這樣情況。

盡職盡責就是要盡自己所有的能力做好自己的本職工作，恪盡職守，不敷衍了事，做到「心盡則職亦盡，自無愧怍於己」（石成金《傳家寶》三集卷二）。具體說來，就是「讀書者，當閉戶發憤，止愧學問無成，哪管窗外閒事；務農者，當用力南田，惟知及時耕種，切莫懸耜妄為；藝業者，當居肆成工，務以技能取利，勿生邪念曠閒；商賈者，當竭力經營，一味公平忍耐，毋以奇巧欺人。」（石成金《傳家寶》二集卷二）讀書者、務農者、藝業者、商賈者要做到盡職盡責，做官的也應當如此。《左傳‧襄公二十七年》說：「仕而廢其事，罪也。」做官不盡職盡責，失職瀆職，那是要被治罪的。在儒家看來，官職提升一步，責任就大一步，就應當要付出更多一些。呂坤說：「官職高一步，責任便大一步，憂勞便增一步。」（呂坤《呻吟‧語治道》）無論是普通百姓還是政府官員，都應當在自己的崗位上盡到自己的責任。

不僅如此，儒家還認為，每個人在自己的職業崗位中，盡職盡責不只是被動的去做，而是要懷著一顆敬業的心去做，把自己的工作看成是一種事業，一種愛好和興趣。《左傳‧昭公十三年》叔向說：「有事而無業，事則不經。」儒家強調，盡職盡責去做事固然是必要的，但如果是懷著一種愛好和興趣去做事，那麼事情就會完成得更好。孔子說：「知之者，不如好之者；好之者，不如樂之者。」（《論語‧雍也》）喜歡自己做的事，那麼就很容易產生敬業的精神，就能更好地做到盡職盡責。「成業者繫於所為，不繫所籍藉（《晉書‧陳壽傳》卷八十二）說的就是這個道理。因此，儒家持事以敬，最基本的要求是要人們做到盡職盡責，忠於職守。

第二，精益求精。精益求精是為了出色地完成自己的工作，不斷提高自己的專業技能，努力攻克難關。出自朱熹在《論語集注》中解釋《詩經‧衛風‧淇澳》中的「如切如磋，如琢如磨」這句詩。朱熹說：「言治骨角者，既切之而復磋之；治玉石者，既琢之而復磨之；治之已精，而益求其精也。」（《論語集注‧學而》）精益求精是持事以敬之忠的體現。因為「敬」本身就有追求、勤勉、努力的意思。《說文解字》說：「惰，不敬業，慢，惰也。」《周禮》鄭玄注說：「敬，不解於位也。」這從字面上了解釋了「敬」的內涵。孔子說：「居處恭，持事敬，與人忠。」（《論語‧子路》）從行為上表明持事以敬是為人之忠一個重要的方面。精益求精正好就是持事以敬重要的行為體現。

儒家之忠認為，精益求精主要體現在人們的職業技能中，表現為高湛的技能和刻苦鑽研的精神。如為文要反覆推敲、行醫要追求「妙手回春」的境界。例如，唐代詩人賈島為了寫好「鳥宿池邊樹，僧敲月下門」這句詩，在「推」與「敲」字之間反覆吟哦、思考，最終選擇「敲」字，使整個詩句意境高遠，回味無窮。又例如，王安石寫《泊船瓜洲》這首詩：「京口瓜洲一水間，鍾山只隔數重山。春風又綠江南岸，明月何時照我還。」在「到」和「綠」之間反覆推敲，最終選擇「綠」，使這首詩生氣盎然。又如，李時珍為了寫好《本草綱目》，他博覽醫書達八百多種，並結合自己的經驗和體會，歷時二十多年終於寫成這本醫學巨著，自己也成為「妙手回春」的名醫。這些都是追求精益求精的體現。

精益求精不是滿足當前的成績，而是要不斷提高自己的能力和技能。《禮記·大學》中說：「苟日新，日日新，又日新。」每天都堅持進步的行為正是儒家精益求精精神的體現。韓愈說的「業精於勤，荒於嬉」（《韓愈集·進學解》），也是強調了這種積極進步的敬業精神。不進步，自然就會退步。二程說：「日新者日進也，不日新者必日退也，未有不進而不退者。」（《河南程氏遺書》卷二十五）儒家認為，要想做到持事以敬，更好的替人做好事，只有不斷提高自己的技能和水平，做到精益求精，這樣才能不辱使命。

第三，鍥而不捨。鍥而不捨是持事以敬又一個重要的方面。所謂鍥而不捨就是堅持到底，把別人交待的事情妥善辦好，一時做不好的，長時間堅持辦好，不輕易放棄。荀子說：「故不積跬步，無以至千里；不積小流，無以成江海。騏驥一躍，不能十步；駑馬十駕，功在不捨。鍥而舍之，朽木不折；鍥而不捨，金石可鏤。」（《荀子·勸學》）這種鍥而不捨的精神是儒家忠德在行為上的體現。精衛填海、愚公移山就是這種鍥而不捨精神的典型例子。

孟子說：「無恆產而有恆心者，惟士為能。」（《孟子·梁惠王上》）儒家士人做任何事情都應有「恆心」，要有「知其不可而為之」的精神。例如孔子，他為了尋找實現自己政治理想的環境，周遊列國。有一次在陳蔡之際，「不得行，絕糧」，「從者病，莫能興」，跟隨的弟子情緒低落，而孔子毫無難色，情緒高揚，「講誦絃歌不衰」（《史記·孔子世家》）。這是一種為了實現自己的政治理想而表現出來的堅韌精神。又例如，曹雪芹寫《紅樓夢》，增刪五次，批閱十載，終於撰成此名著。作者在《紅樓夢》第一回感慨萬千地說，「滿紙荒唐言，一把辛酸淚，都云作者癡，誰解其中味。」但是如果作者沒有鍥而不

捨的精神和意志，就很難在「居家食粥」中寫出這部傑作。對自己的事如此，對答應別人的事也是要堅持做到，不失信於人。儒家往往把答應別人的事看得比自己的事更重，所以對答應別人的事會盡一切能力辦成。劉備在白帝城託孤給諸葛亮，希望諸葛亮興復漢室，統一中國。諸葛亮對劉備託付的事不敢馬虎，他鞠躬盡瘁，盡心盡力，幾十年如一日，堅持北伐，最後出師未捷身先死，命喪五丈原。這是一種君臣之忠，也是一種做人之忠，是鍥而不捨精神的體現。儒士們爲了實現自己的理性，要做到治國平天下，踐履「仁以爲己任」的道德責任，往往在困境中表現得十分強烈。「事若不成，願提頭來見」，這是儒家士人常說的一句話，體現出儒家士人對別人承諾的事，要堅持到底的責任心和能夠做到的信心。

總之，儒家持事以敬體現爲盡職盡責、精益求精和鍥而不捨的精神和行爲，這是儒家做人之忠的重要組成部分。

第三節　爲政之忠

有的學者把「忠」當成是職業道德規範。例如，白奚先生在《傳統「忠」德與現代職業道德》一文中認爲：「忠君實際上就是古代知識分子的職業道德。」〔註44〕他在另外一篇《「禮」、「忠」、「孝」的現代詮釋》一文中說：「忠作爲一種道德規範，有廣義和狹義之分。廣義的忠即原初意義的忠，指的是『發自內心』、『盡心』這一抽象的道德原則。狹義的忠則是這一抽象的道德原則在君臣關係上的具體化和對象化，是古代知識分子在君臣關係上的道德定位。」〔註45〕他從廣義和狹義的思路上來分析忠德，這種方法是合理的。

我們認爲，爲政之忠不僅僅是知識分子的道德規範，而且也指政治領域中的一種德性和德行。因此，爲政之忠的主體包括一切儒家知識分子和受儒家思想教育的非知識分子如農民、工匠、商賈等等。大凡涉及政治層面的忠德，都可以稱之爲爲政之忠。爲政之忠與做人之忠是忠德兩個不同的領域。我們這樣說，並不是說爲政之忠和做人之忠在道德實踐中是涇渭分明的，其實兩者在道德實踐中是相互交融，不分你我，人們很難將這兩者釐清。我們區別這兩個範

〔註44〕白奚、范鵬，傳統「忠」德與現代職業道德〔J〕，首都師範大學學報（社會科學版），1998（2）：85。
〔註45〕范鵬、白奚，「禮」、「忠」、「孝」的現代詮釋〔J〕，孔子研究，1997（4）：35。

疇，只是從理論上來分析，其目的是爲了論述爲政之忠的內容和特點。一般說來，爲政之忠主要包括一心事君、公忠愛國和明道救世等內容。

一、一心事君

在傳統社會中，君是「政統」的代表。儒家一心事君的價值理念是希望通過作爲「政統」代表的君來實現儒家的「道統」，使「道統」的價值能夠在實踐中得到呈現、落實、貫徹。因此，一心事君是實現儒家「道統」價值體系的一種方式。所以在這個立場上來說，儒家一心事君其實不是一種對權勢的屈服，而是爲實現治國平天下一種方式。美國著名漢學家列文森認爲：「君與臣的關係是儒教中如此著名的『個人』關係之一，臣忠於君並不意味著君可以隨心所欲地處置臣，相反，它表明臣也是『人』，不是『物』──不是轉動著的官僚車輪中的一個齒輪，而不論法家式的朝廷具有多大的權力。」「實際上，儒家從來都沒有完全地屈從與君主對『忠』的界定。」〔註46〕

同時，儒家的一心事君之「忠」也不能簡單的理解爲「順從」。列文森說：「當一位大臣沒能說服其君主免除自己的一位朋友一死時，作爲一種更高的忠於自己君主的表示，他抱著如下的信念自殺了：如果君主是對的，而他的朋友錯了，他就應反對他的朋友而服從君主；但如果他的朋友是對的，而君主錯了，那他就不應該服從君主，而應追隨朋友。」〔註47〕大臣這樣做的依據是「從道不從君」的道德原則。

一心事君，也不是主張是非善惡不分的愚忠，而是一種理性的選擇。也就是說，儒家一心事君不是那種失去理性和意志的奴隸對主人的盲從，〔註48〕而是一種智慧的選擇。所以，從這個角度上來說，我們不能把儒家一心事君理解爲「愚忠」。那麼在這種儒家忠德視野中，一心事君具體內容是什麼呢？

第一，愛君。儒家的核心是「仁愛」，當樊遲問什麼是仁時，孔子直接說：「愛人。」（《論語·顏淵》）孟子將孔子的仁概括爲「仁者愛人」（《孟子·離婁下》）。董仲舒也說：「仁者，所以愛人類也。」（《春秋繁露·必仁且智》）「愛

〔註46〕〔美〕約瑟夫·列文森，儒教中國及其現代命運〔M〕，鄭大華、任菁譯，桂林：廣西師範大學出版社，2009：190。

〔註47〕同前註。

〔註48〕楊潤根，發現論語〔M〕，北京：華夏出版社，2007：7。

人」是儒家仁的出發點，也是仁的歸宿。儒家的仁愛是從血緣關係層層向外推移，像水的波紋，最終達到仁的境界。「親親而仁民，仁民而愛物」（《孟子·盡心上》）儒家的仁愛是有差等、多層次、多方面的愛，不是平等的、無差別的愛一切人。這與墨家的「兼愛」是有區別的。作爲儒家思想重要組成部分的忠德，也自然具有仁愛的精神。儒家爲政之忠一個重要的內容是愛君。儒家認爲，君主是上天在人間的代表，是德與位的最高存在者和統一者。因此，愛君是天經地義的。

儒家認爲，愛君是臣的本分和職責。程頤說：「忠莫先於愛主，人倫之本，無越於斯。」（《周易程氏傳》卷三）忠君就是要愛君主，這是人倫的根本，也就是說「爲君盡君道，爲臣盡臣道，過此無理。」（《河南程氏遺書》卷五）同時，又因爲臣的職位和俸祿都是君主提供的，所以愛君也含有報答君恩的意思。程頤說：「夫爲人臣者，居其位，食其祿，必思何所得爵祿來處，乃得於君也。必思所以報君其君，凡勤勤盡忠者，爲報君也。」（《河南程氏遺書》卷十九）人臣之所以愛君，一方面是臣的本分和職責所在，另一方是因爲「居其位，食其祿」，要報答君主。這兩個方面的內在動力，爲臣子愛君提供了理論基礎。那麼如何愛君呢？愛君是多方面的。

首先，最重的是要重視君主的健康。古代的大臣見到皇帝時經常說的一句話就是，希望皇帝保重自己的「龍體」。所以，皇帝吃、穿、住、用、行、睡等等，大臣都應當按照禮制作出詳細周密的安排，否則，就是臣的失職、失責、失察、瀆職。例如，依據禮制爲了保證君王的飲食健康，王室內設立了「內饔」的官職，專門負責君王的飲食。《周禮》說：「內饔掌王及后、世子膳羞之割、烹、煎、和之事，辨體名肉物，辨百品味之物。」（《周禮·天官·內饔》）大臣要做到時時處處爲君王擔憂，正如程頤所說的要做到「夙夜畢盡竭慮」（《河南程氏文集·上太皇太后書》卷六）。

其次，作爲臣子自己應當節約、節儉、廉潔奉公。大凡忠臣都崇尚節約，反對鋪張浪費。同時，自己會廉潔奉公、秉公執法，反對以權謀私、貪污腐敗。春秋時期魯國的季文子就是這樣做的。季文子雖爲人臣「相三君」，去世時家裏卻沒有私積，這就是愛君的一種體現。《左傳》中說：「季文子卒。大夫入斂，公在位。宰庀家器爲葬備，無衣帛之妾，無食粟之馬，無藏金玉，無重器備。君子是以知季文子之忠於公室也。相三君矣，而無私積，可不謂忠乎？」（《左傳·襄公五年》）

最後，愛君還要做到輔佐君主，提高君主的文化水平和道德修養，尤其是在君主年幼的時候。例如，《禮記·文王世子》記載：「成王幼，不能莅阼。周公相，踐阼而治。抗世子法於伯禽，欲令成王之知父子、君臣、長幼之道也。」成王年幼的時候，還不能登基，需要不斷學習爲人、做君之道。周公暫時代替成王治理天下，並且以太子的身份來要求伯禽，希望年幼的成王能夠從伯禽那裡學到處理父子、君臣、長幼倫理關係的道德知識，懂得做人爲君的道理。這是周公愛君的表現。此外，愛君還要不欺騙君主，對君主要實事求是，不弄虛作假，要忠實地執行君主的命令。

第二，敬君。所謂敬君，也就是忠君。《說文解字》說的很清楚：「忠，敬也。」段玉裁說解釋說：「未有盡心而不敬者。」因此，一心事君，要做到敬君。如何敬君呢？

一是在禮節上要尊重君主，無論是上朝、在崗位上，還是在家都是如此。《禮記·曲禮》中說：「凡爲君使者，已受命，君言不宿於家。君言至，則主人出拜君言之辱。使者歸，則必拜送於門外。若使人於君所，則必朝服而命之。使者反，則必下堂而受命。」作爲國君的使臣，如果接受了國君的命令，就要立即去辦，不得帶著君命在家裏過夜。國君的命令到達的時候，受命者就要穿著正式的朝服拜謝使者來轉達君王的命令，使者回朝的時候，主人應當送到大門外以示尊敬。如果下屬派人到君主那裡請示命令，臣子也應當穿著朝服吩咐下屬，下屬從朝中返回的時候主人應當下堂去接受下屬帶回來的君王的命令。至於上朝，則更應當遵守朝中的禮節，要「拱手加額，三呼萬歲」，〔註49〕不能做出僭越妄爲的行爲，否則就是「不敬」。那種「盜大祀神御之物」、「盜及僞造御寶」、「合和御藥，誤不如本方及封題誤」、「若造御膳，誤犯食禁」、「御幸舟船，誤不牢固」、「指斥乘輿」（《唐律疏義》卷一）的行爲都屬於爲臣的「大不敬」。儒家忠德認爲，如果對君主「大不敬」，就是「十惡之罪」，是要嚴懲的，「見無禮於君者，誅之如鷹鸇之逐鳥雀。」（《後漢書·酷吏列傳》卷七十七）

二是忠實地執行皇帝命令。在皇帝制度中，皇帝的話是「金口玉言」、是「聖旨」，爲臣的必須牢記在心，並且要堅決貫徹執行，不能陽奉陰違，否則就是「抗旨」、「欺君」。司馬光說：「君之命，臣不敢違。……違君之言，臣不順也。」（《司馬文公文集·迂書·士則》卷十四）對君主的命令就算是「伏

〔註49〕朱誠如，中國皇帝制度〔M〕，武漢：武漢出版社，1997：183。

節死難，不惜其命」（董仲舒《春秋繁露・天地之行》），也不能違抗。

　　三是臣子不應當在背後議論君主，更不能說君主的壞話。朱熹說：「臣子無說君父不是底道理。」（《朱子語類》卷十三）要對君主充滿敬意。因此，一心事君除了愛君之外還要敬君。敬君要在行為上做到，「奉君忘身，殉國忘家，正色直辭，臨難死節」（《忠經・冢臣章第三》）。要勤勤懇懇完成君主交代的事情，不馬虎。有的時候甚至把君主託付的事視為一生的追求。

　　第三，諫君。諫君是指出君主的過失，匡正國家，促進社會穩定發展，實現天下太平。什麼是諫呢？荀子說：「君有過謀過事，將危國家、殞社稷之懼也，大臣父兄有能進言於君，……謂之諫。」（《荀子・臣道》）如果君主施行的治國方略違背民意，有可能危害到國家，做臣子的要及時進諫。進諫的方式多種多樣，《舊唐書・職官志》說：「凡諫有五：一曰諷諫，二曰順諫，三曰規諫，四曰致諫，五曰直諫。」例如，宋代歐陽修，「每進見，帝延問執政，咨所宜行。」他因為敢言直諫而受到宋仁宗的賞識。《宋史》說：「修論事切直，人視之如仇，帝獨獎其敢言，面賜立品服。」（《宋史・歐陽修傳》）由此可見，直言進諫也是臣子一心事君重要的表現。

　　第四，不變節。不變節就是要始終忠於君主。司馬光說：「君臣之位，猶天地之不可易也。……君臣之分，當守節伏死而已矣。」（《資治通鑑・周紀一》）司馬光認為君臣之位是不可改變的，臣盡死節是臣的本分。如果君主受到辱沒，這是做臣子的失職。所以，「忠臣不事二主」被認為是臣子應具有的為政之忠的基本政治道德修養。《忠經》說：「忠也者，一其心之謂也。」（《忠經・天地神明章》董仲舒說：「心止於一中者，謂之中；持二中者，謂之患，患，人之忠不一者也。」（《春秋繁露・天道無二》）甚至「主辱臣死」或者「主辱民死」都被認為是正當的。例如，公元 1449 年明朝在與北方瓦剌的戰爭中，明英宗被俘。「河州衛軍家子」一位名叫周敖的人「聞英宗北狩，大哭，不食七日而死」（《明史・孝義二》）。這是「主辱民死」的典型。又例如諸葛亮。他在《前出師表》中詳細表達了為臣內心深處對君主的忠貞。他說：「先帝不以臣卑鄙，猥自枉屈，三顧臣於草廬之中，咨臣以當世之事，由是感激，遂許先帝以馳驅。」（《諸葛亮集・前出師表》）他「五月渡瀘，深入不毛」，目的是為了「興復漢室，還於舊都」，實現國家的統一，他認為這樣做是臣子的本分。「此臣所以報先帝，而忠陛下之職分也。」（《諸葛亮集・前出師表》）忠於君主，至死不渝，是忠君的一種極為重要的方式。此外，要做到一心事

君，爲臣的還要做到在自己的職責中盡心盡力、秉公執法、恪盡職守、不欺上瞞下等等。

總之，儒家認爲，「唯天子受命於天，士受命於君」（《禮記・表記》。因此，爲臣的就要時時處處愛護和體諒君主，一心一意侍奉君主，爲君主分憂，做到愛君、敬君、諫君、永不變節，也正如孔子所說的那樣，「事君，能致其身」（《論語・學而》）。

二、公忠愛國

魯迅先生說：「我們從古以來，就有埋頭苦幹的人，有拼命硬幹的人，有爲民請命的人，有捨身求法的人，……雖是等於爲帝王將相作家譜的所謂『正史』也往往掩不住他們的光耀，這就是中國的脊梁。」《魯迅全集・且介亭雜文・中國人失掉自信心了嗎？》）這種脊梁是古代中國人公忠愛國精神的體現。中國歷史上上演了一幕幕可歌可泣的公忠愛國的故事。如屈原沉江、蘇武牧羊、岳飛盡忠報國、文天祥寧死不降、戚繼光抗擊倭寇、林則徐虎門銷煙，等等。這些先烈忠魂的愛國精神，激勵了一代又一代志士仁人爲國家和民族的進步和發展而努力奮鬥。總之，「『胸懷天下，公忠愛國』的愛國主義是中華民族凝聚力的深刻表現，是支撐我國民族戰勝無數艱難險阻，一次又一次地衰而復振、轉危爲安的巨大精神力量，也是中華民族最重要的道德傳統和道德精神。」〔註50〕儒家公忠愛國是中華愛國主義精神傳統的核心。那麼，公忠愛國的具體內容是什麼呢？

第一，維護國家統一，抗敵禦侮。在儒家看來，國家的利益高於團體和個人及宗法家族的利益。當國家利益與家族利益和個人利益發生衝突的時候，應當犧牲家族和個人利益。例如在朝廷上只有君臣，沒有父子之情。周公爲了國家的穩定和統一，對發動叛亂的管叔、蔡叔、康叔進行了毫不留情的剿滅，儘管他們是親兄弟，但是在國家面前，國家利益高於一切。

維護國家大一統一直是儒家公忠愛國的傳統。這種公忠愛國的大統精神，早在春秋時期就已經形成了。《公羊傳》在解釋《春秋》隱公元年正月時說：「王者孰謂？謂文王也。曷爲先言王而後言正月？王正月也。何言乎王正月？大一統也。」（《公羊傳・隱公元年》）要維護國家統一，就要求「諸侯不

〔註50〕羅國傑，中國傳統道德・德行卷〔M〕，北京：中國人民大學出版社，1995：94。

得專地」（《公羊傳·桓公元年》），也「不得專封」（《公羊傳·僖公二年》），更「不得專討」（《公羊傳·宣公十一年》）。

孟子提倡實行仁政，目的也是要使國家「定於一」（《孟子·梁惠王上》）。他說：「國君好仁，天下無敵。」（《孟子·離婁上》）他認爲，爲了維護國家不受外來的侵略，使人們安居樂業，這就要求君主實行仁政。他說：「保民而王，莫之能禦也。」（《孟子·梁惠王上》）還說：「苟行王政，四海之內皆舉首而望之，欲以爲君。」（《孟子·滕文公下》）只要君王「以不忍人之心，行不忍人之政，治天下可運行之掌上。」（《孟子·公孫丑上》）還認爲，在那個「爭地以戰，殺人盈野，爭城以戰，殺人盈城」（《孟子·離婁上》）的時代裏，君王只有實行「仁政」才能國泰民安。他說：「當今之時，萬乘之國行仁政，民之悅之猶解倒懸也。故事半古之人，功必倍之，惟此時爲然。」（《孟子·公孫丑上》）孟子認爲，一個實行仁政的國家就能「無敵於天下」（《孟子·公孫丑上》），永遠會保持國家的統一和民族的團結，就不會害怕別的強大的國家來侵佔自己的領土，掠奪本國的財富。他認爲「湯以七十里，文王以百里」（《孟子·公孫丑上》）之地，最後「無敵於天下」就是因爲他們實行仁政的結果。

董仲舒則認爲，公忠愛國，維護國家統一是「天道」的本質特點，具有普遍性和超越性。他說：「《春秋》大一統者，天地之常經，古今之通誼也。」（《漢書·董仲舒傳》）又說：「《春秋》變一謂之元，元猶原也，其義以隨天地終始也。」（《春秋繁露·重政》）這個「一」是大自然運行的規律。董仲舒說：「天之常道，相反之物也，不得兩起，故謂之一。一而不二者，天之行也。」不僅如此，這個「一」是周而復始運行的，不會停止。還說：「天無常於物，而一於時，時之所宜，而一爲之。故開一塞一，起一廢一，至畢時而止，終有復始於一。一者，一也。是於天凡在陰位者皆惡亂善，不得主名，天之道也。故常一而不滅，天之道。」（《春秋繁露·天道無二》）

在儒家這種大一統的公忠愛國精神的感召下，任何分裂國家和侵略行爲都會激起人們的抗議和反抗。如杜甫、陸游、岳飛等愛國詩人和武將在面對國破家亡時無不表現出公忠愛國的高尚情懷和實踐行爲。爲了國家統一，無數仁人志士，除暴禦侮，殺身成仁，捨身取義。又如，文天祥忠貞愛國、至死不渝。他面對元世祖親自勸降並許以宰相高位時，浩然正氣，不爲權勢所動，凜然回答：「一死之外，無可爲者。」（《宋史·文天祥傳》）儒家這種維

護大一統的愛國精神是中國愛國主義的傳統，是民族精神重要的組成部分。

第二，報國忘身，勵精圖治。《左傳・襄公十四年》說：「君薨不忘增其名，將死不忘衛社稷，可不謂忠乎？」「臨患不忘國，忠也。」（《左傳・昭公元年》）《忠經》認為，獻身報國有四種方式：貢賢、獻猷、立功、興利。《忠經》中說：「報國之道有四：一曰貢賢，二曰獻猷，三曰立功，四曰興利。賢者國之幹，猷者國之規，功者國之將，利者四之用，是皆報國之道，惟其能而行之。」（《忠經・報國章》）報國忘身要具有公忠愛國的精神才能做到「貢賢」、「獻猷」、「立功」和「興利」。當然，這四點也可以說是一點，因為「貢賢」、「獻猷」、「興利」，都可以說是屬於立功的範疇。

貢賢，就是要重視人才，為國家選舉人才。范仲淹說：「得賢傑而天下治，失賢才而天下亂。」（《范文正公全集・選賢任能》）要報效國家，勵精圖治，盡可能為國家推薦優秀的人才。《史記・魯周世家》周公告誡兒子伯禽說：「我文王之子，武王之弟，成王之叔父，我於天下亦不賤矣。然我一沐三捉髮，一飯三吐哺，起以待士，猶恐失天下之賢人。子之魯，慎無以國驕人。」周公告誡自己的兒子，為了國家要重視賢才，稱自己為了得到賢才曾經「一沐三捉髮，一飯三吐哺」。貢賢，要任人唯賢，不偏不黨，一切以國家為重。例如，春秋時期晉國的軍尉祁奚就是典型。他舉薦自己仇人的兒子解狐來代替自己，解狐病逝了，祁奚再舉薦自己的兒子祁午。他這樣做，只是出於為國家舉薦賢才，不是因為解狐是自己仇人的兒子就不舉薦，也不是因為祁午是自己的兒子就放棄。《左傳》稱讚他說：「祁奚於是能舉善矣。稱其仇，不為諂。立其子，不為比。舉其偏，不為黨。」（《左傳・襄公三年》）貢賢，還應當看到人的優點，避免人的缺點。朱熹說：「不以小惡掩大善，不以眾短棄一長。」（《朱熹集・與劉共父》）完人是不存在，每個人或多或少都有這樣那樣的缺點，為國家舉薦人才，自然要看到人的優點，避免人的缺點，不能「以小善掩大善」。王陽明說：「人之才能，自非聖賢，有所長必有所短，有所明必有所蔽；而人之常情亦必有所懲於前，而後有所警於後。」（《王陽明全集・別錄・陳言邊務疏》）

獻猷，就是為國家出謀劃策，運籌帷幄。儒家士大夫為了國家的安定和社會的穩定，常常向君主上書進言，為國家的發展提出自己的建設方案。如董仲舒向漢武帝建議實行「罷黜百家，獨尊儒術」的文化政策，目的是為了實現國家思想文化的統一，穩定社會，安定人心。又如諸葛亮作為軍師，多

次在關鍵的時候向劉備獻計獻策，爲劉備建立蜀漢政權起了極爲重要的作用。再如宋代的士大夫就多次上書皇帝，奏疏多達萬言。再如元末明初儒生朱升建議朱元璋「高築牆，廣積糧，緩稱王」（《明史・朱升傳》），這爲朱元璋領導紅巾軍，統一全國起到了綱領性的作用。因此，爲國家出謀劃策，運籌帷幄，也是公忠愛國的一種體現。

興利，就是爲民謀利，勵志圖治，除暴安良。興利愛國的行爲是多種多樣的，凡是爲了國家和民衆的行爲都是興利愛國的行爲。有的是爲了整治社會秩序，懲罰貪官污吏，有的是爲了國家的穩定而剷除禍國殃民之人。孔子就是典型。他在周定公十四年（公元前 496 年），由大司寇升爲代理宰相，爲了整頓朝綱，穩定魯國的政局，上任不到三個月就殺掉了擾亂魯國政局的少正卯。他上任才三個月就把魯國社會治理得井井有條。《史記・孔子世家》說：「（孔子）與聞國政三月，粥羔豚者弗飾賈，男女行者別於塗，塗不拾遺。四方之客至乎邑者不求有司，皆予之以歸。」還進行了「墮三都」的政治改革。他稱讚管仲是因爲管仲能「一匡天下」，使國家富強，社會穩定，民衆深受其惠。他說：「管仲相桓公，霸諸侯，一匡天下，民到於今受其賜。微管仲，吾其被髮左衽矣。」（《論語・憲問》）我國傳統社會歷代政治家實行的變法運動，也都是爲了國家謀利，屬於興利愛國的行爲。比如王安石變法，其目的是爲了「富國」、「強兵」，是爲了解決宋代國家「積貧」、「積弱」的問題。此外，爲民謀利還包括廉潔奉公，秉公執法，鐵面無私，剛正不阿等德行和德性。

第三，胸懷祖國，憂國憂民。胸懷祖國就是把國家和民衆的利益放在首位，自己承擔對國家的責任。儒家公忠愛國，胸懷祖國，憂國憂民不僅是針對臣民，也針對君主。不論是爲君還是爲臣都要心存百姓，不能爲了自己的私利損害國家和民衆的利益。

一對君主來說。君主要爲民著想，要重視君臣關係，因爲君主是爲民而設的。荀子說：「天子生民，非爲君也。天之立君，以爲民也。」（《荀子・大略》）君與民的關係猶如舟與水的關係。他說：「馬駭輿則君子不安輿；庶人駭政則君子不安位。馬駭輿則莫若靜之，庶人駭政則莫若惠之。選賢良，舉篤敬，興孝悌，收孤寡，補貧窮，如是，則庶人安政矣。庶人安政，然後君子安位。《傳》曰：『君者，舟也；庶人者，水也。水則載舟，水則覆舟。』此之謂也。」（《荀子・王制》）君主要秉公行政。荀子說：「內不可以阿子弟，外不可以隱遠人。」（《荀子・君道》）君主不公，那就沒有人會盡心幫他辦事。

「人主不公，人臣不忠也。」（《荀子‧王霸》）君主不能把自己看成是高高在上的人，不能認爲自己是高於一切的。他說：「聰明君子者，善服人者也。人服而勢從之，人不服而勢去之，故王者已於服人矣。」（《荀子‧王霸》）如果君主把自己看成是權勢薰天的人，目空一切，不善待他人，那麼其權威就會失去。因此，君主要做到「公道而私門塞矣」（《荀子‧君道》），「以禮分施，均遍而不偏」（《荀子‧君道》），否則，「國危則無樂君」（《荀子‧王霸》）。君主要正大光明，不搞陰謀詭計。荀子說：「主道利明不利幽，利宣不利周。」（《荀子‧正論》）同時，君主要修身儀正。他說：「請問爲國？曰：聞修身，未嘗聞爲國也。君者，儀也，儀正而景正；君者，槃也，槃圓而水圓；君者，盂也，盂方而水方。君射則臣決。楚莊王好細腰，故朝有餓人。故曰：聞修身，未嘗聞爲國也。君者，民之原也，原清則流清，原濁則流濁。故有社稷者而不能愛民、不能利民，而求民之親愛己，不可得也。」（《荀子‧君道》）

唐太宗李世民說：「爲君之道，必須先存百姓，若損百姓以奉其身，猶割股以啖腹，腹飽而身斃。若安天下，必須先正其身，未有身正而影曲，上治而下亂者。」（《貞觀政要‧君道》）他在《帝範》中概括了爲君之道的十二條規範：君體、建親、求賢、審官、納諫、去讒、誡盈、崇儉、賞罰、務農、閱武、崇文。他認爲「此十二條者，帝王之大綱也。安危興廢，咸在此焉。」

元代張養浩說：「剛健篤實，輝光日新，人君之德也。」（《進經筵餘旨‧君德》）又說：「天道無私，人君亦無私。堯、舜、禹、湯有天下而已不預焉，公也；桀、紂、幽、厲有天下而民不預焉，私也。公者以天下爲心，一己之奉不計也；私者以一身之樂、一時之適爲心，天下皆失其所，不恤也。」（《進經筵餘旨‧君道》）還說：「不殺諫臣爲天子之家法，告之宗廟，傳之子孫。」（《進經筵餘旨‧君威》）認爲君主要剛健篤實，正大光明；要無私，以國家爲重，做到不殺忠言納諫之臣，這樣才能保證國家的長久。

二對臣子來說。爲臣要做聖臣和功臣，不做篡臣和態臣，要憂國憂民。荀子說：「人臣之論：有態臣者，有篡臣者，有功臣者，有聖臣者。內不足使一民，外不足使距難，百姓不親，諸侯不信，然而巧敏佞說，善取寵乎上，是態臣者也。上不忠乎君，下善取譽乎民，不恤公道通義，朋黨比周，以環主圖私爲務，是篡臣者也。內足使以一民，外足使以距難，民親之，士信之，上忠乎君，下愛百姓而不倦，是功臣者也。上則能尊君，下則能愛民；政令教化，刑下如影；應卒遇變，齊給如響；推類接譽，以待無方，曲成制象，

是聖臣者也。」（《荀子・臣道》）荀子認為爲臣就要做胸懷國家的聖臣和功臣，不做以權謀私的態臣和篡臣。

爲臣要做到「言忠信」、「行篤敬」。孔子稱讚尹文子是忠臣，就是因爲他「三仕爲令尹，無喜色；三已之，無慍色。舊令尹之政，必告新令尹。」（《論語・公冶長》）朱熹認爲，子文「其爲人也，喜怒不形，物我無閒，知有其國而不知有其身，其忠盛矣。」（《論語集注・公冶長》）

爲臣還要做到不阿諛奉承。晉國丕鄭說：「吾聞事君者，從其義，不阿其惑。惑則誤民，民誤失德，是棄民也。民之有君，以治義也。」（《國語・晉語一》）一心事君不是那種「君在，踧踖如也，與與如也」（《論語・鄉黨》），而是要做到「道之以德，齊之以禮」（《論語・爲政》）。如果臣子一味地順從君主，阿諛奉承，孟子認爲這是「妾婦之道」（《孟子滕文公下》）。這種拍馬屁，阿諛奉承的爲臣之道是儒家反對的。孟子說：「天下有道，以道殉身；天下無道，以身殉道；未聞以道殉乎人者也。」（《孟子・盡心上》）不僅如此，那種只知道阿諛奉承的臣子是有罪的人。孟子說：「長君之惡其罪小，逢君之惡其罪大。」（《孟子・告子下》）爲臣還要「有伊尹之志」，「無伊尹之志則篡也」（《孟子・盡心上》）。大臣要竭盡全力爲君效力，「君有大過則諫」（《孟子・萬章下》），不能袖手旁觀。

總之，對儒家來說，胸懷祖國，憂國憂民，對君對臣都是必須的。爲君要心繫天下蒼生，爲臣要做到「居廟堂之高，則憂其民；處江湖之遠，則憂其君」（范仲淹《岳陽樓記》）。

三、明道救世

明道救世是爲政之忠的重要內容，那麼明道救世奉行的是什麼樣的「道」呢？我們認爲，儒家的「明道救世」中的「道」，主要指道統。關於儒家道統的概念，不同的學者有不同的看法。

金觀濤先生認爲道統是一種主流意識形態。他說：「儒家學說的骨架是孔子搭起來的。值得注意的是，孔子用了三個非常獨到的概念恰好可以用來把握儒家意識形態的三個子系統。這就是：『禮』、『仁』、『天』。它們像三根柱梁一樣，支撐起儒家學說的理論大廈。」〔註51〕他總結說：「孔子學說是一個

〔註51〕金觀濤、劉青峰，興盛與危機：論中國社會超穩定結構〔M〕，北京：法律出版社，2011：271。

具有和諧的完整的思想體系，是一個獨立的意識形態結構。」〔註52〕

　　杜維明先生認爲道統是一種道德理性主義。他說：「儒家思想的原初形式是環繞著孔子的仁學而開展的。這套思想有成熟的道德理想。濃厚的人文關切和強烈的入世精神，既不同於古希臘的哲學思辨，又大異於希伯來的宗教信仰。如果借用今天歐美學壇的名詞，我們可以說仁學是一種『哲學人類學』（philosophical anthropology），而其所標示的是『道德的理性主義』（moral idealism）」〔註53〕

　　有的人指儒家道統爲宗教信仰體系。晚年的康有爲、當代的任繼愈、李申、美國的約瑟夫・列文森等人都認爲，儒家是一種宗教，即孔教或儒家。

　　牟宗三先生則是從更廣泛的意義上來論述道統，他把儒學看成是「道統」、「政統」、「學統」三位一體的系統。他說：「道統指內聖言，政統指外王言，學統則是指此內聖外王之學，而內聖外王是一事，其爲一事，亦猶仁義之於禮樂爲一事。在吾人今日觀之，此三者爲一事之一套，實應之名爲『道統』。」〔註54〕

　　我們認爲，道統主要指儒家以仁爲中心的道德規範價值體系，是一種包括規範和德性在內的道德精神體系。它的主要內容是倫理道德精神，是器物文化、制度文化和精神文化中最核心的文化價值。

　　儒家明道救世主要的載體是儒家知識分子即「士」或者說是信奉儒家的非知識分子如儒將、儒商、儒醫等。儒家在孔子創立以前，已經具有了儒家的精神價值。那時候弘揚道的應當主要是「巫」，孔子創立儒家之後明道救世的主要道德主體是「士」。儒家道統以「士」爲載體，這與政統構成了中國古代忠德領域的二元結構。兩者交融在一起，在一定的歷史條件下處於和諧的狀態，在一定的歷史條件下又處於矛盾之中。

　　在秦始皇統一中國之前，中國政治體制經歷了幾種制度：唐虞時代的禪讓制、夏商時代的王朝傳統制度、西周時代的封建制、春秋時代的聯盟制度和戰國時代的郡縣制。錢穆先生說：「中國歷史上的『民族融合』和『國家凝

〔註52〕金觀濤、劉青峰，興盛與危機：論中國社會超穩定結構〔M〕，北京：法律出版社，2011：275。
〔註53〕杜維明，杜維明文集（第五卷）〔M〕，郭齊勇、鄭文龍編，武漢：武漢出版社，2002：14。
〔註54〕牟宗三，道德的理想主義〔M〕，長春：吉林出版集團有限責任公司，2010：220。

成』兩大功業，共分爲五個階段而完成。最先是禪讓制度，由各族互推共主，此爲唐、虞時代。其次王朝傳統制度，各族共認的王朝，父子相傳（如夏）或兄弟相及（如殷，兄弟相及只是父子相傳之變相，最後還要歸到父子相傳）。繼世承繩，爲天下之共主，此爲夏、商時代。又其次爲封建制度，諸侯由王朝所建立，而非王朝由諸侯所尊認，此爲西周時代。其次爲聯盟制度，由諸侯中互推霸主，自相團結，王朝退處無權，此爲春秋時代。最後爲郡縣制度，全國只有一王朝，更無諸侯存在。此爲戰國末年所到達的情形。」〔註 55〕在這五大政治制度中，「巫」或「士」或者「儒家知識分子」一直扮演著衛道的「明道救世」的角色。在漢代儒學取得官方地位之後，儒士一直是中國道統的主要載體。

著名學者陳來教授說：「『士』與『儒』是可以共用和互換的。……儒家士人和儒家思想是此種精神的傳承、闡揚與實踐的承當主體。」〔註 56〕錢穆先生說：「自孔子後，中國乃有四民社會，農、工、商之上有士。爲『士』則學孔子。此乃中國指學統，亦即道統之所守。自孔子以下，全部中國史即莫不以『士』爲中心。」〔註 57〕雖然他對「士」在中國歷史上的作用作了無限的誇大。但是「士」是對道統弘揚卻是事實。當政統和道統相適應的時候，這時以「士」爲載體的道統與以皇權爲中心的政統是相和諧的。這種歷史條件下，儒學幾乎成爲帝制式的儒學。一般人談起儒學大概是這麼想的。〔註 58〕但是，當政統背離道統的時候，儒士或儒家知識分子就以道統的名義對「王權」進行批判。

總之，儒家明道救世強調個體社會責任、弘揚社會正義、以天下爲公。

第一，強調個體社會責任，是儒家明道救世的基本要求。儒家是以仁義爲核心的理論體系，主張親親、仁民、愛物，高度重視道德主體的責任意識，把「修身、齊家、治國、平天下」當作每個道德主體追求的目標。孔子說：「苟有用我者，期月而已可也，三年有成。」（《論語·子路》）孟子說：「夫天未欲平治天下也，如欲平治天下，當今之世，舍我其誰也？」（《孟子·公孫丑下》）張載說：「爲天地立心，爲生民立命，爲往聖繼絕學，爲萬世開太平。」

〔註55〕錢穆，中國文化史導論（修訂版）〔M〕，北京：商務印書館，2004：38。
〔註56〕陳來，孔夫子與現代世界〔M〕，北京：北京大學出版社，2011：41。
〔註57〕錢穆，孔子與論語〔M〕，北京：九州出版社，2011：13。
〔註58〕林安梧，儒學革命：從「新儒學」到「後儒學」〔M〕，北京：商務印書館，2011：58。

范仲淹也說:「先天下之憂而憂,後天下之樂而樂。」東林黨人強調:「家事國事事事關心」。顧炎武提出:「保國者,其君其臣肉食者謀之;保天下者,匹夫之賤與有責焉耳矣。」(《日知錄‧正始》卷十三)近代維新派思想家麥孟華在新的歷史條件下將這句話概括為「天下興亡,匹夫有責」。儒家這種強調個體社會責任的明道救世的忠德精神,幾千年來不斷激勵著仁人志士,為國家、為民族的進步拋頭顱,灑熱血。這種為了正義和民族尊嚴的社會責任意識不僅塑造了國人個體道德人格,而且也塑造了民族精神。

第二,弘揚正義、除暴安民、與一切邪惡抗爭,是明道救世一個重要的內容。儒家認為明道救世,政府官員和儒家士人都應當做到。政府以民為本,如果政府虐民、濫殺無辜,甚至對人民進行殘酷鎮壓,或進行種族滅絕,或如像商紂王那樣設酒池肉林、剖開孕婦看胎兒取樂這樣的暴行,儒家就會高舉道統的大旗,與這種不道德的政府和社會及行為進行徹底地抗爭。儒家認為做官是實現弘揚正義、除暴安民最好的途徑。古代皇帝宣揚的是君權神授,認為自己是真命天子。但是,這個「天」,在儒家看來是代表民意的,所以,《尚書》中說,「天視自我民視,天聽自我民聽」(《尚書‧泰誓中》),「民之所欲,天必從之」(《尚書‧泰誓上》)。天意本來就是民意,而皇帝也應當就是民意的體現者。

《論語》中說:「士志於道」(《論語‧里仁》),「君子謀道,不謀食」(《論語‧衛靈公》),「君子憂道,不憂貧」(《論語‧衛靈公》)。孟子也說:「士窮不失義,達不離道。」(《孟子‧盡心上》)還說,正直的儒士要做到,「富貴不能淫,貧賤不能移,威武不能屈。」(《孟子‧滕文公下》)張載也說,士要「以愛己之心愛人則盡仁」,「以責人之心責己則盡道」(《中庸章句‧第十二章》)。朱熹概括說,真正的儒士要做到「國有道,不變未達之所守;國無道,不變平生之所守」(《中庸章句‧第十章》)。因此,說到底,儒家明道救世就是為廣大民眾而弘揚正義,與一切邪惡做鬥爭。

第三,以天下為公、殺身成仁、舍生取義,是儒家明道救世的內在精神價值訴求。儒家明道救世之忠,不是追求個體的享受,也不是為了某個家族的利益,而是為了實現「大同」社會。《禮記‧禮運》中說:「大道之行也,天下為公。選賢與能,講信修睦,故人不獨親其親,不獨子其子,使老有所終,壯有所用,幼有所長,矜寡孤獨廢疾者,皆有所養。男有分,女有歸。貨,惡其棄於地也,不必藏於己;力,惡其不出於身也,不必為己。是故,

謀閉而不興，盜竊亂賊而不作，故外戶而不閉，是謂大同。」爲了實現這個「大同」社會，儒家以天下爲公，殺身成仁，舍生取義。程頤說：「忠者，天下大公之道。」（《程氏外書·朱公掞問學拾遺》）正表達了以天下爲公的價值追求。

孔子說：「志士仁人，無求生以害仁，有殺身以成仁。」（《論語·衛靈公》）以天下爲公，在關鍵的時候儒家之士可以放棄自己的生命。《呂氏春秋·季冬紀·士節》說：「士之爲人，當理不避其難，臨患忘利，遺生行義，視死如歸。」儒家之士追求天下爲公的「大同」社會，在面對困難和挫折的時候，不言敗，「不避其難」，在危機關頭往往不惜犧牲自己的生命，「視死如歸」。

當然，這不是說儒家之忠一味地輕視自己的生命，而是說在面對仁義和個體肉身不可兩全的情況下，儒家之士會選擇殺身成仁。正如孟子所言，「魚，我所欲也，熊掌亦我所欲也。二者不可得兼，舍魚而取熊掌者也。生亦我所欲也，義亦我所欲也。二者不可得兼，舍生而取義者也。」（《孟子·告子上》）

《忠經》說：「仁而不忠，則私其恩。」（《忠經·辨忠章》）仁，是仁愛，成仁如果沒有忠，有可能是私恩。儒家明道救世不是爲了某個人或者是某個集團，而是爲了天下所有的人。所以，以天下爲公，殺身成仁，舍生取義，就成爲儒家明道救世內在精神價值訴求。

總之，儒家明道救世的理想是「公天下」而非「私天下」，「儒家用『公天下』的精神和任賢使能的原則來抗衡君權」。〔註59〕儒家的明道救世不是爲擁抱君主專制服務的。儒家明道救世的忠德主張，以修德和任賢使能，用公天下的「道統」精神來對抗不公正、不仁道的社會。同時，明道救世之忠強調的是人的責任和義務，而非個人的權力，更不是爲一家一姓的賣命的「私忠」，其目的是爲了建立一個「天下爲公，選賢與能，講信修睦」（《禮記·禮運》）的理想的「大同」社會。

〔註59〕方朝暉，文明的毀滅與新生：儒學與中國現代性研究〔M〕，北京：中國人民大學出版社，2011：169。

第二章　忠德觀念演變

　　忠德觀念的演變主要是在儒家「仁以爲己任」、「爲天地立心，爲生民立命，爲往聖繼絕學，爲萬世開太平」的道德責任意識下進行的。在忠德演變過程中，儒家始終高舉「道統」的大旗，他們弘揚仁義、匡正時弊、賞善刑淫，與暴君、昏君和邪惡、欺詐、虛僞、違逆正道等不道德的社會現象展開了不屈不撓地鬥爭。大致說來，在倫理思想史上忠德經歷了整合與創建、發展與抗爭、批判與現代重構幾個階段。

第一節　整合與創建：先秦之忠

　　先秦是「百家爭鳴」的時代。司馬談在《論六家旨要》中說，先秦至西漢初期，至少有陰陽、儒、墨、法、名、道家。《漢書・藝文志》在司馬談論六家的基礎上加上了農家、縱橫家、雜家、小說家，合稱諸子百家。無論是哪一家，都是爲當時「周文疲弊」的失序社會提出拯救方案。這種爭鳴使得中國思想交鋒出現了第一個高峰，爲後世思想的發展奠定了紮實的基礎，忠觀念的演變就是其體現。本節主要選出最具代表性的儒、道、墨、法四家來分析和論證先秦忠觀念的整合和創建情況。

一、儒家之忠

　　先秦儒家之忠主要代表是孔子、孟子和荀子。在忠德觀念發展史上，第一個對忠德作出全面整合與創建的思想家是孔子，他是忠德觀念演變史上承前啓後的思想家。《論語》20 篇，談「忠」的就有 15 篇，共 18 處，幾乎涵蓋

了忠德的各個方面，足見忠德在孔子思想中的重要性。由孔子整合和創建的忠，不僅是在社會政治系統中起著決定作用，而且在有關社會政治思想中，「忠」起著完全主導支配的作用。〔註1〕先秦儒家之忠的整合與創建的主要表現在以下幾個方面。

第一，從德性倫理學角度來看，先秦儒家把忠德整合爲「德之正也」、「令德」、「全德」，使忠德成爲眾德之基。以孔子爲代表的先秦儒家最大的貢獻是將「忠」整合創建爲「眾德之基」。他把三代以來散亂的忠德內涵，整合爲眾德之基。忠德作爲「眾德之基」，就意味著忠德是爲人處世的一種基本德性，滲透在社會生活各個方面，其它的德目是「分享」了忠德德性。

從忠德作爲「令德」、「全德」、「德之正也」的角度來看，忠與眾德如禮、義、廉、恥、智、勇等德目的關係好比「盤」與「丸」的關係。唐代杜牧對「盤」與「丸」的關係做了形象的描繪。他說：「丸之走盤，橫針圓直，計於臨時，不可不知。其必可知者，是知丸之不能出於盤也。」（《樊川文集·注孫子序》）這裡如果把忠比喻爲「盤」，眾德比喻爲「丸」，就能很清晰地說明他們之間的關係。丸無論怎樣「橫針圓直」，必「不能出於盤」。換句話說，在這種情況下，無論其它德目如何行動，必然在「忠」的視野中。所以《忠經》說：「仁忠而能仁，則國德彰；忠而能智，則國政舉；忠而能勇，則國難清，故雖有其能，必曰忠而成也。仁而不忠，則私其恩；智而不忠，則文其詐；勇而不忠，則易其亂，是雖有其能，以不忠而敗也。」（《忠經·辨忠章》）就算是行孝，也得先行忠。「夫惟孝者，必貴本于忠。忠苟不行，所率猶非其道。是以忠不及之，而失其守，匪惟危身，辱及親也。故君子行其孝，必先以忠，竭其忠，則福祿至矣。」（《忠經·保孝行章》）《忠經》這樣總結忠與眾德的關係，正是受到先秦儒家的影響。

需要說明的是，先秦儒家把忠德整合爲眾德之基是對「忠」的發展，但是這並沒有消除「忠」作爲一種規範的作用。孔子創立儒家最核心的概念是「仁」。「仁」包羅萬象，它統攝了「忠恕」、「克己復禮」以及「勇、恭、寬、信、敏、惠」等一些列道德準則。儘管如此，它的中心內容卻是「忠恕」，即愛人。〔註2〕這就表明「忠恕之道」的「忠」具備眾德的基礎地位。在這個意

〔註1〕〔德〕鮑吾剛，中國人的幸福觀〔M〕，嚴蓓雯、韓雪臨、吳德祖譯，南京：江蘇人民出版社，2009：230。

〔註2〕參閱朱誠如，中國皇帝制度〔M〕，武漢：武漢出版社，1997：27。

義上說，忠恕就是「仁」，具備「仁」的內涵，成了一種道德價值判斷的標準。當然必須指出，先秦儒家儘管把「忠」發展整合爲眾德之基，儘管忠德也是「仁」的核心內容，但是它依舊是在先秦儒家「仁」的體系之中，而不是凌駕在「仁」之上，因此忠是眾德之基，而仁是眾德之帥，這點是需要特別指出來的。

孔子說：「吾道一以貫之。」（《論語・里仁》）曾參將這個「一以貫之」的「道」概括爲「忠恕之道」。曾子說：「夫子之道，忠恕而已矣！」（《論語・里仁》）王弼在《論語釋疑》中認爲，「忠者，情之盡也；恕者，反情以同物者也。」忠恕本質上是忠德的一體兩面，正如孔子所說的「己欲立而立人，己欲達而達人」和「己所不欲，勿施於人」這兩個維度。忠是「己欲立而立人，己欲達而達人」；恕是「己所不欲，勿施於人」。但是，歸根結底，「恕」是一種「忠」，是「忠」的一種呈現。朱熹說：「忠只是一個忠，做出百千萬個恕來」，「忠恕只是一件事，不可作兩個看」，「忠是本根，恕是枝葉。非是別有枝葉，乃是本根中發出枝葉，枝葉即是本根。曾子爲於此事皆明白，但未知聖人是總處發出，故夫子語之」，「天地是無心底忠恕，聖人是無爲底忠恕，學者是求做底忠恕」。（《朱子語類》卷二十七）。孔子的忠恕之道是具有普世性，是人際關係的基本準則，具有基礎地位。忠恕之道是孔子對堯舜禹以來「忠」觀念的整合與改造，使之逐漸成爲一種具有普遍性的道德要求。

在道德修養上，孔子強調了「忠」的基礎地位。孔子把「忠」作爲孔門「四教」之一。《論語・述而》中說：「子以四教：文、行、忠、信。」孔子特別強調「主忠信」。他說：「主忠信。無友不如己者。過則勿憚改。」（《論語・學而》）又說：「主忠信，徙義，崇德也。愛之欲其生，惡之欲其死。既欲其生，又欲其死，是惑也。『誠不以富，亦祇以異。』」（《論語・顏淵》）孔子認爲忠德具有普遍性，是要求社會每個成員（自然包括統治階級在內）都應當做到的基本道德要求。孔子自己也表達了對忠德修養的不懈追求。他說：「十室之邑，必有忠信如丘焉，不如丘之好學也。」（《論語・公冶長》）

在道德實踐上，孔子也強調了「忠」的基礎地位。他說：「言忠信，行篤敬，雖蠻貊之邦行矣。言不忠信，行不篤敬，雖州里行乎哉？」（《論語・衛靈公》）又說：「居處恭，執事敬，與人忠。雖之夷狄，不可棄也。」（《論語・子路》）在日常行爲中要做到「居之無倦，行之以忠」（《論語・顏淵》）。還說「君子有九思：視思明，聽思聰，色思溫，貌思恭，言思忠，事思敬，疑思

問，忿思難，見得思義。」（《論語・季氏》）其中，「言思忠」是「九思」之一，這也是忠德在實踐中的體現。

孟子繼承了孔子的觀點，認為「忠」是眾德之基。《孟子》一書三萬多字，論「忠」有 8 處。這 8 處論忠的地方幾乎都是把忠作為基本的德性來看待的。孟子認為，忠就是善，這是「忠」作為基本德性的重要體現。孔子認為，匡惡為忠。這是一種善良意志，是仁的精神的表現。季康子曾經問孔子：「使民敬，忠以勸，如之何？」孔子回答說：「臨之以莊則敬，孝慈則忠，舉善而教不能則勸。」（《論語・為政》）子貢問孔子何為友，孔子回答說：「忠告而善道之。」（《論語・顏淵》）孟子繼承和發展了這個忠為基德的觀點。孟子說：「分人以財之惠，教人以善謂之忠，為天下得人者謂之仁。」（《孟子・滕文公上》）不僅如此，孟子還把「仁義忠信」上昇為天爵，認為這是宇宙秩序的存在。孟子說：「有天爵者，有人爵者。仁義忠信，樂善不倦，此天爵也；公卿大夫，此人爵也。古之人修其天爵，而人爵從之。」（《孟子・告子上》）孟子還把忠德看作是制敵取勝的最基本的道德修養，也是佔據小地為王取勝大國的前提條件。孟子說：「地方百里而可以王。王如施仁政於民，省刑罰，薄稅斂，深耕易耨，壯者以暇日修其孝悌忠信，入以事其父兄，出以事其長上，可使制梃以撻秦楚之堅甲利兵矣。」（《孟子・梁惠王上》）

荀子認為，「忠」是基本的德性。這與「奸」形成鮮明的對比。他說：「奸言、奸說、奸事、奸謀、奸譽、奸訴莫之試也，忠言、忠說、忠事、忠謀、忠譽、忠訴莫不明通，方起以尚盡矣。」（《荀子・致士》）荀子認為對那些缺德而殘暴的君主，應當打倒他。他說：「奪然後義，殺然後仁，上下易位然後貞，功參天地，澤被生民，夫是之謂權險之平，湯、武是也。」（《荀子・臣道》）臣民所以這樣做則是依據「從道不從君，從義不從父」的原則。「人主不公，人臣不忠也」（《荀子・王霸》），在荀子看來，忠德作為眾德之基不僅僅是臣民的事，也是君主的事，君主的忠德修養，就是「愛人」，即忠恕之道。如果君主不具備忠德修養，不愛民眾，就會「道亡則國亡」（《荀子・君道》）。

荀子認為，君主應當是民眾的道德榜樣，一個君主不能「愛」本國的民眾，不能為民眾謀福利，而妄想民眾忠於自己，那是不可能的。他說：「君者，民之原也，原清則流清，原濁則流濁。故有社稷者而不能愛民，不能利民，而求民之親愛己，不可得也。民不親不愛，而求為己用，為己死，不可得也。」（《荀子・君道》）荀子認為君主要想治理好國家，最基本的條件是君主要有

愛民如子的道德修養。君主自己做好了，臣民自然就會做好。他還說：「請問為國？曰：聞修身，未嘗聞為國也。君者，儀也，儀正而景正；君者，盤也，盤圓而水圓；君者，盂也，盂方而水方。君射則臣決。楚莊王好細腰，故朝有餓人。故曰：聞修身，未嘗聞為國也。」（《荀子‧君道》）荀子的這個觀點是對孔子忠德理論的繼承和發展。

由上所述，我們可知忠德作為「眾德之基」的地位是孔子、孟子、荀子整合而成的。隨著社會忠德的發展，尤其到了十世紀，隨著新儒家的勝利，「忠」變成了儒家的基本品德，甚至幾乎比「仁」還重要。〔註3〕

第二，從政治道德角度來看，先秦儒家把三代以來上對下的「忠」發展提升到了忠德在實踐上具有平等性、互惠性的層面。先秦儒家在整合和創建忠的理論時，把忠由上對下的忠整合、發展成忠的平等性、互惠性。我們在第一章「忠德起源」一節中，已經提出忠德起源於堯舜禹時代。但是，這個時期忠德不具有平等性、互惠性，這個時代主要是強調上對下、統治者對民眾的忠，即「上思利民，忠也」（《左傳‧桓公六年》）。那種「普天之下，莫非王土；率土之濱，莫非王臣」的君臨天下的姿態，在堯舜禹時代還沒有產生。那種「君要臣死，臣不得不死；君要臣亡，臣不得不亡」、「主辱臣憂」、「主亡臣死」的下對上的忠德觀還沒有被統治者所提倡。這與後世君主強調臣子對君主的忠是相區別的。

堯舜禹時代統治者沒有君臨天下的專制姿態，「終不以天下之病而利一人」（《史記‧五帝本紀》）。他們躬行踐履，為民效力，辛苦備至。《韓非子‧五蠹》中說：「堯之王天下也，茅茨不翦，採椽不斫；糲粢之食，藜藿之羹；冬日麑裘，夏日葛衣；雖監門之服養，不虧於此矣。禹之王天下也，身執耒臿以為民先，股無胈，脛不生毛，雖臣虜之勞不苦於此矣。」正是因為統治者這樣忠心為民，才創造出了「至德之世」，為後世所稱道。《莊子‧天地》篇中說：「至德之世，不尚賢，不使能，上如標枝，民如野鹿，端正而不知以為義，相愛而不知以為仁，實而不知以為忠，當而不知以為信，蠢動而相使，不以為賜。」

《尚書‧大禹謨》中說：「正在養民」，「民為邦本」；《尚書‧皋陶謨》中說：「安民則惠」。《尚書‧泰誓中》：「天視自我民視，天聽自我民聽。百姓有過，在予一人。」孔子說：「後世雖有作者，虞帝弗可及也已矣。君天下，生

〔註3〕〔德〕鮑吾剛，中國人的幸福觀〔M〕，嚴蓓雯、韓雪臨、吳德祖譯，南京：江蘇人民出版社，2009：230。

無私，死不厚其子，子民如父母，有愷悌之愛，有忠利之教，親而尊，安而敬，威而愛，富而有禮，惠而能散。」（《禮記·表記》）三代尚忠，就是要求統治者對民眾忠心耿耿。在當時的統治者看來這是上天要求他們這樣做的。統治者是忠德的主體，是施動者，民眾具有優先性。否則，民眾有權利推翻其統治。

這個時期「人民與君主不是平等的，人民對君主具有優先性和重要性。人民對君主並沒有無條件服從和忍受壓迫的義務；反而，以皇天作為終極支持者，人民有權利要求君主實行德政；如果君主不行德政而『虐民』，則人民視君主為寇讎是正當的。」〔註4〕事實上，這種時期人民具有優先性的傳統一直影響到後來的儒家。

孔子、孟子就是對堯舜禹以來的上對下的忠，整合為忠的平等性和互惠性。

孔子認為君臣之間，是一種道德關係，不是一種利害關係，也不是一種赤裸裸的權利力制約關係，因此，孔子認為君臣之間是平等的、互惠的、互助的。君臣關係的平等性體現在「君使臣以禮，臣事君以忠」（《論語·八佾》）。臣子要「事君以禮」（《論語·八佾》），「事君，能致其身」（《論語·學而》）。如果君主不尊重臣子，臣子就可以採取不合作的態度，離開政府。他說：「天下有道則見，無道則隱」（《論語·泰伯》，「邦有道則仕，邦無道則可卷而懷之」（《論語·衛靈公》）。可見孔子認為忠德應具有平等性、互惠性。所以，孔子說：「忠告而善道之，不可則止，毋自辱焉。」（《論語·顏淵》）

孟子繼承和發展了這種「上思利民，忠也」的忠德傳統。他認為君臣之間也是平等、互惠的。孟子說：「君之視臣如手足，則臣視君如腹心；君之視臣如犬馬，則臣視君如國人；君之視臣如土芥，則臣視君如寇讎。」（《孟子·離婁下》）他強調是「仁人無敵於天下。」（《孟子·盡心下》），「得道者多助，失道者寡助。寡助之至，親戚畔之；多助之至，天下順之」（《孟子·公孫丑下》）。不講忠信仁義的君主，就會像桀紂那樣，最終也只能落得如誅「一夫」的下場。當齊宣王問到「湯放桀，武王伐」是「臣弒君」的問題時，孟子尖銳地指出：「賊仁者謂之『賊』，賊義者謂之『殘』。殘賊之人，謂之『一夫』。聞誅一夫紂矣，未聞弒君也。」（《孟子·梁惠王下》）如果君主不仁不義，民眾可以推翻其統治。孟子認為，君臣之間是一種相對的關係，而不是絕對服

〔註4〕陳來，孔夫子與現代世界〔M〕，北京：北京大學出版社，2011：24。

從的關係，臣不是君主的奴才。〔註5〕因此，「欲爲君，盡君道；欲爲臣，盡臣道。二者皆法堯、舜而已矣。不以舜之所以事堯事君，不敬其君者也；不以堯之所以治民，賊其民者也。」（《孟子・離婁上》）如果君臣不各司其職，只是強調單方面的忠，就會重蹈桀紂的覆轍。

　　荀子認爲，君主要成爲眞正的君主，就是要用仁義來對待臣民，要具有公正和不偏不倚的忠德德性，這樣才能眞正成爲眾望所歸的「君主」。所以他說：「請問人君？曰：以禮分施，均遍而不偏。」（《荀子・君道》）荀子還把君主和百姓比喻爲舟與水的關係。他說：「君者舟也，庶人者水也。水則載舟，水則覆舟，君以此思危，則危將焉而不至矣！」（《荀子・哀公》）這正好體現了忠德的平等性、互惠性。

　　荀子也認爲，君主單憑自己個人的能力是不可能治理國家的，就應當選拔那些具備忠德的人臣來管理國家。但是，爲臣的是在「從道不從君」的原則下做有益於「利君」「利國」的事。他說：「入孝出弟，人之小行也；上順下篤，人之中行也；從道不從君，從義不從父，人之大行也。」（《荀子・子道》）還說：「故正義之臣設，則朝廷不頗；諫、爭、輔、拂之人信，則君過不遠；爪牙之士施，則仇讎不作；邊境之臣處，則疆垂不喪。……罰其忠，賞其賊，夫是之謂至暗，桀、紂所以滅也。」（《荀子・臣道》）

　　第三，從忠德實踐角度來看，先秦儒家認爲忠德具有層次性。忠德不是鐵板一塊，而具有層次性。忠德修養越高，層次越高。孔子認爲，忠的最高境界就是仁的境界。他認爲，忠德至少有四個層面：爲子之忠、爲弟之忠、爲朋友之忠、爲臣之忠。他認爲這四個層面的忠德，自己都沒有做好。他說：「君子之道四，丘未能一焉，所求乎子，以事父，未能也；所求乎臣，以事君，未能也；所求乎弟，以事兄，未能也；所求乎朋友，先施之，未能也。」（《禮記・中庸》）君子的這四個忠德，也可以說是「行己」、「事上」、「養民」、「使民」。這四個方面的忠德層次，作爲君子應當都要做到。他說：「有君子之道四焉：其行己也恭，其事上也敬，其養民也惠，其使民也義。」（《論語・公冶長》）也就是說要做到「恭忠」、「敬忠」、「惠忠」和「義忠」。不過孔子認爲自己的忠德修養不夠，還沒有達到上述要求，需要不斷學習。所以他說：「十室之邑，必有忠信如丘者焉，不如丘之好學也。」（《論語・公冶長》）

　　荀子還把「忠」分爲三個層次：大忠、次忠、下忠。他說：「有大忠者，有

次忠者，有下忠者。」(《荀子・臣道》) 與忠相反的是「國賊」。什麼是大忠、次忠和下忠呢？荀子說：以德覆君而化之，大忠也；以德調君而輔之，次忠也；以是諫非而怒之，下忠也；不恤君之榮辱，不恤國之臧否，偷合苟容，以之持祿養交而已耳，國賊也。」(《荀子・臣道》) 荀子還舉例說，像周公就是大忠的典型，管仲是次忠的代表，伍子胥是下忠的典型，曹觸龍是國賊。他說：「若周公之於成王也，可謂大忠矣；若管仲之於桓公，可謂次忠矣；若子胥之於夫差，可謂下忠矣；若曹觸龍之於紂者，可謂國賊矣。」(《荀子・臣道》) 爲臣要「以禮待君，忠順而不懈」(《荀子・君道》)。如果只是「敬」而不是「順」就不是忠。他說：「敬而不順，不忠也。」(《荀子・臣道》) 這裡的「順」不是指「愚忠」，而應當是臣下對君主或者下級對上級的一種禮貌態度，與「敬」具有一樣的性質。但是，如果君不忠於道義而被殺，那是他自取滅亡，不能埋怨別人。荀子尖銳地指出：「臣或弑其君，下或殺其上，粥其城，倍其節，而不死其事者，無它故焉，人主自取之。」(《荀子・富國》) 因此，君主「能群」，依靠的不是權勢而是道義。荀子說：「處勝人之埶，行勝人之道，天下莫忿，湯、武是也；處勝人之埶，不以勝人之道，厚於有天下之埶，索爲匹夫不可得也，桀、紂是也。然則得勝人之埶者，其不如勝人之道遠矣。」(《荀子・強國》)

總之，以孔子、孟子、荀子等爲代表的先秦儒家，把忠德由一種道德規範發展成爲眾德之基，並認爲忠德在實踐中具有平等性、互惠性、層次性。這是對三代以來忠德的整合與創建的最大成果，對後世影響深遠。

二、墨家之忠

墨子是墨家學派的創始人。在春秋戰國時期墨家和儒家一樣是顯學。韓非子說：「世之顯學，儒、墨也。儒之所至，孔丘也。墨之所至，墨翟也。」(《韓非子・顯學》) 墨家是站在普通勞動者的立場上，提出「兼愛」、「非攻」等主張，忠德是這些主張的體現。同時，忠德也是該學派團結的精神紐帶。鄭傑文指出：「墨家學團是一個有嚴密組織紀律的、行動統一化的、經濟一體化的半軍事學術團體；成員遵守統一的紀律，遵奉同一個領袖，信奉同一種學說。」[註6] 這種半軍事化學術團體的形成，是該派成員忠於該派學說的結果。這本身說明了忠德在該派學說中起到了凝聚作用。

[註6] 鄭傑文，中國墨學通史（上）[M]，北京：人民出版社，2006：57。

墨子認爲，「忠」是「天德」在人類社會秩序中的德性體現。「天」的本身是懲惡揚善，而忠德也是如此。他說：「若事上利天，中利鬼，下利人，三利而無所不利，是謂天德。故凡從事此者，聖知也，仁義也，忠惠也，慈孝也，是故聚斂天下之善名而加之。是其故何也？則順天之意也。」（《墨子·天志下》）「天德」就是「利人」、「利鬼」、「利人」。它的本性就是賞善罰惡，弘揚正義。墨子說：「天子有善，天能賞之；天子有過，天能罰之」，「天欲義而惡其不義者」（《墨子·天志下》）。還說：「順天意者，兼相愛，交相利，必得賞；反天意者，別相惡，交相賊，必得罰。」（《墨子·天志上》）「天」是不會以大國攻打小國，以大亂小，以強劫弱，以眾暴寡，以詐謀愚，以貴傲賤的。他說：「天之意不欲大國之攻小國也，大家之亂小家也，強之暴寡，詐之謀愚，貴之傲賤，此天之所不欲也。」（《墨子·天志中》）因此，作爲凡人，一定要做「天」喜歡的事情，時時記住天的這種「德性」。所以，墨子告誡人們：「戒之愼之，必爲天之所欲，而去天之所惡。」人們要做上天喜歡的好事，要除掉上天不喜歡的惡事，這種「天德」的特性，正包括了忠德的內容，因爲忠德本身就具有爲善去惡、行正去邪、堅守正道的內涵。因此，忠德也就體現天德的性質，成了人格之天的德性表現。

既然忠德是自然秩序的表現，那麼在人間要體現這種忠德，就要建立一套人人「兼愛」的社會秩序。不過，儘管忠德在墨子看來，是一種「大德」的體現，但是在人類社會實踐中，忠德是墨家在「兼愛」的原則下進行的，其範圍局限於爲政之忠方面。在君臣關係上，墨家主張君惠臣忠。他認爲，「爲人君必惠，爲人臣必忠，爲人父必慈，爲人子必孝，爲人兄必友，爲人弟必悌。故君子莫若欲爲惠君、忠臣、慈父、孝子、友兄、悌弟，當若兼之不可不行也。此聖王之道，而萬民之大利也。」（《墨子·兼愛上》）。

君惠的表現有哪些呢？一是愛民利民，做到「愛民謹忠，利民謹厚」（《墨子·節用中》），實行「興天下之利，除天下之害」（《墨子·非命》）的惠民政策。墨子極力推崇三代時代的大禹，認爲大禹是君惠民的典型。「墨子稱道曰：『昔禹之湮洪水，決江河，而通四夷九州也，名山三百，支川三千，小者無數。禹親自操橐耜而九雜天下之川；腓無胈，脛無毛，沐甚雨，櫛疾風，置萬國。禹大聖也，而形勞天下也如此。』使後世之墨者，多以裘褐爲衣，以跂蹻爲服，日夜不休，以自苦爲極，曰：『不能如此，非禹之道也，不足爲墨。』」（《莊子·天下篇》）大禹爲百姓治理洪水，「沐甚雨，櫛疾風」，不辭辛苦，

這種忠於民眾的精神，爲墨家所稱道。只要君惠民、利民、愛民，就是鬼神也會幫助他。墨子說：「若昔者三代聖王堯、舜、禹、湯、文、武者是也。所以得其賞，何也？曰：其爲政乎天下也，兼而愛之，從而利之，又率天下之萬民，以尙尊天事鬼、愛利萬民。是故天鬼賞之，立爲天子，以爲民父母，萬民從而譽之曰『聖王』，至今不已。」（《墨子‧尙賢中》）如果是不做惠民、利民、愛民的事，不僅無人忠於君王，上天鬼神也懲罰君王。墨子說：「若昔者三代暴王桀、紂、幽、厲者是也。何以知其然也？曰其爲政乎天下也，兼而憎之，從而賊之，又率天下之民，以上詬天侮鬼、賊殺萬民。是故天鬼罰之，使身死而爲刑戮，子孫離散，室家喪滅，絕無後嗣。萬民從而非之曰『暴王』，至今不已。」（《墨子‧尙賢中》）

二是君主要愛惜臣子。「兼愛」是墨家的基本主張，認爲人類社會之所以殺聲四起，道德秩序敗壞，其原因是起因於人們彼此之間的不「相愛」。他說：「當察亂何自起？起不相愛。」（《墨子‧兼愛上》）這種「兼愛」，是包括所有的人，自然包括君主。在墨子看來君主不是高高在上的供人信仰和崇拜的偶像，而是要做到愛臣、惜臣、不虧臣。君主如果只是自己愛自己，就不會有人臣忠於他，天下也會大亂。他說：「雖父之不慈子，兄之不慈弟，君之不慈臣，此亦天下之所謂亂也。父自愛也，不愛子，故虧子而自利。兄自愛也，不愛弟，故虧弟而自利。君自愛也，不愛臣，故虧臣而自利。是何也？皆起不相愛。」（《墨子‧兼愛上》）天下大亂起於人們的不「相愛」，父、兄、君不慈臣而導致「天下禍篡怨恨」（《墨子‧兼愛中》）。由此看來，墨家是反對絕對服從的，強調權利與義務的統一，主張「君惠」才是「臣忠」的前提。

那麼對於能「惠臣」的君主，忠臣是怎樣忠於他的呢？其一是要「諫」。君主有錯，忠臣會及時進諫，有好的見解就要進獻給君主，而不是沉默不語。墨子說：「上有過則微之以諫；己有善則訪之上，而無敢以告。」（《墨子‧魯問》）其二是匡正君主的邪念，使其進入正道，爲臣不結黨營私，替君主分憂。墨子說：「匡其邪而入其善，尙同而無下比，是以美善在上而怨仇在下，安樂在上而憂慼在臣。」（《墨子‧魯問》）但是，忠臣絕不是像影子一樣跟隨君主，君主「令之俯則俯，令之仰則仰；處則靜，呼則應」（《墨子‧魯問》），而應當有自己的「外匡其邪」的職責和主見。

忠臣由誰甄別選擇呢？墨家認爲是聖明的君主。只要是賢能之人、忠德之人，無論是農夫還是工匠，聖明君王都會給予高官厚祿，授予他們決斷權。

他說：「故古者聖王之爲政，列德而尚賢，雖在農與工肆之人，有能則舉之，高予之爵，重予之祿，任之以事，斷予之令。」（《墨子・尚賢上》）聖明君王用人，會公正嚴明，不偏不黨，能夠做到任賢使能。墨子說：「故古者聖王甚尊尚賢，而任使能，不黨父兄，不偏貴富，不嬖顏色。賢者，舉而上之，富而貴之，以爲官長。不肖者抑而廢之，貧而賤之以爲徒役，是以民皆勸其賞，畏其罰，相率而爲賢。」（《墨子・尚賢中》）

不過，需要指出的是，墨家在君臣關係上其實是矛盾的。本來墨家認爲君惠是臣忠的前提，但是選擇提拔任用臣子的權利卻掌握在君王手中，所以人臣最終還是會忠於提拔自己的君主。這樣「君惠」爲前提的君臣關係，往往成爲一種理想狀態，根本無法實現，最終臣子還是會陷入無條件的忠君軌道，滑入專制主義君臣關係的泥潭。因此有的學者乾脆就說：「我國專制主義思想其實導源於墨家。」〔註7〕這種論斷不是沒有道理的。

三、道家之忠

道家總體上來說是否定統治者提倡的忠德，其主要代表是老子和莊子，此外還有彭蒙、田駢以及稷下黃老學派的學者。錢穆先生認爲：「先秦道家，主要惟莊老兩家。此兩人，可謂是中國道家思想之鼻祖，亦爲中國道家思想所宗主，後起道家著述，其思想體系，再不能超出《莊》《老》兩書之範圍，亦不能超過《莊》《老》兩書之境界。」〔註8〕道家之忠對儒家的批評，這與其學說的宗旨相關。道家總體上是以「道」爲核心的學說，主張「絕去禮學」，「棄仁義」，強調「無爲」、「清虛」，從而達到人人「全生」、「盡年」的目的。

道家因爲主張「道」是一種普遍性的存在，是一種自然秩序，這種秩序是以「無爲」爲特點的。因此，他們認爲其它的人間一切的忠、孝、仁、義、禮、義、廉、恥等規範都是「人爲」的，所以，都是應當反對的。道家正是從這個角度上來批評儒家忠德的。

在道家看來，忠德只不過是統治者爲自己謀取利益的手段。統治者越是強調忠德，老百姓就越遭殃。因爲萬事萬物都有自己的「道」，忠也有「忠道」。統治者不能把爲自己謀取利益的那種「忠道」強加給老百姓。所以，道家極

〔註7〕 羅世烈，墨家的專制主義〔J〕，四川大學學報（哲學社會科學版），1999（5）：80。

〔註8〕 錢穆，莊老通辨〔M〕，北京：九州出版社，2011：126。

力反對和批判統治者強調的忠德。老子批評嘲諷說：「大道廢，有仁義。智慧出，有大偽。六親不合，有孝慈。國家昏亂，有忠臣。」(《老子·十八章》)道家認爲，正是社會出現了「仁義」、「智慧」、「孝慈」、「忠臣」，才更顯社會混亂。道家從否定的方面入手，來揭示當時「兵革不休，詐僞並起」(劉向《戰國策書錄》)的混亂社會。老子認爲，「失道而后德，失德而後仁，失仁而後義，失義而後禮。夫禮者，忠信之薄而亂之首。」(《老子·三十八章》)「國家昏亂有忠臣」。在老子看來，正是因爲社會敗壞，國家才產生「忠臣」。如果沒有「仁義禮智」，那麼天下就會太平。《老子·十九章》說：「絕聖棄智，民利百倍；絕仁棄義，民復孝慈；絕巧棄利，盜賊無有。此三者，爲文不足，故令有所屬：見素抱樸，少私寡欲。」老子認爲，只有拋棄「絕聖棄智」、「絕仁棄義」、「少私寡欲」，才會對百姓有益處，也只有這樣才能達到保全性命，到達逍遙的境界。

莊子也說：「爲之仁義以矯之，則並與仁義而竊之。何以知其然邪？彼竊鉤者誅，竊國者爲諸侯。諸侯之門而仁義存焉，則是非竊仁義聖知邪？故逐於大盜，揭諸侯，竊仁義並斗斛權衡符璽之利者，雖有軒冕之賞弗能勸，斧鉞之威弗能禁。……攘棄仁義，而天下之德始玄同矣。」(《莊子·胠篋》)莊子認爲，竊「鉤」的人被殺，「竊國者」反而成了諸侯，並且這些諸侯還打著忠孝仁義的幌子。可見，忠孝仁義是騙人的東西，只有放棄忠孝仁義，天下才能「玄同」。所以，莊子批判統治者過多地看重道德仁義，認爲用忠德統治百姓是最大的禍害。《莊子》說：「舉賢則民相軋，任和則民相盜。之數物者，不足以厚民。民之於利甚勤，子有殺父，臣有殺君，正晝爲盜，日中穴阫。吾語女：大亂之本，必生於堯、舜之間，其末存乎千世之後。千世之後，其必有人與人相食者也。」(《莊子·庚桑楚》)這種「子有殺父，臣有殺君，正晝爲盜，日中穴阫」的敗德現象，是統治者利用忠德統治的後果。「道德不廢，安取仁義？性情不離，安用禮樂？……毀道德以行仁義，聖人之過也。」(《莊子·馬蹄》)因此，「忠德」在道家看來，是應當被拋棄的。

道家還認爲，凡是具有忠德的人最終都是不得善終的。莊子說：「介子推至忠也，自割其股以食文公」，最終「文公後背之，子推怒而去，抱木而燔死。」(《莊子·盜跖》)尾生忠於愛情，結果被水淹死。「尾生與女子期於梁下，女子不來，水至不去，抱梁柱而死。」(《莊子·盜跖》)世人稱道的王子比干、伍子胥是忠臣，結果比干被剖心而死，伍子胥的尸首被沉江，成爲天下人的

笑柄。道家認爲這些忠誠的人是不值得推崇的。莊子說：「世之所謂忠臣者，莫若王子比干、伍子胥。子胥沉江，比干剖心，此二子者，世謂忠臣也，然卒爲天下笑。自上觀之，至於子胥、比干，皆不足貴也。」（《莊子・盜跖》）因此，道家認爲，只有放棄忠德，做到「無爲」，才能做到「養親」、「盡年」，保全自己的生命。

總之，道家否定了忠德，對統治者提倡的忠德進行了批評。在道家看來，「戰爭給人民的生活帶來了痛苦，權術也將人們的精神推向了險惡境地。」〔註9〕人們只有順應自然，徹底放棄忠德，「去甚，去奢，去泰」（《老子・二十九章》），不「以人滅天」（《莊子・秋水》），做到「無爲」，才能達到「至德之世」。

四、法家之忠

法家學派代表人物主要有：李悝、申不害、商鞅，集大成者是韓非子。《漢書・藝文志》說：「法家者流，蓋出於理官。信賞必罰，以輔禮制。」他們的長處是「先王以明罰飭法」，缺點是「則無教化，去仁愛，專任刑法而欲以致治，至於殘害至親，傷恩薄厚。」

法家認爲，忠德主要體現在臣對君的「忠誠」方面。韓非子說：「忠臣盡忠於公」（《韓非子・難三》）。韓非子認爲，「忠」是人臣最基本的政治原則和政治道德修養。他說：「人臣毋稱堯、舜之賢，毋譽湯、武之伐，毋言烈士之高，盡力守法，專心於事主者爲忠臣。」（《韓非子・忠孝》）人臣對堯、舜、湯、武等聖王的頌揚，是人臣僭越誹謗君主的表現，這不是臣子的本分。臣子的本分就是要「專心於事主」。他說：「爲人臣常譽先王之德厚而願之，是誹謗其君者也。」（《韓非子・忠孝》）只有專心忠君，才能實現「長樂生而功名成」。他說：「人臣守所長，盡所能，故忠；以尊主御忠臣，則長樂生而功名成。」（《韓非子・功名》）

如果爲臣不忠，天下就會大亂。他說：「兵甲頓，士民病，蓄積索，田疇荒，困倉虛，四鄰諸侯不服，霸王之名不成。此無異故，其謀臣皆不盡其忠也。」（《韓非子・初見秦》）國力頹廢，國力衰敗現象，沒有別的原因，而是謀臣不忠的原因引起的。如果國家有忠臣，那麼國家就會「長安於天下」。他

〔註9〕方勇，莊學史（第一冊）〔M〕，北京：人民出版社，2008：15。

說：「故有忠臣者，外無敵國之患，內無亂臣之憂，長安於天下，而名垂後世，所謂忠臣也。」（《韓非子・奸劫弒臣》）因此，他強調所有的人臣，要「盡忠」，不能有二心。韓非子說：「賢者之為人臣，北面委質，無有二心：朝廷不敢辭賤，軍旅不敢辭難，順上之為，從主之法，虛心以待令，而無是非也。故有口不以私言，有目不以私視，而上盡制之。」（《韓非子・有度》）否則，「為臣不忠，當死。」（《韓非子・初見秦》）

由此可見，法家認為忠是人臣最基本的政治道德品質，也是人臣為官行世的道德操守，這體現了「君為臣綱」初步的政治道德原則。

韓非子儘管強調「臣忠」，但並沒有在「忠臣」的頭上貼上了許多光環。在韓非子看來，「臣忠」只不過是臣子的本分，是為臣的基本的道德底線。在君臣關係中，臣與君的關係，不過是一種利益計算關係。他說：「臣盡死力以與君市，君垂爵祿以與臣市，君臣之際，非父子之親也，計數之所出也。君有道，則臣盡力而奸不生；無道，則臣上塞主明而下成私。」（《韓非子・難一》）還說：「君以計畜臣，臣以計事君。君臣之交，計也。害身而利國，臣弗為也；害國而利臣，君不為也。臣之情，害身無利；君之情，害國無親。君臣也者，以計合者也。」（《韓非子・飾邪》）君臣之間的關係是一種利益關係，君給了臣爵位和俸祿，因此人臣盡忠也就是臣的職責所在。既然臣忠是臣的本分，因此忠臣之忠並沒有太多的道德光環，這與儒家高度讚揚忠臣形成鮮明的對比。

對於君主來說，就要懂得駕馭群臣，懂得辨認忠奸。如果君子暗弱，驕橫殘暴，忠奸不分，那麼天下必然大亂。韓非子列舉了關龍逢、王子比干、伍子胥的例子來說明君主辨認忠奸的重要性。他說：「昔關龍逢說桀而傷其四肢；王子比干諫紂而剖其心；子胥忠直夫差而誅於屬鏤。此三子者，為人臣非不忠，而說非不當也。然不免死亡之患者，主不察賢智之言，而蔽於愚不肖之患也。今人主非肯用法術之士，聽愚不肖之臣，則賢智之士孰敢當三子之危而進其智慧者乎？此世之所以亂也。」（《韓非子・人主》）君主昏庸，賢智忠奸不分，那麼，人臣也不會想做關龍逢、比干和伍子胥之類的忠臣了。因此，在韓非子看來，忠臣的出現，也有待聖君的出現。他說：「臣之忠詐，在君所行也。君明而嚴，則群臣忠；君懦而暗，則群臣詐。」（《韓非子・難四》）如果君主只是一味地要求臣忠，而自己不懂法、勢、術等權術，不懂得辨忠認賢，不聽忠臣的勸諫，「過而不聽于忠臣，而獨行其意，則滅其高名為

人笑之始也。」（《韓非子・十過》）如果君主獨斷專行，最終會導致忠臣危死，奸臣當道，這樣也會危及國家穩定。韓非子總結說：「故忠臣危死於非罪，姦邪之臣安利於無功。忠臣之所以危死而不以其罪，則良臣伏矣；姦邪之臣安利不以功，則奸臣進矣：此亡之本也。」（《韓非子・有度》）

　　法家還認爲，臣忠的行爲不是任意的，而應當在君主設計的「法」的範圍之內盡忠。慎到說：「忠不得過職，而職不得過官。」（《慎子・知忠》）慎到認爲，忠臣應當在法律規定的範圍內盡忠。如果無原則地盡忠，就不足以拯救亂世，也就是不忠。慎到說：「忠未足以救亂世」，「忠盈天下，害及其國。」（《慎子・知忠》）還說：「亂世之中，亡國之臣，非獨無忠臣也；治國之中，顯君之臣，非獨能盡忠也。治國之人，忠不偏於其君；亂世之人，道不偏於其臣。」（《慎子・知忠》）亂世之時，有忠臣；治世之中，也有忠臣。那麼，爲什麼還會出現亡國之君呢？慎到認爲，「治亂，在乎賢使任職而不在于忠也。」（《慎子・知忠》）慎到這裡之所以說「治亂，不在乎『忠』」，是不提倡無節制、無原則的忠，而是強調忠應當在法律允許的範圍之內活動。慎到說：「法雖不善，猶愈於無法，所以一人也。」（《慎子・威德》）「法者，國之權衡也。」（《慎子・修德》）不過，法家認爲君主是法的制定者，掌握著最高的立法權。〔註10〕所以說到底，法家要求臣忠，歸根結底是以君主爲標準的。韓非子繼承和發揮了慎到的這個思想，提出「忠法」的主張。韓非子說：「明主之道忠法，其法忠心，故臨之而治，去之而思。」（《韓非子・安危》）「忠」是「法」視野下的忠，「忠」不能違反「法」。他說：「雖有忠信，不得釋法而不禁，此之謂明法。」（《韓非子・南面》）忠不能成爲人臣違法犯禁的藉口。他說：「故人臣稱伊尹、管仲之功，則背法飾智有資；稱比干、子胥之忠而見殺，則疾強諫有辭。夫上稱賢明，下稱暴亂，不可以取類，若是者禁。」（《韓非子・飾邪》）

　　君主和國家相比，國家利益高於君主利益。所以，君主在設計法的時候必須考慮國家利益，不然天下就會大亂。從這個角度來說，「法」的本質在於「公」，而不是「私」，「法」大於「忠」，忠是在「法」範圍內活動。慎到說：「故立天子以爲天下，非立天下以爲天子也；立國君以爲國，非立國以爲君也；立官長以爲官，非立官以爲長也。」（《慎子・威德》）商鞅也說：「故堯、舜之位天下也，非私天下之利也，爲天下位天下也。論賢舉能而傳焉，非疏

〔註10〕朱誠如，中國皇帝制度〔M〕，武漢：武漢出版社，1997：33。

父子親越人也，明於治亂之道也。故三王以義親天下，五霸以法正諸侯，皆非私天下之利也，爲天下治天下。是故擅其名而有其功，天下樂其政，而莫之能傷也。今亂世之君臣，區區然皆擅一國之利而管一官之重，以便其私，此國之所以危也。」（《商君書‧修權》）

在法家看來，大忠是「公」，小忠則是「私」，即忠於某個人。因此，法家認爲，「小忠」是有害的行爲。韓非子說：「行『小忠』，則『大忠』之賊也。」（《韓非子‧十過》）法家講的「小忠」就是一種講哥們義氣，本質上卻是一種「私」。大忠才是秉公行忠，對社會有益的。韓非子還通過一個歷史故事來說明「小忠」的危害。他說：「奚謂小忠？昔者楚共王與晉厲公戰於鄢陵，楚師敗，而共王傷其目。酣戰之時，司馬子反渴而求飲，豎穀陽操觴酒而進之。子反曰：『嘻！退，酒也。』穀陽曰：『非酒也。』子反受而飲之。子反之爲人也，嗜酒，而甘之，弗能絕于口，而醉。戰既罷，共王欲復戰，令人召司馬子反，司馬子反辭以心疾。共王駕而自往，入其幄中，聞酒臭而還，曰：『今日不戰，不穀親傷，所恃者，司馬也。而司馬又醉如此，是亡楚國之社稷而不恤吾眾也。不穀無復戰矣。』於是還師而去，斬司馬子反以爲大戮。故豎穀陽之進酒，不以仇子反也，其心忠愛之，而適足以殺之。故曰：行小忠則大忠之賊也。」（《韓非子‧十過》）因此，韓非子說：「若使小忠主法，則必將赦罪以相愛，是與下安矣，然而妨害於治民者也。」（《韓非子‧飾邪》）由此可知，法家的忠是一種「公忠」，是一種「法」範圍內的忠。這體現了法家「以法揚德」的精神。

總之，法家之忠認爲，忠臣應當以君主設計的「法」爲準則，不能越「法」而忠，或者以「忠」爲工具去謀私利；在忠德範圍上，法家把做爲普遍性道德規範的「忠」，逐步縮小爲只適用於君臣關係，其它人際間的互助行爲在價值上也被貶到更低的層次，〔註11〕忠德作爲德性的神聖光環在法家那裡也逐步褪色了。

五、四家異同

先秦時代百家爭鳴，儒、墨、道、法四家是主要代表。他們的忠德有相同的地方，也有不同的地方。

〔註11〕鄭曉江，「忠」之精神探源〔J〕，江西師範大學學報（哲學社會科學版），1991（4）：98。

（1）相同方面

第一，四家忠德理論面對的是同一個秩序失範的社會，終極目的相同。
這四家忠德觀的提出都處在同一個道德敗壞、戰爭頻發的時代。在君臣關係
上，君不君，臣不臣，弒君之事頻繁發生，「弒君三十六，亡國五十二。」（《說
苑・建本篇》）例如：晉靈公被趙盾所弒，齊莊公被崔杼所弒，鄭靈公被子家
所殺，鄭僖公被子駟所殺，等等。〔註12〕這個時期戰爭也頻繁發生。一是各
國為了爭霸天下，彼此之間發生了許多爭霸戰爭。例如，城濮之戰、崤之戰、
邲之戰、鞌之戰、焉陵之戰等等。二是各國為了統一天下，又發生了無數次
滅絕人性的統一戰爭。例如，公元前 260 年發生了秦趙長平之戰，趙軍被活
埋四十萬人，只留二百四十人歸趙（《史記・白起王翦列傳》）。戰爭的頻發是
多種原因造成的，其中君主的敗德是一個重要的原因。君主的敗德可以追溯
到西周後期的周王。周昭王在世時，昭王大興六師，二次南征，最後一次死
在戰爭中。周穆王繼位，北征戎狄，南征荊楚。他在位五十五年，頻繁發動
戰爭，致使國庫空虛，國力衰弱。周共王繼位時，王德不振，他因為密國國
君不獻三位美女，竟然憤而滅之（《史記・周本記》）。郭偉川先生總結說：「這
種『禮壞樂崩』的事，王室本身有不可推卸的責任，而且很快就自食惡果。」
〔註13〕這個「惡果」就是戰爭頻發，天下大亂，「陪臣執國命」。

面對這個「君不君、臣不臣」的時代，各家都提出了自己解決社會問題
的方案。儒家主張「正名」，提出「仁義之忠」；墨家提出「兼愛之忠」；道家
主張「無為之忠」；法家主張「為君之忠」。儘管他們的主張各異，但是都不
是為了個人的一己之私，而是為了在天下大亂、殺人盈野的社會中找到一個
可以挽救社會、整頓社會秩序、維護社會穩定的救世良方。他們的終極目的
是相同的。

第二，四家都重視民眾的利益，反對愚忠和暴君統治。傳統社會君、臣、
民是社會的主要結構。先秦儒、墨、道、法思想家都主張，「天下非一人之天
下也，天下人之天下也。」（《呂氏春秋・貴公》）他們強調的不是君主獨裁，
而是認為民眾具有優先性。

〔註12〕 參閱方朝暉，春秋左傳人物譜〔M〕，濟南：齊魯書社，2001。轉引自方朝暉，
　　　　文明的毀滅與新生：儒學與中國現代性研究〔M〕，北京：中國人民大學出版
　　　　社，2011：147。
〔註13〕 郭偉川，先秦六經與中國主體文化〔M〕，北京：北京圖書館出版社，2007：
　　　　131。

　　儒家認為君主不僅要重視自身的道德修養，而且要重視民眾的利益。只有得民心，才能得天下。如果君主只知道搜刮民脂民膏，剝削百姓，那麼君主就會失去民心，君主只有重視百姓的利益，政權才能鞏固。孔子說：「百姓足，君孰與不足？百姓不足，君孰與足？」（《論語・顏淵》）朱熹後來解釋說：「民富，則君不至獨貧；民貧，則君不能獨富。」（《論語集注・顏淵》）孔子說：「民以君為心，君以民為體。心好則體安之，君好則民欲之。故心以體廢，君以民亡。」〔註14〕所以，君主每次的重要決策，都要順應民心，「凡動民必順民心。」〔註15〕因此君主要做到「必正其身，然後正世」〔註16〕。君主要統一天下，就要視民如父母。《禮記》說：「君天下，生無私，死不厚其子；子民如父母，有憯怛之愛，有忠利之教；親而尊，安而敬，威而愛，富而有禮，惠而能散。」（《禮記・表記》）孟子直接說：「民為貴，社稷次之，君為輕。」（《孟子盡心下》）誰得到民心，誰就會得到天下，孟子說桀紂之所以失去天下，是因為他不重視民心，失去民心所致。孟子說：「桀、紂之失天下也，失其民也。失其民者，失其心也。得天下有道，得其民，斯得天下矣。」（《孟子・離婁上》）對於那種不重視百姓利益，不僅臣子不應當忠於他，而且應當要把這樣的君主推向斷頭臺。孟子說：「殘賊之人，謂之『一夫』。聞誅一夫紂矣，未聞弒君也。」（《孟子・梁惠王下》）荀子也認為：「誅桀紂若誅獨夫」（《荀子・議兵》），「誅暴國之君，若誅獨夫」（《荀子・正論》）。儒家認為，民眾尊君、忠君是有條件的，對愛民、養民、順民心的君主，則要尊而敬，忠而順；對無德的虐民、暴民的君主則可誅殺。君主要想維護其統治，就要無條件地愛民、養民。荀子說：「天之生民，非為君也。天之立君，以為民也。」（《荀子・大略》）還說：「君人者，愛民而安」，「愛民者強，不愛民者弱」（《荀子・議兵》）。所以，儒家重視民眾利益，反對君主獨裁。

　　墨家之忠是依據「兼相愛，交相利」的原則，認為天下所有的爭端是起源於人們之間的不相愛。墨子說：「國之與國之相攻，家之與家之相篡，人之與人之相賊，君臣不惠忠，父子不慈孝，兄弟不和調，此則天下之害也。」（《墨子・兼愛中》）因此，為了實現天下太平，君主應當首先是有德的人，是「賢者」，而不是嗜殺成性的暴君。君主在位要「尚賢舉能」，推行「兼愛」統治，

〔註14〕李零，郭店楚簡校讀記〔M〕，北京：中國人民出版社，2007：78。
〔註15〕李零，郭店楚簡校讀記〔M〕，北京：中國人民出版社，2007：183。
〔註16〕李零，郭店楚簡校讀記〔M〕，北京：中國人民出版社，2007：123。

要「興天下之利，除天下之害」。墨子說：「古者聖王之爲政，列德而尙賢，雖在農與工肆之人，有能則舉之，高予之爵，重予之祿，任之以事，斷予之令。」(《墨子・尙賢上》)聖明的君王用人不看重門第出身和職業貴賤，只要是有能力人都可以委以重任，「有能者則舉之，無能者下之」。聖明的君王用人也不會任人唯親。墨子說：「古者聖王，甚尊尙賢，而任使能，不黨父兄，不偏貴富，不變顏色。賢者舉而上之，富而貴之，以爲官長。不肖者抑而廢之，貧而賤之以爲徒役，是以民皆勸其賞，畏其罰，相率而爲賢。」(《墨子・尙賢中》)墨子認爲聖明君王的產生是賢者選舉的結果。他說：「是故天下之欲同一天下之義也，是故選擇賢者，立爲天子。」(《墨子・尙同下》)還說：「明乎民之無正長，以一同天下之義，而天下亂也，是故選擇天下賢良、聖知、辯慧之人，立以爲天子，使從事乎一同天下之義。」《墨子・尙同中》)君王之所以是賢能的，是因爲他代表了天下所有人的心願，是順應民心的，即「從事乎一同天下之義」。正是因爲君主是賢者，是有德之人，所以能夠做到任賢使能，人們才會忠於他，才會把君主的標準作爲自己的標準，這樣天下才能做到「天子之所是皆是之，天子之所非皆非之」(《墨子・尙賢上》)。反過來說，君主如果不是順應民心，不是「一同天下之義」，那麼君主就不是賢能者，人們就不會服從他的統治，更不會忠於他，其統治也就不會長久。

道家認爲所有的忠德都是君主人爲的結果，百姓的苦難也是君主殘暴統治的結果。老子說：「民之饑，以其上食稅之多，是以饑。民之難治，以其上有爲，是以難治。民之輕死，以其上求生之厚，是以輕死。」(《老子・七十五章》)這種不顧民眾死活的統治，就是強盜政治。老子說：「朝甚除，田甚蕪，倉甚虛，服文采，帶利劍，厭飮食，財貨有餘，是謂盜竽。非道也哉！」(《老子・五十三章》)百姓田園荒蕪，倉庫空虛，統治者（自然包括君王）卻服飾華麗，佩戴利劍，吃精美的食物，佔有百姓大量的財富，這樣的人就是強盜。老子認爲應當要摒棄這種人爲的忠德，與殘暴的統治者進行鬥爭。老子說：「民不畏死，奈何以死懼之？」(《老子・七十四章》)忠德在道家看來不過是君主替自己謀利的手段，是統治者的私人財產，是壓迫百姓的工具，是違反天道的，用莊子的話，這是統治者在「以人滅天」。因此統治者認定的忠德需要徹底剷除。老子說：「故失道而后德，失德而後仁，失仁而後義，失義而後禮。夫禮者，忠信之薄，而亂之首。」(《老子・三十八章》)還說：「大道廢，有仁義；智慧出，有大僞。」(《老子・十八章》)統治者只有重視民眾

的利益，不與百姓爭利，做到「無爲」，那麼天下才能太平。老子說：「是以聖人處上而人不重，處前而人不害，是以天下樂推而不厭。以其不爭，故天下莫與之爭。」（《老子‧六十六章》）只有不與民爭利，做到無爲而治，「安時而處順」（《莊子‧養生主》），民眾才能服從其統治，才能忠於這樣的統治者，天下才能大治，百姓才會「甘其食，美其服，安其居，樂其俗」。

法家認爲忠德不是爲滿足某個暴君的私欲服務的，而是爲「公」。同時，對於君主統治，也不是主張無條件的服從。君主如果獨斷專橫，「過而不聽于忠臣，而獨行其意，則滅其高名爲人笑之始也。」（《韓非子‧十過》）韓非子把那種「主死臣辱」的「愚忠」之臣，稱爲「譽臣」。例如豫讓在國君被殺之後，他不思報仇，自己卻「殘刑殺身」，以「自虐」的方式從形式上做到「盡忠」，這就是法家所反對的「譽臣」。「譽臣」是對國家有害的。韓非子說：「忠臣不聽而譽臣獨任，如是者謂之壅於言，壅於言者制於臣矣。」（《韓非子‧南面》）

總之，先秦儒、墨、道、法家之忠，面對的是同一個時代，其目的是爲了同一個主題，那就是爲了構建一個穩定有序的社會。爲了構建一個這樣的社會，他們重視民眾的利益，反對愚忠，反對暴君的統治。

（2）不同方面

梁代蕭繹說：「夫儒者列君臣父子之禮，序長幼之別。墨者堂高三尺，士階三等，茅茨不剪，采椽不斲，冬日以鹿裘爲禮，盛暑以葛衣爲貴。法家不殊貴賤，不別親疏，嚴而少恩，所謂法也。……道家虛無爲本，因循爲務。」（《金樓子‧立言篇九上》）這裡準確地說出了四家總體思想的不同。對于忠德，這四家不同主要體現在兩個方面：一是忠德原則不同，二是忠德培養的目標不同。

第一，忠德原則不同。儒家高揚「仁愛」的大旗，是「仁義之忠」，這種「仁義之忠」也就是忠恕之道。在君臣關係中不論是孔子主張的「富民足君」，還是孟子主張的「民貴君輕」或者是荀子主張「有治人，無治法」，這些都是忠恕之道的體現。儒家的「仁愛之忠」是有差別的、有等級秩序的。費孝通先生稱之爲「差序格局」和「禮治秩序」。這種「仁愛之忠」強調了道德主體的「仁以爲己任」，是在「仁愛、親親、及物」的「差序格局」中綿延的。這種忠德以忠德主體爲中心，「像石頭一般投入水中，和別人所聯繫成的社會關係，不像團體中的分子一般大家立在一個平面上的，而是像水的波紋一般，

一圈圈推出去，愈推愈遠，也愈推愈薄。」〔註17〕

墨家主張以「兼愛」為原則，其忠德是一種「兼愛之忠」，離開「兼愛」的原則，墨家的忠德就等於純粹的形式。墨子說：「天下之害何也？子墨子言曰：今若國之與國之相攻，家之與家之相篡，人之與人之相賊，君臣不惠忠，父子不慈孝，兄弟不和調，此則天下之害也。」（《墨子‧兼愛中》）天下的危害在於國與國、家與家、人與人、君與臣、父與子、兄與弟等不相愛。「若使天下兼相愛，愛人若愛其身，猶有不孝者乎？視父、兄與君若其身，惡施不孝？」（《墨子‧兼愛上》）所以，只有兼愛之忠才能解決君臣、父子、兄弟等之間的緊張關係。「是故諸侯相愛則不野戰，家主相愛則不相篡，人與人相愛則不相賊，君臣相愛則惠忠，父子相愛則慈孝，兄弟相愛則和調。」（《墨子‧兼愛中》）墨子的「兼愛之忠」，是愛一切人，是無差別的、無等級秩序的一種泛愛，這與儒家有差別的仁愛之忠是不同的。

道家的忠德觀是一種「無為之忠」，他們高舉「無為」的大旗，主張放棄人為的一切努力。道家的「無為」是從否定方面來消解人類社會過多「人為」的努力。在他們看來不僅忠德是多餘的，甚至連忠德本身都是害人的多餘的東西，應當予以拋棄。《老子》說：「故失道而后德，失德而後止，失仁而後義，失義而後禮。夫禮者，忠信之薄，而亂之首。前識者，道之華，而愚之始。」（《老子‧三十八章》）莊子也說：「聖人不死，大盜不止。」（《莊子‧胠篋》）人類只有「絕聖棄智」，使人性回到「嬰兒未孩」狀態，人們才能進入「小國寡民」的社會。道家對古代這種純樸道德社會的嚮往，是通過犧牲所有的忠孝仁義道德為手段的，是在「無為」的感召下來實現的。

法家之忠是「法」主導下的一種忠德觀。韓非子說：「法者，事最適者也。言無二貴，法不兩適，故言行而不軌於法令者必禁。」（《韓非子‧問辯》）其言下之意，忠德如果違法也必須禁止。但是，法家並不像道家進行「去道德化」的努力，而是強調了人臣的忠德修養。在法家的視野中，忠德只不過是一種臣子應盡的職責。所以，「知而不言，不忠」，「為人臣不忠當死，言而不當，亦當死」（《韓非子‧初見秦》）。那麼什麼是「法」呢？韓非子認為：「法者，憲令著於官府，刑罰必於民心，賞存乎慎法，而罰加乎奸令者也。」（《韓非子‧定法》）還說：「法者，編著之圖籍，設之於官府，而布之於百姓者也。」（《韓非子‧難三》）法家認為法的精神是體現人性趨利避害的本性，又是一

〔註17〕 費孝通，鄉土中國〔M〕，上海：上海人民出版社，2007：26。

種社會正義的體現。那麼「法」是誰設計呢？法家認爲是聖王。韓非子說：「聖王之立法也，其賞足以勸善，其威足以勝暴，其備足以必完法。」（《韓非子・守道》）人臣之忠就是在這種「法」的範圍內活動。法家認爲，忠德的判斷應該是由君主依照「法」來界定的，而不是出於君主個人情感的愛好，而且君主的賞罰應當合理，應符合民眾的意願。韓非子說：「賞莫如厚，使民利之；譽莫如美，使民榮之；誅莫如重，使民畏之；毀莫如惡，使民恥之。」（《韓非子・八經》）

第二，忠德培養目標不同。儘管儒、墨、道、法家都是爲了治理社會而提出的各自的理論主張，但是，由誰來引領和踐履忠德，在這個問題上各家是不同的。

首先，儒家忠德目標是培養「士」或者「君子」。儒家認爲士與君子具有同一意義，有時候合稱「士君子」，都是指具有較高道德修養的人。朱熹在《論語集注・學而》篇中在注釋「人不知而不慍，不亦君子乎」這句話時，概括地說：「君子，成德之名。」士或君子是儒家忠德培養的主要目標。君子可以分爲兩種：儒家把無官銜的君子稱爲「士」，把有官銜的君子稱之爲「士大夫」。儒家認爲，忠德是眾德之基，是每個人都應該具備的道德修養。士或君子是忠德的典範，也是其忠德培養的目標。眞正的忠德之士或者君子是具有擔當精神，是忠德的傳承者、踐履者、弘揚者。

士或君子是忠德的傳承者。他們雖處於困境、逆境中也不會改變自己的忠德責任，就算是默默無聞，也不會改變自己的忠德意志。孔子說「人不知，而不慍，不亦君子乎？」（《論語・學而》）孟子也說：「君子所性，雖大行不加焉，雖窮居不損焉，分定故也。君子所性，仁義禮智根於心，其生色也睟然，見於面，盎於背，施於四體，四體不言而喻。」（《孟子・盡心上》）孟子有時候還把君子這種忠德形象概括爲「大丈夫」。孟子說：「富貴不能淫，貧賤不能移，威武不能屈，此之謂大丈夫。」（《孟子・滕文公下》）這些道德勇士不爲富貴和淫威所屈服，「居天下之廣居，立天下之正位，行天下之大道」（《孟子・滕文公下》）。

士或君子是道德上的楷模，是道德踐履者。孔子說：「君子懷德，小人懷土。君子懷刑，小人懷惠。」（《論語・里仁》）他們是以「仁義」爲上的，不是「利」的追逐者。「君子喻於義，小人喻於利」（《論語・里仁》），「君子成人之美，不成人之惡」（《論語・顏淵》）。

　　士或君子是忠德的弘揚者。他們忠於國家，「行己有恥，使於四方，不辱君命」（《論語‧子路》）。他們「志於道」，「言必信，行必果」，「任重而道遠，仁以爲己任」。這些人在危難之際可以託付大任，關鍵之時可以做到「無求生以害仁，有殺身以成仁」，不失人望。子張說：「士見危致命，見得思義，祭思敬，喪思哀，其可已矣。」（《論語‧子張》）孟子總結說：「故士窮不失義，達不離道。窮不失義，故士得己焉；達不離道，故民不失望焉。」（《孟子‧盡心上》）儒家之忠的培養目標就是希望人們成爲這樣的具有忠德修養的「士」或「君子」。

　　其次，墨家忠德的目標是培養「兼士」。「兼士」是墨家忠德的實踐載體，也是墨家忠德所追求的目標，是在「兼愛」原則指導下的「高士」。墨子說：「高士於天下者，必爲其友之身，若爲其身，爲其友之親，若爲其親，然後可以爲高士於天下。」（《墨子‧兼愛下》）「高士」也好，「兼士」也好，都是無差別地愛天下一切的人。他們言行一致，忠實踐履「兼愛」的精神。

　　「兼士」是忠實地貫徹「兼愛」精神。他們爲剷除天下的禍害、戰爭、不平等而不辭辛苦四處奔波的人。「兼士」是忠勇的鬥士，他們不爲私利，伸張社會正義，「忍所私以行大義」（《呂氏春秋‧孟春紀‧去私》）。他們爲了正義「摩頂放踵利天下，爲之」（《孟子‧盡心上》）。「兼士」是爲了天下正義不惜一切代價的「忠勇之士」。「皆可使赴火蹈刃，死不還踵，化之所致也。」（《淮南子‧泰族訓》）《墨子》一書中記載了許多兼士的忠義行爲。例如，公輸般爲楚國製造雲梯，打算攻打宋國。墨子聽說後，爲了制止這場戰爭，他從魯國出發，日夜兼程趕到楚國的首都郢都，去見楚國的國王和公輸般。最後使得楚王取消了攻打宋國的計劃（《墨子‧公輸般》）。

　　有時候，墨家把「兼士」稱爲「兼君」。「兼君」也是那種「必先萬民之身，後爲其身，然後可以明君於天下」（《墨子‧兼愛下》）的人，也是那種「兼愛」之人。墨子說：「退睹其萬民，饑即食之，寒即衣之，疾病侍養之，死喪葬埋之。兼君之言若此，行若此。」（《墨子‧兼愛下》）

　　墨家認爲，「兼士」優於「別士」。「饑即不食，寒即不衣，疾病不侍養，死喪不葬埋。別士之言若此。」（《墨子‧兼愛下》）這是「別士」的做法，是一種無忠德責任的體現。「別士」做不到「盡己爲人」「兼愛之忠」。而「兼士」就不一樣了，他們「饑則食之，寒則衣之，疾病侍養之，死喪葬埋之。兼士之言若此，行若此。」（《墨子‧兼愛下》）總之，墨家的忠德是爲了培養「兼

士」，這種「兼士」是為天下主持正義，是具有理想色彩的人道主義者。

再次，道家忠德的培養目標是「真人」。什麼是「真人」？其一，真人是不誇耀自己的人，是對人生的真諦和境界有深刻理解和認識的人。「何謂真人？古之真人，不逆寡，不雄成，不謨士。若然者，過而弗悔，當而不自得也。若然者，登高不慄，入水不濡，入火不熱。是知之能登假於道者也，若此。」（《莊子‧大宗師》）其二，真人在生活中會順應自然，不追求人間一切物質欲望的人。「古之真人，其寢不夢，其覺無憂，其食不甘，其息深深。」（《莊子‧大宗師》）其三，真人是看透了生死的人，是不以人助天的「無為之人」。「古之真人，不知說生，不知惡死；其出不訢，其入不距；翛然而往，翛然而來而已矣。不忘其所始，不求其所終；受而喜之，忘而復之，是之謂不以心捐道，不以人助天。是之謂真人。」（《莊子‧大宗師》）其四，真人形象高大，超越善惡之分，與天地同一的人。「古之真人，其狀義而不朋，若不足而不承；與乎其觚而不堅也，張乎其虛而不華也；邴邴乎其似喜乎！……故其好之也一，其弗好之也一。其一也一，其不一也一。其一與天為徒，其不一與人為徒。天與人不相勝也，是之謂真人。」（《莊子‧大宗師》）這種「真人」，也是「聖人」。他們的目的是為了在戰亂中保持生命本身的存在，使每個人都能在有生之年「怡然自樂」，超越人生的痛苦。所以，「聖人常無心，以百姓心為心。善者，吾善之，不善者，吾亦善之，德善。信者，吾信之，不信者，吾亦信之，德信。聖人在天下，怵怵焉；為天下渾其心。百姓皆注其耳目，聖人皆孩之。」（《老子‧四十九章》）「是以聖人常善救，故無棄人。」（《老子‧二十七章》）

總之，道家「無為」的目的是希望全社會的人都放棄「知識」和「道德」及一切人為的努力，希望人們生活在一個沒有政府，沒有權力之爭，沒有戰爭的小國寡民的社會中。因此，道家之忠的目標就是希望培養這種超越一切人間知識和理性的「真人」或「至人」，這些人「無為」、「無欲」，一切順應自然。

最後，法家忠德的培養目標是「忠臣」。法家強調的是「人臣之忠」，其目的是培養「去私行公」的「忠臣」。什麼是忠臣呢？法家認為忠臣之人是「去私行公」的人。韓非子說：「修身潔白而行公行正，居官無私，人臣之公義也。」（《韓非子‧飾邪》）所以，韓非子說：「以公財分施謂之仁人。」（《韓非子‧八說》）法家認為，只有這種具有「公忠」的忠臣和吏員才是法家之忠追求的

目標。所以，韓非子說：「仁義者，不失人臣之禮，不敗君臣之位者也。是故四封之內，執會而朝，名曰臣。」（《韓非子・難一》）

那麼，怎樣才能培養「忠臣」呢？法家認爲要「以法爲教，以吏爲師」。韓非子說：「故明主之國，無書簡之文，以法爲教；無先王之語，以吏爲師；無私劍之捍，以斬首爲勇。」（《韓非子・五蠹》）韓非子認爲，要培養忠臣，就要把人們的一切行爲納入「法」的範疇之中，並且用「刑」和「賞」二種手段來實現。「爲人臣者，畏誅罰而利賞，故人主自用其刑德，則群臣畏其威而歸其利矣。」（《韓非子・二柄》）還說：「夫嚴刑者，民之所畏也；重罰者，民之所惡也。故聖人陳其所畏以禁其邪，設其所惡以防其奸，是以國安而暴亂不起。」（《韓非子・奸劫弒臣》）法家認爲，只有用「法」才能防止民眾的暴亂，防止不忠的人臣違反國家，也只有這樣才能教育和培養忠德之人。

法家把「法」貫徹到了社會生活的一切領域，認爲忠臣的培養，不需要道德的引導，只需要「法」的手段。事實上這種「法」視野下的忠臣的培養模式，具有很大的理想性，很難在現實中得到實現，甚至有時候不僅不能培養忠臣，反而對加強君主專制和君主的權力起到了推波助瀾的作用。

總之，在忠德發展史上，先秦忠德處於百家爭鳴時代，儒、墨、道、法之忠是典型代表。雖然在後世看來他們的忠德理論有這樣那樣的缺陷和不足，但是他們這種整合與創建、執著與追求的忠德精神，他們創造的忠德理論成果和積累的忠德實踐經驗卻值得我們學習、借鑒、批判地繼承和發展。

第二節　發展與抗爭：漢唐至明清之忠

一般認爲，漢武帝採取董仲舒的建議，實行「罷黜百家，獨尊儒術」的文化政策之後，「百家爭鳴」時代結束了，忠德也由先秦時代的多元化變成儒家的獨奏。從漢代至明清直到近代二千多年的忠德史，儒家忠德處於主導地位。在這二千多年的忠德演變發展歷史中，忠德經歷了發展、成熟、抗爭、批判與現代重構幾個階段。當然，忠德的這幾個階段不是嚴格按照時間先後的秩序進行的。我們把忠德的變化發展分成這幾個階段，也只是從理論上來分析的，在忠德實踐中它們往往是彼此交織在一起的。大致說來，秦漢是忠德發展時期，唐宋是成熟時期，明清因爲皇帝專制加強，是忠德抗爭最爲激烈的時期，近現代則是忠德批判和重構時期。

一、忠德發展

中國封建社會〔註 18〕從秦代開始，經歷了漢、唐、宋、元、明、清，長達二千多年的歷史。在這個漫長的歷史時期內，為政之忠得到了強化，在制度上也給予了充分的保障，出現了如「移孝作忠」、「忠孝一體」的局面。同時，做人之忠在社會生活各個方面也不斷滲透。秦漢時期的理論家對忠德的發展首先要解決忠德兩個至關重要的問題：一是忠君的合理性問題，二是忠德的基本內容問題。

第一，忠君的合理性問題。在儒家看來忠君具有道德上的合理性。這裡就必須要涉及皇帝制度問題。皇帝制度是歷史發展的產物，由秦始皇公元前221 年正式設立直至 1911 年廢止，有二千多年的歷史。

秦始皇吞併六國，統一中國之後，對丞相、御史們說：「寡人以眇眇之身，興兵誅暴亂，賴宗廟之靈，六王咸伏其辜，天下大定。今名號不更，無以稱成功，傳後世。其議帝號。」（《史記‧秦始皇本紀》）秦始皇認為自己統一中國，功勞卓著，如果沒有相應的名號不足以稱道自己偉大功業來流傳後世。《史記》詳細記載了這件事：丞相綰（王綰）、御史大夫劫（馮劫）、廷尉斯（李斯）等皆曰：「昔者五帝地方千里，其外侯服夷服，諸侯或朝或否，天子不能制。今陛下興義兵，誅殘賊，平定天下，海內為郡縣，法令由一統，自上古以來未嘗有，五帝所不及。臣等謹與博士議曰：『古有天皇，有地皇，有泰皇，泰皇最貴。』臣等昧死上尊號，王為『泰皇』。命為『制』，令為『詔』，天子自稱曰『朕』。」王曰：「去『泰』，著『皇』，採上古『帝』位號，號曰『皇帝』。他如議。」制曰：「可。」追尊莊襄王為太上皇。制曰：「朕聞太古有號毋諡，中古有號，死而以行為諡。如此，則子議父，臣議君也，甚無謂，朕弗取焉。自今已來，除諡法。朕為始皇帝。後世以計數，二世三世至於萬世，傳之無窮。」（《史記‧秦始皇本紀》）秦始皇認為自己功業蓋世，只有用「皇帝」這個名號才能相配。由此可知，秦始皇設定的「皇帝」稱號其實是種特殊榮譽稱號，還不是代表一種職稱和權力。但是到了漢代，「皇帝已不是一種特殊尊號，與正統的延續也無關，而成為一種職稱，表示天下之最高領導人。」

〔註 18〕 對於中國封建社會的劃分，學術界有許多不同的看法。有的認為中國封建社會是從西周開始的，而秦之後實行郡縣制，不是封建社會，是郡縣社會。余英時先生持此觀點。筆者採用大多數學者認同的觀點：秦漢至清代為封建社會的看法。參見金觀濤，盛世與危機：論中國社會超穩定結構〔M〕，北京：法律出版社，2011：19。

〔註19〕秦始皇定義「皇帝」，是代表一個好的名號，表明自己的功勞。這個時候，「皇帝」的稱號與儒家的道德還沒有必然的聯繫，而是與功業相連接。到了漢代，儒家思想家在對「皇帝」的詮釋中，加入了道德的內涵，使「皇帝」與「道德」兩者捆綁在一起，從而改變了秦始皇啓用「皇帝」名號的初始內涵。

賈誼說：「古之正義，東西南北，苟舟車之所達，人迹之所至，莫不率服，而後雲天子；德厚焉，澤湛焉，而後稱帝；又加美焉，而後稱皇。」（《新書・威不信》）賈誼認爲，皇帝應是道德純厚者的尊稱，是以德服人者的尊稱，而不是以權力服人的最高統治者，也就是說，在漢儒看來皇帝是德與位的統一者。

董仲舒說：「明此通天地、陰陽、四時、日月、星辰、山川、人倫，德侔天地者稱皇帝，天祐而子之，號稱天子。」（《春秋繁露・三代改制質文》）董仲舒認爲，皇帝是通天地，德高地厚的人。《白虎通義》說：「帝王者何，號也。號者，功之表也。所以表功明德，號令臣下者也。德合天地者稱帝，仁義合者稱王。」（《白虎通義・號》）《白虎通義》認爲，帝王是功業與德合一的人，是功業與道德一體化的最高統治者。但是，皇帝的功業與道德相比，道德具有優先性。也就是說，皇帝是「德合天地」之人，先有「道德」的優先性，然後才是功業。所以，皇帝應當是一位道德修養上的極致者，而不是道德上的「矮人」。《白虎通義》說：「皇者何謂也？亦號也。皇，君也，美也，大也。天之總，美大稱也，時質，故總之也。號之爲皇者，煌煌人莫違也。煩一夫、擾一士以勞天下，不爲皇也。不擾匹夫匹婦故爲皇。」（《白虎通義・號》）。王充也說：「靜民則法曰皇，德象天地曰帝。」（《論衡・道虛》）

由此可知，漢儒的皇帝觀認爲，皇帝是道德至上者，是人類道德上的至尊，是道德修養的最高存在實體，是用道德來獲得天下人的尊重並因此而建偉功立偉業的人。

根據儒家的「正名」思想，即「君君、臣臣、父父、子子」的觀點，社會中的每個人在自己的相應職位與角色中都要恪守自己的名分，皇帝也不例外。董仲舒說：「治天下之端，在審辨大；辨大之端，在深察名號。名者，大理之首章也，錄其首章之意，以窺其中之事，則是非可知，逆順自著，其幾通於天地矣。是非之正，取之逆順；逆順之正，取之名號；名號之正，取之

天地；天地爲名號之大義也。」(《春秋繁露·深察名號》) 董仲舒認爲，名號來自天地，是客觀的。名號正，則事正，名號不順，則是逆。如果名號不正，就是「盜」。《鹽鐵論·周秦》說：「《春秋》無名號，謂之云盜，所以賤刑人而絕之人倫也。」名號正的人，立身行事才正大光明。因爲名號來自於「天」，自然皇帝的名號也不例外，它也源於「天」。

因此，在儒家的視野中，皇帝首先是個道德至上者、是名正言順的尊者、是承接天意的人在人間社會的最高統治者。漢儒認爲名號是本於「天意」，對「皇帝」而言，也只能順天正名行事，而不能逆「天」。甘懷眞先生說：「皇帝的統治只是根據他的名分，他也必須安分。更關鍵的是，皇帝沒有權力決定別人的分，因爲這些分在皇權出現之前即已存在了。」〔註20〕不僅如此，「在形式上，皇帝是不能創造法律，他只能盡其本分，做到正名與令人民安分的工作。」〔註21〕

這樣以來，在儒家看來，不論是爲政之忠還是做人之忠就具有了道德的合理性。儒家認爲，生活中的每個人不僅要忠於自己的名分，而且要忠於天地之大義。天地之大義本身就體現爲一種仁義之忠，具有道德的合理與合法性。所以，儒家之忠認爲，不僅庶民百姓、士大夫、大臣要恪守自己的名分，忠於自己的職位。就算是至尊的皇帝也要恪守於自己的名分和職位：即要注重自己的道德修養，在道德上達到極致。否則，就不具有道德的合理性和合法性。如果皇帝不這樣做，那麼天下所有的臣民都可以對皇帝的不道德行爲提出異議與抗爭，甚至把他推向斷頭臺。因此，從這種意義上說，儒家忠德理論「它不是封建意識形態，最起碼，封建意識形態不是它學理上的本質。」〔註22〕

忠臣是忠於自己的「名分」。臣不忠，不是臣違反了君主的意志，或是侵犯了君主的權威，而是沒有安於其臣的本分，或者說未能盡到爲臣的義務。〔註23〕因此，漢代儒家認爲「忠君」是臣的本分與職責，具有道德合理性。

〔註20〕甘懷眞，皇權、禮儀與經典詮釋：中國古代政治史研究〔M〕，上海：華東師範大學出版社，2008：389。

〔註21〕甘懷眞，皇權、禮儀與經典詮釋：中國古代政治史研究〔M〕，上海：華東師範大學出版社，2008：390。

〔註22〕吳光，當代新儒學探索〔M〕，上海：上海古籍出版社，2003：234。

〔註23〕甘懷眞，皇權、禮儀與經典詮釋：中國古代政治史研究〔M〕，上海：華東師範大學出版社，2008：388。

這個觀點對後世儒家產生了極為深遠的影響，後世的儒家也是沿著漢儒的思路走下去的，雖然在行為上和思想上有一些區別，但是漢儒奠定的這種忠君的合理性和合法性的基礎並沒有改變。

第二，忠德的基本內容是「三綱」。既然漢儒認為忠德不論是皇帝、大臣還是普通的民眾都要忠於自己的名分，那麼一個人在皇帝制度下怎樣盡忠？漢儒提出了「三綱」，認為「三綱」是忠德的基本內容。

對「三綱」的最早論述可以追溯到孔子講的君臣父子之倫。《論語・顏淵》記載說：「齊景公問政於孔子。孔子對曰：『君君、臣臣、父父、子子。』公曰：『善哉！信如君不君、臣不臣、父不父、子不子，雖有粟，吾得而食諸？』」孔子認為，如果「君君、臣臣、父父、子子」都按照個自的名分來做人做事，社會就會治理的很好。但是，孔子這裡「君君、臣臣、父父、子子」只是角色倫理關係，還不具有較強的等級秩序。到了韓非子那裡君臣、父子加上夫婦就變成了三種角色義務，這是對孔子講的君君父子關係的繼承和擴大。韓非子說：「臣事君，子事父，妻事夫，三者順則天下治，三者逆則天下亂，此天下之常道也，明君賢臣而弗易也。」（《韓非子・忠孝》）韓非子把「君臣、父子、夫婦」三倫昇華為永恒的「常道」，而且具有等級性。

董仲舒的「三綱」說又是對先秦儒家和法家的繼承和發展。董仲舒認為，「王道之綱，可求於天」，在董仲舒看來，「三綱」是天意的體現，是具有道德合理性的，是先驗的存在。董仲舒把「忠」提升到了「地德」的高度，認為忠德是人世上每個人都應當遵循的道德規範，不論是平民百姓，還是王公大臣，或者是高高在上的天子都應如此。他說：「地出雲為雨，起氣為風。風雨者，地之所為。地不敢有其功名，必上之於天。命若從天氣者，故曰天風天雨也，莫曰地風地雨也。勤勞在地，名一歸於天，非至有義，其孰能行此？故下事上，如地事天也，可謂大忠矣。土者，火之子也。五行莫貴於土。土之於四時無所命者，不與火分功名。木名春，火名夏，金名秋，水名冬。忠臣之義，孝子之行，取之土。土者，五行最貴者也，其義不可以加矣。」（《春秋繁露・五行對》）

《白虎通義》對董仲舒的「三綱」又做了更為系統的論述：「三綱者何謂也？謂君臣、父子、夫婦也。……故君為臣綱，夫為妻綱。」（《白虎通義・三綱六紀》）什麼是「綱」？「綱者，張也；紀者，理也。大者為綱，小者為紀，所以張理上下，整齊人道也。」（《白虎通義・三綱六紀》）《白虎通義》

認爲，「綱」是君臣、父子、夫婦應當遵循的社會規範。

在漢儒看來，「三綱」是符合自然法則的天道，具有天然的合理性。《白虎通義》說：「三綱法天地人」；「君臣法天，取象日月屈信，歸功天也。父子法地，取象五行轉相生也。夫婦法人，取象人合陰陽有施化端也。」（《白虎通義・三綱六紀》）還說：「君臣，父子，夫婦，六人也，所以稱三綱何？一陰一陽謂之道。陽得陰而成，陰得陽而序，剛柔相配，故六人爲三綱。」（《白虎通義・三綱六紀》）《白虎通義》在這裡論述了「三綱」的合理性的來源，認爲「三綱」是天地陰陽秩序在人間道德秩序中的體現，表明了社會角色在社會中的合理性。因此，「三綱」是一種符合天的自然的秩序關係。這就意味著「三綱」並不是代表一種絕對的服從與被服從、奴役與被奴役的關係。在上述分析漢儒「三綱」的內容和其論證時，我們發現，漢儒並沒有表明「三綱」就代表「專制」。

清華大學方朝暉教授指出：「『三綱』思想的實質，在我看來可以明釋爲：從大局出發，從國家民族大義出發，從做人的良知與道義出發。」〔註 24〕方朝暉教授還認爲，「三綱思想，一直以來爲現代人誤解太多，其實儒家思想的本義完全不是在強調下對上的無條件服從，而是強調下級要從大局出發的精神。『君要臣死，臣不得不死』講的王權的權威性，與今人主張的『法律要你亡，你不得不亡』本質是一個意思，沒有什麼大驚小怪的。今天的法官可以昧著良心草菅人命，但是沒有人因此而否定『法律要你亡，你不得不亡』的合理性；古代的皇帝可以幹錯事，但是『君要臣死，臣不得不死』的本義也絕對不是要無止境地強化君權。」〔註 25〕

我們認爲，儒家以「三綱」爲基本內容的忠德，不是主張絕對的服從，而是爲了穩定社會秩序，使每個社會角色在各自的職位名分中，盡自己的責任和義務。只是，這種「三綱」的思想被有權力的皇帝利用了，通過專制和高壓手段制定了臣效忠自己的愚忠政策。因此使得「三綱」思想在政治實踐中被異化，產生了極爲惡劣的影響。

總之，我們認爲，漢儒的忠德思想是對先秦儒家忠德思想的發展。漢儒

〔註 24〕方朝暉，文明的毀滅與新生：儒學與中國現代性研究〔M〕，北京：中國人民大學出版社，2011：172。

〔註 25〕方朝暉，文明的毀滅與新生：儒學與中國現代性研究〔M〕，北京：中國人民大學出版社，2011：148。

不僅對政治維度上忠君的合理性作了論證，也對社會生活中做人之忠作了充分的分析。

二、忠德成熟

魏晉南北朝，玄學盛行。儒學受到佛教衝擊，忠德作爲儒家的重要組成部分自然也受到影響。這個時期在忠德理論上並沒有像漢代那樣，出現開拓性的理論，更多的是修正漢代忠德理論。在忠德實踐中也是沿襲漢代的成果，如忠德謚號的廣泛運用。同時，也出現了反對封建君主專制之忠的著作。如鮑君言的《無君論》、阮籍的《大人先生傳》等等。但是，魏晉南北朝還沒有出現系統的忠德理論著作，所以忠德成熟不是在這個時期，而是唐宋。

王通是唐宋時期對忠德理論具有開拓性貢獻的思想家。他認爲，忠就是無私。「房玄齡問事君之道。子曰：『無私』。」（《中說·事君篇》）王通認爲，忠不是把所有的成績都讓給君主，臣子則承擔所有的過失。他認爲這樣不是忠，而是謙讓。《中說》記載說：「房玄齡問：『善則稱君，過則稱己，可謂忠乎？』子曰：『讓矣。』」（《中說·立命篇》）眞正的忠就是要指出君主的過失，而不是時時處處順從君主。這個觀點，繼承了孔子的精神。孔子曾經說：「忠焉，能勿誨乎？」（《論語·憲問》）所以，爲政之忠不是順從，也不僅僅是謙讓君主，而是依據道義去糾正君主的過失。漢代荀悅也曾經說：「違上順道，謂之忠臣。違道順上，謂之諛臣。忠，所以爲上業；諛，所以爲己也。忠臣安身。」（《中鑒·雜言上》）眞正的忠是「以道事君」，而不是以道順上。君主有錯誤就要敢於直言進諫，而不是做君主的「應聲蟲」。王通爲政之忠的精神與儒家「以道事君」的忠德精神是一致的。

魏徵曾經和唐太宗討論春秋戰國時期弘演納肝的故事。唐太宗作爲皇帝，認爲當今臣子中像弘演那樣的忠臣「今覓此人而不可能了」。唐太宗自然希望臣子死心塌地忠於自己。其實，他希望臣子的這種忠是一種「私忠」。魏徵認爲，在君臣關係中，君主仁義是臣忠的基本前提。他說：「以眾遇我，我以眾人報之」，「以國士遇我，我以國士報之。」（《貞觀政要·論忠義》）因此，「以道事君」的原則在唐代政治實踐中也被繼承和發展。

具體說來，唐宋之際忠德成熟的表現有以下兩個方面。

第一，《忠經》的出現是忠德在理論上成熟的重要標誌。《忠經》託名爲東漢馬融所撰。但是眞正的作者到底是誰，學術界至今沒有定論。元代史學

家脫脫認為，《忠經》為馬融撰寫。余嘉錫認為是唐代一個叫馬雄的所撰。還有人引用《玉海》中的資料，認為《忠經》的作者是海鵬。今人劉澤華主編的《中國政治思想史》和雷學華在《忠──忠君思想的歷史考察》中都認為，《忠經》是漢代的馬融所撰。無論是馬融、馬雄，還是海鵬，這並不影響《忠經》在忠德發展史上的價值。我們認為，《忠經》是唐宋之際才定型的著作，不是成書於一時一地。

《忠經》分為十八章：天地神明、聖君、冢臣、百工、守宰、兆人、政理、武備、觀風、保孝行、廣為國、廣至理、揚聖、辨忠、忠諫、證應、報國、盡忠。該書全面分析了各個社會角色之忠，如君主之忠、冢臣之忠、百工之忠、守宰之忠、兆人之忠，以及忠德的理論來源、忠德的實踐領域、忠德的辨識方法等。

《忠經》第一章就把忠擡到天理的高度，認為「天之所履，地之所載，人之所履，莫大乎忠。」（《忠經·天地神明章》）天、地、人中惟忠為大。又說：「忠也者，一其心之謂矣。為國之本，何莫由忠？忠能固君臣，安社稷，感天地，動神明，而況於人乎？夫忠，興於身，著於家，成於國，其行一焉。是故一於其身，忠之始也；一於其家，忠之中也；一於其國，忠之終也。身一則百祿至；家一則六親和；國一則萬人理。」（《忠經·天地神明章》）忠，就是盡心盡力，一心一意。同時，這裡又從身、家、國、善惡層面論述了忠的價值，包括為政之忠和為人之忠。

為政之忠方面。對於君主而言，《忠經》認為聖明的君主治理天下，不能任憑自己的私欲為所欲為，而要順天應人，要做到「無為而天下自清，不疑而天下自信，不私而天下自公。」（《忠經·廣至理章》）如果君主講道德，對忠臣來說也是一種光榮；如果君主不講道德，對于忠臣來說就是一種恥辱。《忠經》說：「君德聖明，忠臣以榮；君德不足，忠臣以辱。」（《忠經·揚聖章》）因此，《忠經》認為，君主應當有最高的道德，為民眾作出好的榜樣。也只有這樣，民眾才會尊奉他。《忠經》說：「惟君以聖德，監於萬邦，自下至上，各有尊也。……以臨於人，則人化之，天下盡忠以奉上也。」（《忠經·聖君章》）所以，君主平時做人應當「兢兢戒慎，日增其明」。平時君主還要侍奉天地神靈，祭奉祖先。《忠經》說：「故王者，上事於天，下事於地，中事於宗廟。」君主這樣敬天地神靈祖先，是為了要時時提醒自己加強自己的忠德修養，這樣才能使社稷安寧、政權穩固、社會穩定。

對於臣子而言，爲臣不僅要「奉君忘身，徇國忘身，正色言辭」，而且要「沈謀潛運，正國安人，任賢爲理，端委而自化」(《忠經‧冢臣》)。眞正的忠臣，不是「愚忠」，而是要爲國家謀利，要「務於德，修於政，謹於刑」(《忠經‧政理》)。

爲人之忠方面。《忠經》認爲做人最大的善就是忠道。《忠經》說：「善莫大於作忠，惡莫大於不忠。」(《忠經‧證應章》)一個不守忠道的人就不是一個符合道德標準的人。《忠經》說：「忠苟不行，所率猶非道。」(《忠經‧保孝行章》)是否行忠是判斷一個人是不是講道德的重要標準，就算是一個孝子，也首先要遵守忠道。《忠經》說：「是以忠不及之，而失其守，匪惟危身，辱及親也。故君子行其孝必先以忠。」(《忠經‧保孝行章》)還說：「故君子行其孝，必先以忠，竭其忠，則福祿至矣。故得盡愛敬之心，則養其親，施及於人，此之謂保孝行也。」(《忠經‧保孝行章》)

第二，理學化的論證是忠德在理論上成熟的重要表現。宋代理學家把忠德提升到「天理」的高度，使忠德在理論上達到了理學化的程度，使忠德理論趨於完善和成熟，達到了精緻化的程度。理學家認爲，「天理」是一切存在，普天之下就只有這個「理」。二程說：「天下只有一個理。」(《河南程氏遺書》第十八)「天理」是宇宙的本原。它在人類社會之前就已經存在了。朱熹說：「未有天地之先，畢竟也只是理。有此理，便有此天地；若無此理，便亦無天地，無人無物，都無該載了。有理，便有氣流行，發育萬物。」「萬一山河大地都陷了，畢竟理卻只在這裡。」(《朱子語類》卷一)君臣關係之理也是如此。朱熹說：「未有這事，先有這理。如未有君臣，已先有君臣之理；未有父子，已先有父子之理。不成元無此理，直待有君臣父子，卻旋將道理入在裏面！」(《朱子語類》卷九十五)

在理學家看來，這個「理」是唯一。朱熹認爲：「宇宙之間，一理而已。」(《朱熹集‧讀大紀》)「理」是人類社會、自然和人的思維的存在，是一切人、物、事的精神本體。二程認爲：「萬理只是一個理」(《河南程氏遺書》卷第二上)，這是理的特徵是不爲堯存，不爲桀亡。但是這個「天理」是怎麼來的呢？理學家不是從社會歷史條件中去尋找答案，而是用客觀唯心方式做了回答。他們認爲「天理」是自然、人類社會本身就存在的，是理學家們自己發現了存在於萬事萬物中的這個「天理」。所以，程顥無不自信地說：「吾學雖有所受，天理二字卻是自家體貼出來。」(《河南程氏遺書》卷十二)

「天理」是一切，世界萬事萬物都有自己的「理」。二程說：「有物必有則，一物須有一理」(《河南程氏遺書》第十八) 不過這個理是如何滲透到萬事萬物之中的呢？萬事萬物的「理」是依據「理一分殊」的方式分享了這個「天理」。朱熹說：「伊川說得好，曰『理一分殊。』合天地萬物而言，只是一個理；及在人，則又各自有一個理。」(《朱子語類》卷一) 所以，君臣關係之理也是對「理」的分享。朱熹說：「萬物皆有此理，理皆同出一原。但所居之位不同，則其理之用不一。如為君須仁，為臣須敬，為子須孝，為父須慈。物物各具此理，而物物各異其用，然莫非一理之流行也。」(《朱子語類》卷十八) 在理學家看來，忠德分享的「天理」，不是對「天理」的分割，而是「分之以為體」(《通書解・理性命章》)。這如同「月印萬川」一樣，是一個完整的「天理」。這種狀態，也就是朱熹說的「人人有一太極，物物有一太極」(《朱子語類》卷九十四)。所以，忠德作為萬事萬物中的一個存在物，具有「天理」的一切特徵。因此，二程說：「忠，天道也。」(《河南程氏遺書・附師說後》卷二十一下) 還說：「忠者天理，恕者人道。忠者無妄，恕者所以行乎忠也。忠者體，恕者用。大本達道也。」(《河南程氏遺書》卷十一) 朱熹也說：「忠是大本，恕是達道。忠者，一理也；恕便是條貫，萬殊皆自此出來。雖萬殊，卻只一理，所謂貫也。」(《朱子語類》卷二十七)

這樣一來，不論是為人之忠，還是為政之忠，都具有權威性和合法性。忠就成為做人做事基本的道德要求和道德標準。正如周敦頤所說的，「君君、臣臣、父父、子子、兄兄、弟弟、夫夫、婦婦，萬物各得其理，然後和，故禮先而樂後。」(《通書・禮樂》) 在理學家看來，忠心為人、忠君、忠信、忠恕等都是對「理」的「分有」，也是對「理」的踐履。

那麼如何去行忠呢？其一，在為人之忠方面。二程認為：「盡己無欺為忠。」(《河南程氏粹言・論道篇》)「忠者，無妄之謂也。」(《河南程氏遺書・伊川先生語七》) 朱熹認為，「『忠』只是實心，直是真實不偽」(《朱子語類》卷十六)，「盡己之謂忠」(《朱子語類》卷六)，「忠，是要盡自家這個心。」(《朱子語類》卷六) 理學家認為，忠就要求道德主體盡心盡力，真實不偽，是發自內心的一種道德情感和行為。不僅如此，一個人從小到大都要加強忠德的修養，不能懈怠。朱熹說：「忠信孝悌之類，須於小學中出。」(《朱子語類》卷十四)

其二，在為政之忠方面。朱熹認為，「忠是忠樸，君臣之間一味忠樸而

已。」(《朱子語類》卷二十四)還說:「且臣之事君,便有忠之理;子之事父,便有孝之理。」(《朱子語類》卷十三)他認為,「忠」是為臣的基本政治道德,這是符合「天理」的。朱熹說:「實理者,合當決定是如此。為子必『孝』,為臣必『忠』,決定是如此了。」(《朱子語類》卷六十四)為臣要忠這是天理的表現,為君要修德也是「天理」的表現。理學家不僅對臣,也對君主提出了道德要求,其中包括忠德的道德要求。朱熹說:「或說:『君使臣以禮,臣事君以忠。』講者有以先儒謂『君使臣以禮,則臣事君以忠』為非者。其言曰:『君使臣不以禮,則臣可以事君而不忠乎!君使臣不以禮,臣則有去而已矣。事之不以忠,非人臣之所宜為也。』」(《朱子語類》卷二十五)朱熹認為,為臣盡忠是人臣的本分,但是為君「使臣不以禮」,不講道德,臣則可以離開君主。所以,朱熹說:「也是理當如此。自人臣言,固是不可不忠。但人君亦豈可不使臣以禮!若只以為臣下當忠,而不及人主,則無道之君聞之,將謂人臣自是當忠,我雖無禮亦得。如此,則在上者得肆其無禮。」(《朱子語類》卷二十五)朱熹認為,人君也應當「使臣以禮」,這是人應有的本分,而如果君主只要求臣忠,而自己不講道德,就會使君主「得肆其無禮」,這樣君臣關係不僅不會長久,而且連國家的穩定和社會的發展也很難保證。因此,朱熹對孟子的那句話,「君之視臣如手足,則臣視君如腹心」是肯定和讚揚的,認為「道理是如此。」他說:「自是人主不善遇之,則下面人不盡心。如孟子所謂『君之視臣如手足,則臣視君如腹心』,道理是如此。」(《朱子語類》卷二十五)

因此,宋代理學家的忠德理論不是君主專制制度的諂媚者。正如美國著名漢學家列文森所說:「就其政治方面而言,如果新儒學既不是奴性十足的鼓吹帝王的理論,也不是先驗的政治學說,那麼,它就絕不是無條件地贊成專制暴君的統治。……如果在『太極』(也可以說是天理,引者注)和君權之間存在什麼系統的聯繫的話,那麼,它必定和儒家政治思想中的清靜無為、寡欲內修,反對強權和強調天子必具美德的思想有關。」〔註26〕

總之,忠德在唐宋時期無論是理論上還是在實踐中都達到了系統化和精緻化的程度。而且宋代統治者給宋代思想家對忠德思想的論述提供了較多的自由空間。陳寅恪先生指出,「天水一朝思想最為自由」。但是,到了明清時期,在政治上皇權專制制度加強了,統治者要求臣民誓死忠於朝廷,否則就處以極刑,這引起了廣大民眾空前絕後的反抗與抗爭。

〔註26〕　〔美〕約瑟夫・列文森,儒教中國及其現代命運〔M〕,鄭大華、任菁譯,桂林:廣西師範大學出版社,2009:194。

三、忠德抗爭

明清時期由於廢除了宰相制度，王權得到了空前強化，人們對忠的抗爭也更加激烈了。明太祖朱元璋洪武十三年（公元 1380 年）廢除中書省，即廢除了自秦漢以來一千多年的宰相制度。這是中國政治制度史上一次重要的事件。公元 1395 年，朱元璋敕諭群臣：「以後嗣君，其毋得議置丞相。臣下有奏請設立者，論以極刑。」（《明史·職官一》卷七十二）相權對制約君權具有重要作用，如果相權被君權奪走，由皇帝一人專權，極有可能使權力旁落，導致外戚或宦官專權，欺壓百姓，最終導致政權滅亡。明亡就是典型。明亡後，黃宗羲公開批評說：「有明之無善治，自高皇帝（朱元璋）罷丞相始也。」（《明夷待訪錄·置相》）

宰相對穩固政權、治理社會有極爲重要的作用。陳平說：「宰相者，上佐天子理陰陽，順四時，下育萬物之宜，外鎮撫四夷諸侯，內親附百姓，使卿大夫各得任其職焉。」（《史記·陳丞相世家》）程頤也說：「臣以爲，天下重任，唯宰相與經筵，天下治亂繫宰相，君德成就責經筵。」（《二程集·貼黃》）還說：「從古以來，未有不尊賢畏相而能成其聖者也。」（《二程集·論經筵第三劄子》）程頤認爲，天下的重任在於宰相。黃宗羲也說：「古者不傳子而傳賢，視其天子之位去留，猶夫宰相也。其後天子傳子，宰相不傳子，天子之子不皆賢，尚賴宰相傳賢足相補救，則天子亦不失傳賢之意。宰相既罷，天子之子一不賢，更無與爲賢者矣……或謂後之入閣辦事，無宰相之名，有宰相之實也。曰：不然。入閣辦事者職在批答，猶開府之書記也。其事既輕，而批答之意又必自內授之而後擬之，可謂有其實乎？吾以謂有宰相之實者，今之宮奴也。」（《明夷待訪錄·置相》）故明清宰相制度被廢後，君主乾綱獨攬，廣大士大夫「得君行道」的這條路斷了，轉而走「移風易俗」之路。同時，因爲明清二朝君權脫離了相權的束縛，君主製造了一系列殘忍的精神折磨和肉體折磨的專制慘案，如永樂皇帝剝人皮、方孝孺被滅十族、吃人肉（如吃袁崇煥的肉）、廷杖、在上朝時剝光大臣的衣服加以污辱、大興文字獄等等。魯迅先生說：「大明朝，以剝皮始，以剝皮終，可謂始終不變。」〔註27〕

在君臣關係上，皇帝告誡臣民要永遠忠於自己。朱元璋說：「聖賢立教有三：曰敬天，曰忠君，曰孝親。」（《明史·吳沈傳》）他認爲，如果是士君子

〔註27〕魯迅，魯迅全集（第 6 卷）〔M〕，北京：人民文學出版社，1981：167。

不能爲皇帝所用就應當被處死。明清二代的皇帝在忠德方面，更多地是強調臣民對君主的忠，而忽視了君主對臣民的責任和義務。如果發現臣民不忠，就「用重典」，處以極刑。朱元璋爲了加強自己的獨裁統治，制定了《御製大誥》、《御製大誥續編》和《御製大誥三編》，分別在洪武十八、十九年先後在全國施行。《御製大誥》比《大明律》更加嚴酷。例如，徵收糧食如果延誤限定時限，根據《大明律》只是處以杖刑，而根據《御製大誥》則可判爲凌遲處死。此外，明代爲了加強專制統治，還設立了「東廠」、「西廠」等特務組織，直接由皇帝控制，負責監控處罰不忠於朝廷的官員。

在思想文化上，明清二代比以前各代更加強化了其專制控制。爲了加強思想控制，還篡改古代典籍。如朱元璋就是典型。他命令翰林學士劉三吾修編《孟子節義》，將《孟子》一書中不利於君主專制的地方全部刪除，而且還把孟子搬出孔廟。又如清代統治者採取「寓禁於編」的策略，借修《四庫全書》的機會，篡改不利於其統治的詩文。宋代岳飛《滿江紅》中名句「壯志饑餐胡虜肉，笑談渴飲匈奴血」，被清代統治者改爲「壯志饑餐飛食肉，笑談欲灑盈腔血」，把辛棄疾的名篇《永遇樂·千古江山》中的「斜陽草樹，尋常巷陌，人道寄奴曾住」，改爲「人道宋主曾住」，因爲清代最高統治者是滿族人，很忌諱「胡虜」、「匈奴」等字眼。統治者這樣做是爲了加強思想文化控制，消除民眾的反抗情緒。在教育上，明清統治者在科舉考試中實行「八股文」，以欽定《四書》、《五經》爲考試內容，以程朱理學的注釋爲標準答案。八股文「其文略仿宋經義，然代古人語氣爲之，體用排偶，爲之八股，通謂之制義。」（《明史·選舉志》）八股文有固定格式，由破題、承題、起講、入手、起股、中股、後股、束股八部分組成。主要爲聖賢代言，形式主義嚴重，遠離現實，禁錮了廣大讀書人的思想。明清兩代還禁止私人講學，改書院爲公廟、衙門。不僅如此，明清二代還大興文字獄，單單在清代康熙、雍正、乾隆三朝百餘年中，文字獄就達上百起之多，涉案人員眾多，冤濫酷烈，影響極壞，如呂留良案、《南山集》案就是典型。〔註28〕封建君主及其幫兇越是想加強自己的專制統治，廣大士、農、工、商等民眾就越是強烈反抗，尤其是繼承了儒家學說「道統」精神的有識之士更是如此。

廣大有識之士懷疑皇帝制度的合理性，自秦漢以來就存在。《後漢書·漢

〔註28〕參閱中國孔子基金會，中國儒學百科全書〔M〕，北京：中國大百科全書出版社，1997：756～757。

陰老父傳》記載了一位不知姓名的漢陰老父的話：「請問天下亂而立天子邪？理而立天子邪？立天子以父天下邪？役天下以奉天子邪？」魏晉時代出現了無君論，認爲沒有君主的上古社會勝於君主專制社會。阮籍說：「無君而庶物定，無臣而萬事理。」（《阮籍集·大人先生傳》）鮑敬言坦率宣佈：「古者無君，勝於今世。」（《抱朴子·詰鮑》）東魏時期，高氏父子兄弟專權，東魏孝靜帝形同虛設，並公開毆打皇帝。一次，孝靜帝與高澄宴飲，孝靜帝自稱「朕」，高澄大罵：「朕朕！狗腳朕！」罵完之後，又命令侍臣「毆帝三拳」，才「奮衣而出」（《魏書·孝靜帝紀》卷十二）。皇帝自命爲眞命天子，而像這樣使皇帝顏面掃地的卻極爲罕見。這也從一個側面反映了明清之前人們對皇帝權威的反抗和蔑視。

明清廣大民眾反抗之忠，不是反對公忠，而是反抗專制皇帝宣揚的「私忠」，是對殘暴專制政府的抗爭。這個時期忠的抗爭與忠德的倫理精神和忠德的內容並不是矛盾。相反，這種抗爭還是一種忠德的體現，因爲忠不是忠於某個人，不是「私忠」、「愚忠」，而是「公忠」。

明清士人對忠的抗爭，主要表現有兩點：一是直接對抗、批判君主專制政府，二是與專制政府採取不合作的態度。

第一，直接對抗、批判君主專制政府。方孝孺和李贄是直接對抗專制政府典型代表。方孝孺說：「故天之立君也，非以私一人而富貴之，將使其涵育斯民，俾各得其所也。」（《遜志齋集·深慮論七》卷二）天子的目的，不是爲了個人一己之私，而是爲了「涵育斯民」，使民眾衣食無憂。「故天之立君所以爲民，非使其民奉乎君也。」（《遜志齋集·君職》卷三）天所以要立天子是爲了民眾，而不是爲了使民眾忠心侍奉君主。方孝孺的這個思想與儒家弘揚「道統」的精神是相通的，而且與秦漢儒家強調君主應加強自己道德修養和責任意識是一脈相承的。君主應當是德與位的合一，是道德至上者。但是因爲明清廢除了宰相制度，君權與相權集中在皇帝手中，以皇帝爲中心的統治集團爲了自己的私欲，不顧民眾的利益，對民眾進行壓制和剝削。方孝孺說：「後世人君知民之職在乎奉上，而不知君之職在乎養民，是以求於民者致其詳，而盡於己者卒怠而不修。賦稅之不時，力役之不共，則誅責必加焉。政教之不舉，禮之不修，強弱貧富之不得其所，則若罔聞知。嗚呼，其亦不思其職甚矣。夫天之立君者何也？」（《遜志齋集·君職》卷三）如果君主不忠於民和自己的職責，不爲民效力，只懂得要求民眾忠於自己，那天地設立

君主就沒必要，民眾就有權利推翻這樣的君主專制政權。

如果說方孝孺直接反對君主專制，那麼李贄則是通過反對被君主專制利用的孔子思想來反對專制。李贄提出「不以孔子之是非爲是非」來否定專制政府假借孔孟思想來控制民眾的不合理性。李贄說：「咸以孔子之是非爲是非，故未嘗有是非耳。」（《李溫陵集‧藏書紀傳總論》卷十四）又說：「夫天生一人，自有一人之用，不待取給於孔子後足也。若必待取足於孔子，則千古以前無孔子，終不得爲人乎？」（《焚書‧答耿中丞》卷一）他自己坦然：「今日之是非，謂予李卓吾一人之是非，可也。」（《李溫陵集‧藏書紀傳總論》卷十四）他反抗專制政府利用孔子思想壓抑人的個性，使民眾臣服於皇權一人之下，以滿足其個人私欲。因此，李贄主張回到原來孔子的時代，回覆孔子的本來面目。他說：「孔子未嘗教人之學孔子也。」還說：「夫惟孔子未嘗以孔子教人學，故其得志也，必不以身爲教於天下。是故聖人在上，萬物得所，有由然也。」（《焚書‧答耿中丞》卷一）李贄反對的是當時專制政府利用孔子思想來壓制人民。因此，他是通過思想反抗來對抗君主專制統治。當然，對孔子本人，李贄是十分推崇的。他稱讚孔子是「爲出類拔萃之人，爲首出庶物之人，爲魯國之儒一人，天下之儒一人，萬世之儒一人也」（《焚書‧何心隱論》卷三）。

黃宗羲批判君主更爲猛烈。他認爲：「天下爲主，君爲客。」（《明夷待訪錄‧原君》）黃宗羲認爲，今日之君主「敲剝天下之骨髓，離散天下之子女，以奉我一人之淫樂，視爲當然，曰：此我產業之花息也。」（《明夷待訪錄‧原君》）皇帝爲一己之私而貽害天下，還認爲天下是自己的產業。所以，君主是天下最大的禍害。黃宗羲說：「爲天下之大害者君而已矣。」（《明夷待訪錄‧原君》）

顧炎武也批判了「私天下」的君主專制。他說：「古之聖人，以公心待天下之人，胙之士而分之國；今之君人者，今四海之內爲我郡縣猶不足也，人人而疑之，事事而制之。」（《顧亭林詩文集‧郡縣論一》卷二）他認爲，君主集權無法使天下得到善治。他說：「後世有不善治者出焉，盡天下一切之權而收之在上，而萬幾之廣，固非一人之所能操也。」（《日知錄‧守令》卷九）他認爲，君主只是一種職業，並非神聖不可侵犯，而且一個姓氏的政權和天下是兩個不同的概念。他認爲國家政權與天下是兩個不同的概念。君主代表「國家」，是一種政治組織，而「天下」則是所有人共有的。他在《日知錄‧正始》說：

「有亡國,有亡天下。亡國與亡天下奚辨?曰:易姓改號,謂之亡國;仁義充塞,而至於率獸食人,人將相食,謂之亡天下。……保國者,其君其臣肉食者謀之;保天下者,匹夫之賤與有責焉耳矣。」(《日知錄‧正始》卷十三)顧炎武認爲皇帝一家一姓改朝換代與天下並無必然的聯繫,按他這個邏輯忠於君主就是私忠,而忠於天下才是「公忠」。所以,他提出保天下匹夫亦有責。後來維新派將他的這個思想概括成「天下興亡,匹夫有責」。〔註29〕

呂留良認爲,民爲貴,無論是君主還是臣子都要爲民眾效力。他說:「天生民而立之君臣,君臣皆爲生民也。」(《四書講義》卷六)正是因爲君主不爲民而是通過各種手段要臣民服從自己的統治,所以他才激烈批判君主的這種自私自利的觀點。他說:「自秦併天下以後,以自私自利之心,行自私自利之政,歷代因之。」(《四書講義》卷三十二)而漢唐以來君主的私心更重,專制程度更強。他說:「漢唐以來,人君視天下如其莊肆然,視百姓如其佃賈然,不過利之所從出耳,所以不敢破制盡取者,亦惟慮繼此之無利耳,原未嘗有一念痛癢關切處也。」(《四書講義》卷二十七)由於君主的偏私,認爲天下一切都是自己的私家財產,因此,君主暴殄天物,民眾遭殃。因爲呂留良這些反抗君主的「不忠」言論,爲當時的君主所不滿,他死後被戮屍,所有的著作被禁讀。

唐甄認爲,「自秦以來,凡爲帝皇者皆賊也。」(《潛書‧室語》下篇下)他的抗爭更爲大膽和直接。爲什麼帝王皆賊?唐甄說:「殺一人而取其匹布斗粟,猶謂之賊;殺天下之人而盡有其布粟之富,而反不謂之賊乎!」(《潛書‧室語》下篇下)帝王殺天下人爲自己奪取政權,盡取天下人的財富來滿足自己的私欲,自然是賊了。唐甄還認爲對於那種不爲民作主,殺人如盜賊的君主應當統統將其處死。他說:「有天下者無故而殺人,雖百其身不足以抵其殺一人之罪。」還說:「若上帝使我治殺人之獄,我則有以處之矣。」(《潛書‧室語》下篇下)

〔註29〕顧炎武這句「保國者,其君其臣肉食者謀之:保天下者,匹夫之賤與有責焉耳矣」(《日知錄‧正始》),近代維新派思想家在新的歷史條件下,將其概括爲「天下興亡,匹夫有責」。最早由維新派思想家、宣傳家麥孟華(1875~1915)提出(見《清議報》第38冊《論中國之存亡決定於今日》)。梁啓超在《痛定罪言》(1915年)中了引用此語,遂成爲中國人家喻戶曉的用以表達愛國主義思想的名言。參閱夏征農,大辭海(哲學卷)〔M〕,上海:上海辭書出版社,2003:686。

　　王夫之也說：「以天下論者，必循天下之公，天下非夷狄盜逆之所可私，而抑非一姓之私也。」（《讀通鑑論・卷末・敘論一》）他高舉「公天下」的大旗，對「孤秦陋宋」進行了抨擊，認爲要「濯秦愚，刷宋恥」。所謂「秦愚」就是指「以一人私天下」的君主制；所謂「宋恥」就是宋爲外族人滅亡，使國家蒙羞。王夫之認爲，「一姓之興亡，私也，而生民之生死，公也。」（《讀通鑑論・敬帝》卷十七），主張「不一人疑問天下，不以天人私一人。」（《黃書・宰制》）

　　第二，與專制政府採取不合作的態度。明清君主集權加劇，士大夫對做官已經沒有前代士大夫那麼強烈了。他們往往採取與政府不合作的態度，遠離政治去民間「移風易俗」。宋代士大夫那種積極向皇帝上書、爲朝廷進言納諫的熱心，在明清二代已經明顯減弱了。例如二程、朱熹、張栻、陳亮等文集中有很多上書皇帝的信件奏章，而明代就算王陽明這樣的立德、立言、立功三不朽的典型思想家對皇帝上書也不是很積極。他的一些弟子乾脆就不做官。王陽明在回答弟子時說：「雖治生亦是講學中事。……雖終日做買賣，不害其爲聖爲賢。何妨於學？學何貳於治生？」（《王陽明全集・傳習錄拾遺》卷三十二）錢大昕也說：「與其不治生產而乞不義之財，毋寧求田問舍而卻非禮之饋。」（《十駕齋養新錄》卷十八「治生」條）

　　面對專制君主的統治，他們不與政府合作，不到政府做官，以養身爲重，採取消極抵抗的態度。明代的王艮還專門寫了一篇著名的《明哲保身論》。他說：「若夫知愛人而不知愛身，必至於烹身割股，舍生殺身，則吾身不能保矣。」（《王心齋先生全集》卷四）明代儒士，爲了保護自己的鄉親父老不受專制政府欺壓，有的還自己設立萃和堂或鄉約，以教育和規範本村本鄉的秩序，抵抗專制暴政，這在客觀上起到保護本村本族人身安全的作用。如泰州學派的何心隱就是典型。他親自建立了萃和堂，親自管理鄉族的婚嫁娶喪等事務。黃宗羲在《明儒學案》中記載這件事。「何心隱，吉州永豐人。少補諸生，從學於山農，與聞心齋立本之旨。……謂《大學》先齊家，乃構萃和堂以合族，身理一族之政，冠婚喪祭賦役，一切通其有無，行之有成。會邑令有賦外之征，心隱貽書以誚之，令怒，誣之當道，下獄中。」（《明儒學案・泰州學案一》卷三十二）鄉約也是明清兩代廣大民眾自治，彼此互助、對抗政府暴政的一種方式。如王陽明設立的南贛鄉約、呂枏設立的呂氏鄉約、運行三十年之久的山西潞州南雄山的仇氏族鄉約等都影響巨大。有時來聽鄉約的人數也

眾多，明代羅汝芳在安徽寧國府講解鄉約時，來聽的人員就數以萬計，「父老各率子弟以萬計，咸依戀環聽，不能捨去。」（《近溪子明道錄》卷八）這種村民自保的鄉約自治制度，自然會引起專制政府的高度警惕，最終在清代淪為政府控制鄉村的一種手段。〔註30〕

雖然在為政之忠方面，明清廣大士人與政府保持距離。但是在為人之忠方面廣大士人之間相互忠誠。他們為朋友積極辦事、忠於朋友、師生、兄長之間的感情。如果有朋友被政府抓走或者流放，他們不僅不會落井下石，而且會積極營救，或寄送詩文，以表達朋友之間的雲霞之交、雞黍之約、班荊之誼、棲遁之友。例如，清代時期的寧古塔（今黑龍江寧安市）是當時未開發的極寒之地，清代被流放寧古塔的人多達數千人，有的人一去就不復回。文人們為了對流放寧古塔的朋友表示痛惜，往往寫詩以安慰。詩人吳偉業就曾經為流放寧古塔的好友吳兆騫作了一首《悲歌贈吳季子》，以「人生千里與萬里，黯然銷魂別而已。君獨何為至於此？山非山兮水非水，生非生兮死非死」的詩句來表達朋友的眷戀之情。明清時期做人之忠隨著皇權專制的加強而更加彰顯。這個時候在民間，朋友之間和廣大民眾之間更為團結，彼此之間為了對抗專制皇權更加盡心盡力、互相幫助、忠心耿耿。

總之，明清兩代的抗爭比前代更加強烈，這與君主集權的加劇息息相關。但是，這種忠的抗爭與忠德內涵並不矛盾。明清廣大民眾與士人君子的抗爭是對皇權「私忠」、「愚忠」的抗爭，是對專制暴政的抗爭，其目的是為了社會穩定，為了國家安定，天下太平，民眾安居樂業。

第三節　批判與重構：近現代之忠

中國近現代是個天崩地裂的時代。西方列強用堅船利炮打開中國國門之後，中國一步一步陷入半殖民半封建社會。清朝的最高統治者起初是閉關自守、唯我獨尊，1840 年鴉片戰爭打響之時，依舊做著天朝上國的美夢，甚至開戰之後還不知道英吉利處在何處，等到西方列強攻入紫禁城時，才從天朝上國的迷夢中驚醒。後來隨著中國一步一步淪為半殖民半封建社會，他們又從最初的唯我獨尊演變成對洋人的奴顏媚骨，而對國內卻依舊實行殘酷鎮壓和血腥統治。

〔註30〕 參閱余英時，現代儒學論〔M〕，上海：上海人民出版社，2010：12。

近代廣大有識之士對這種腐敗無能的政府提出了各種各樣的改良方案，但是最終都歸於失敗，直到用革命的方式才把二千多年的皇帝趕下龍椅。這些先進的中國人最先發動洋務運動，從技術層面上學習西方。甲午戰爭中國戰敗，僅有一點具有戰鬥力的北洋艦隊也被日本列強摧毀，先進的中國人從甲午之敗中汲取教訓，總結經驗，決定從制度上學習西方，發動維新變法運動，學習西方君主立憲制，對中國實行改良運動。然而，這種脆弱的改良運動並沒有從本質上改變中國的面貌，中國依舊處於被動挨打的困境。人們終於徹底明白把中國的前途寄託在一個皇帝身上本身就是一個雖璀璨奪目但毫無用處的美夢。「五四」新文化運動的爆發證明了覺醒的中國人要求從文化上全面學習西方，要用西方的「德先生」和「賽先生」來拯救中國的良好心願。這個時期是先進的中國人向一切專制統治宣戰的時期，他們從各個層面全面衝破封建羅網，提出「文化革命」、「道德革命」，倡導「民主」、「自由」、「科學」，反對封建統治者提倡的「三綱五常」、「禮義廉恥」。

中國近現代史是中國人與傳統決裂、向西方靠攏又回到中國歷史文化實踐，走中國人自己道路的歷史；是中華民族覺醒的歷史；是向西方學習又被西方列強欺凌並與之反抗且對封建君主制進行批判的歷史；也是對忠德理論進行重構的歷史。這個時代，被皇權極力強化和宣揚的「私忠」、「愚忠」受到了全面徹底地批判，而「公忠」、「愛國」等忠德倫理則隨著時代的發展有了新的內涵。

一、忠德批判

近代史上對忠德思想批判最為激烈的是譚嗣同。他在《仁學》一書中對三綱五常進行了猛烈的攻擊。他說：「數千年來，三綱五倫之慘禍烈毒，由是酷焉矣。君以名桎臣，官以名軛民。父以名壓子，夫以名困妻，兄弟朋友各挾一名以相抗拒，而仁尚有少存焉者得乎？」（《仁學·八》）在三綱五常之中，「君臣一倫，尤為黑暗否塞，無復人理。」（《仁學·三十》）譚嗣同對忠君思想也進行了否定。他說：「古之所謂忠，以實之謂忠也。下之事上當以實，上之待下乃不當以實乎？則忠者，共辭也，交盡之道也，豈又專責之臣乎？」（《仁學·三十二》）他認為，古代的忠是一種實，而不是「專責臣下」的那種單向思維的忠。如果忠「專責之臣下」，不看對象之好壞，則會產生「輔桀」、「助紂」那樣的幫兇。他說：「君為獨夫民賊而猶以忠事之，是輔桀也，是助紂也，

其心中乎，不中乎？嗚呼，三代以下之忠臣，其不爲輔桀助紂者幾希！」（《仁學・三十二》）

梁啓超提倡「道德革命」，強調「公忠」、「公德」，反對封建君主道德。他說：「凡欲造成一種新國民者，不可不將其國古來誤謬之理想，推陷廓清，以變其腦質。」〔註31〕他在《新民說》中說，自古以來中國國民「最缺公德」，而君主制強調「私德」和「私忠」。他在《新民說・論國家思想》中認爲，傳統的「忠德」首先是對社會、國家而言，而不是對「君主」。他認爲中國人把「忠」看成是「忠之一字爲主僕交涉之專名」，這就把忠定性爲主僕關係，是一種不平等的關係，這是不合理的。梁啓超強調了公忠，認爲忠不是一種主僕關係，而是指忠於國家和民衆，是一種公忠。他說：「人非父母無自生，非國家無自存，孝於親，忠於國，皆報恩之大義，而非爲一姓之家奴走狗者所能冒也。」（《新民說・論國家思想》）因此，梁啓超認爲拯救中國就要造就一批忠義愛國的新民，只有衝破封建羅網，造出新思想，才能擺脫「奴隸道德」，造就新民，這樣才能建設新國家。他說：「苟有新民，何患無新制度、無新政府、無新國家？」（《新民說・論國家思想》）

章太炎在《訄書・明獨》中批判儒家忠德重視「群」，而扼殺了人的個性。他認爲儒家培養出來的是「卑諂爲效忠」的私忠之人，這對國家、民族是不利的。他說：「蓋封建末流，務在尊崇貴族，以仕宦爲光榮，以卑諂爲效忠，舉世聾盲，頑不知恥。」〔註32〕而儒家的「三綱六紀，無蓋於民德秋毫」，認爲「自宋世昌言理學，君臣之義日重，雖古之沮、溺、荷蓧，亦貶斥以爲不仕無義，世載其風，逸民日乏。」〔註33〕章太炎批判了儒家的私忠和儒者中一些人的利祿之心，對孔教的虛僞性進行了無情的揭露。不過，他並沒有否定孔子在歷史上的地位。他說：「孔氏，古良史也。輔以丘明，而次《春秋》，料比百家，若旋機玉斗矣。談、遷嗣之，後有《七略》。孔子後，名實足以伉者，漢之劉歆。」（《訄書・訂孔》）

維新派和資產階級理論家對儒家忠德的批判，對五四新文化運動產生了重大影響。五四時期，吳虞提出「反孔非儒」，陳獨秀「批孔非儒」，魯迅、錢玄同等提出「打倒孔家店」就受到他們的影響，尤其是受到章太炎的影響。

〔註31〕梁啓超，飲冰室合集・文集（卷六）〔M〕，北京：中華書局，1989：50～51。
〔註32〕章太炎，章太炎政論選集（上）〔M〕，北京：中華書局，1977：397。
〔註33〕章太炎，章太炎政論選集（上）〔M〕，北京：中華書局，1977：394。

張耀南指出：「『五四』之『毀儒』，當是以章太炎之『非儒』爲源。」〔註34〕

　　五四新文化運動對儒家倫理綱常和忠德理論進行了全面的批判和清算。陳獨秀說：「倫理的覺醒，爲吾人最後之覺醒。」〔註35〕他首先向封建倫理核心三綱五常發難。他說：「儒者三綱之說，爲一切道德政治之大原。君爲臣綱，則民於君爲附屬品，而無獨立自主之人格矣；父爲子綱，則子於父爲附屬品，而無獨立自主之人格矣；夫爲妻綱，則妻於夫爲附屬品，則無獨立自主之人格矣。率天下之男女，爲臣，爲子，爲妻，而不見有一獨立自主之人者，三綱之說爲之也。緣此而生金科玉律之道德名詞，曰忠，曰孝，曰節，皆非推己及人之主人道德，而爲以己屬人之奴隸道德也。」〔註36〕在他看來，封建社會的三綱五常、忠孝節義扼殺了人的天性，是不利於自己、他人和社會的。他說，三綱五常「既非利己，又非利人。既非個人，又非社會，乃封建時代以家族主義爲根據之奴隸道德也。」〔註37〕「孔教的教義，乃是教人忠君，孝父，從夫。無論政治倫理，都不外這種重階級尊卑三綱主義。」〔註38〕陳獨秀認爲孔子之道就是忠孝。他說：「孔子之道，以倫理政治忠孝一貫，爲其大本，其他則枝葉。」〔註39〕而這種忠孝之道本身就是不合理的，是奴隸道德。他說，「忠孝節義，奴隸之道德也」〔註40〕。他認爲封建社會這種非人性化的忠德導致了社會罪惡的產生，妨礙了社會的進步，是民族墮落的源泉。他說：「宗法社會之奴隸道德，病在分別尊卑，課卑者以片面之義務，於是君虐臣，父虐子，姑虐媳，夫虐妻，主虐奴，長虐幼。社會上種種之不道德，種種罪惡，施之者以爲當然之權利，受之者皆服從於奴隸道德下而莫之能違，弱者多銜怨以歿世，強者則激而倒行逆施矣。」〔註41〕所以，他認爲只有破壞君權、教權，才能得到自由人格。他說：「破壞君權，求政治之解放也；否

〔註34〕張耀南，中國儒學史（近代卷）〔M〕，湯一介、李中華主編，北京：北京大學出版社，2011：350。
〔註35〕陳獨秀，陳獨秀文章選編（上卷）〔M〕，北京：三聯書店，1984：190。
〔註36〕陳獨秀，陳獨秀文章選編（上卷）〔M〕，北京：三聯書店，1984：103。
〔註37〕陳獨秀，陳獨秀文章選編（上卷）〔M〕，北京：三聯書店，1984：195。
〔註38〕陳獨秀，陳獨秀文著作選（第一卷）〔M〕，上海：上海人民出版社，1993：297。
〔註39〕陳獨秀，陳獨秀文著作選（第一卷）〔M〕，上海：上海人民出版社，1993：336。
〔註40〕陳獨秀，陳獨秀文著作選（第一卷）〔M〕，上海：上海人民出版社，1993：131。
〔註41〕陳獨秀，陳獨秀文章選編（上卷）〔M〕，北京：三聯書店，1984：188。

定教權，求宗教之解放也；均權說興，求經濟之解放也；女子參政運動，求男權之解放也。解放云者，脫離夫奴隸之羈絆，以完其自主自由之人格之謂也。」〔註42〕

李大釗認爲，「吾華之有孔子，吾華之幸，亦吾華之不幸也。自有孔子，而吾華之民族爲孔子而生，孔子非爲吾民族而生焉。」〔註43〕他認爲，孔子生於專制社會，「自不能不就當時之政治制度而立說，故其說確足以代表專制社會之道德，亦確足爲專制君主所用資以爲護符也。」〔註44〕所以，要打倒歷代君主包裝起來的僞孔子。他說：「總觀孔門的倫理道德，於君臣關係，只用一個『忠』字，使臣的一方完全犧牲於君；於父子關係，只用一個『孝』字，使子的一方完全犧牲於父；於夫婦關係，只用幾個『順』、『從』、『貞節』的名辭（應是詞——引者注），使妻的一方完全犧牲於夫，女子的一方完全犧牲於男子。」〔註45〕這種封建社會的忠孝貞節道德窒息了人性的發展，他號召人們要「沖決歷史之桎梏，滌蕩歷史之積穢」。〔註46〕

魯迅1918年5月在《新青年》上發表著名的小說《狂人日記》，認爲封建禮教的本質就是「吃人」。他借「狂人」的口吻寫道：「古來時常吃人，我也不記得，可是不甚清楚。我翻開歷史一查，這歷史沒有年代，歪歪斜斜的每一頁上寫著『仁義道德』幾個字。我橫豎睡不著，仔細看了半夜，才從字縫裏看出字來，滿本都寫著兩個字是『吃人』！」〔註47〕同時，魯迅還批判封建君主提倡的忠德，認爲這種忠是私忠、愚忠，具有欺騙性和虛僞性。他說：「尊孔，崇儒，專經，復古，由來已經很久了。皇帝和大臣們，向來總要取其一端，或者『以孝治天下』，或者『以忠詔天下』，而且又『以貞節勵天下』，但是二十四史不現在麼？其中有多少孝子，忠臣，節婦和烈女？」〔註48〕

吳虞認爲封建禮教是「吃人的人設的圈套」，封建禮教，其「作用全在保護尊貴長上，使一般人民安於卑賤幼下，恭恭順順的。」〔註49〕對於君主來

〔註42〕陳獨秀，陳獨秀文著作選（第一卷）〔M〕，上海：上海人民出版社，1993：130。
〔註43〕李大釗，李大釗選集〔M〕，北京：人民出版社，1959：44。
〔註44〕李大釗，李大釗選集〔M〕，北京：人民出版社，1959：80。
〔註45〕李大釗，李大釗文集（下冊）〔M〕，北京：人民出版社，1984：178。
〔註46〕李大釗，李大釗文集（下冊）〔M〕，北京：人民出版社，1984：200。
〔註47〕魯迅，魯迅全集（第1卷）〔M〕，北京：人民出版社，1981：425。
〔註48〕魯迅，魯迅全集（第3卷）〔M〕，北京：人民出版社，1981：130。
〔註49〕吳虞，吳虞集〔M〕，成都：四川人民出版社，1985：135。

說，「以禮爲人君知大柄，僅得小安，失之則臣弒其君，子弒其父，而賊作亂矣。」〔註50〕在他看來，封建社會忠德的宗旨是「尊君、卑臣、愚民」，是一種「於霸者馭民之術最合」。〔註51〕他批判說：「儒者費盡苦心，替民賊設法，往往把君父二人並尊，忠孝二字連用。忠孝二字，就是拿來聯結專制朝廷和專制家庭的一個秘訣。」〔註52〕因此，他得出結論認爲，儒家這種爲專制制度服務的忠德理論是在誤國殃民、爲禍之烈。他說：「夫儒者……又昧於宗教之流派性質，凡不同於我者，概目之爲異端；不本於我者，概指之爲邪說。『息邪說，闢異端』之謬見深中人心，岸然自封，深閉固拒，坐成錮蔽，方自詡爲正學、眞儒，而不悟其乖僻迂妄，誤國殃民，爲禍之烈，百倍與洪水猛獸也。」〔註53〕正是因爲封建禮教「百倍於洪水猛獸」，所以要批判、打倒封建禮教和忠德理論，要用新的道德來代替舊道德。他認爲如果不改變中國「孝悌忠順治道」，中國就不會有發展前途。他說：「韓非子以爲孔子本未知孝悌忠順之道，所以天下皆以孝悌忠順之道爲是，卻不知審察孝悌忠順之道而行，所以天下亂。皆以堯、舜之道爲是而取法，所以有弒君，有曲父。堯、舜、湯、武或反君臣之義，亂後世之教。」〔註54〕

總之，五四新文化運動提倡「革命道德」，批判「三綱五常」，反對「私忠」、「愚忠」，這是合理的。五四新文化運動掃除了封建專制皇權主張只要求臣民對君主忠誠而不強調君主對臣民盡責的那種單向、片面、極端的忠德理論，這就使得儒家眞正的忠德精神被凸現出來，這爲忠德的重構提供了契機和機遇。因此，五四新文化運動具有不可磨滅的歷史功績。但是，五四新文化運動在批判舊道德、提倡新道德的同時，在某種程度上又丟掉了傳統優秀的忠德價值，這如同把洗澡水和嬰兒一起潑出去一樣。他們想完全與過去決裂、完全相信西方文化，認爲西方文化優於中國文化，應以西方文化標準來改造中國文化、提倡新道德、構建新忠德，這本身是不現實的。著名學者霍韜晦先生指出：「『五四』中人把中國傳統與西方文化對立起來，誤認爲西方的民主、科學是人類文明的最高典範，有普遍性，有必然性，於是以之作爲

〔註50〕 吳虞，吳虞集〔M〕，成都：四川人民出版社，1985：131。
〔註51〕 吳虞，吳虞集〔M〕，成都：四川人民出版社，1985：16。
〔註52〕 吳虞，吳虞集〔M〕，成都：四川人民出版社，1985：191。
〔註53〕 吳虞，吳虞集〔M〕，成都：四川人民出版社，1985：85～86。
〔註54〕 吳虞，吳虞集〔M〕，成都：四川人民出版社，1985：161。

標準來改造自己，以求中國文化自行『涅槃』。〔註 55〕所以，我們現在反思五四新文化運動，應當在肯定其歷史功績的同時，也要辯證地、理性地看到其不足。

二、忠德重構

對忠德批判的目的是爲了重構，批判與重構是相輔相成的。自近代以來先進的中國人都在不斷探索中國發展的道路，從洋務運動到維新變法，從辛亥革命到五四運動，不論是從技術層面，還是從制度層面，或者從文化層面（包括忠德在內）來看，當時的有識之士爲此都進行了艱苦卓絕地努力和探索。陳獨秀 1919 年在《本志罪案之答辯書》一文對此做了總結。他說：「他們所非難本志的，無非是破壞孔教，破壞禮法，破壞國粹，破壞貞節，破壞舊倫理（忠、孝、節），破壞舊藝術（中國戲），破壞舊宗教（鬼神），破壞舊文學，破壞政治（特權人治），這幾條罪案。這幾條罪案，本社同仁當然直認不諱。但是追本溯源，本志同人本來無罪，只因爲擁護德謨克拉西（Democracy）和賽因斯（Science）兩位先生，才犯了這幾條滔天的大罪。要擁護那德先生，便不得不反對孔教、禮法、貞節，舊倫理，舊政治。要擁護那賽先生，便不得不反對舊藝術，舊宗教。」〔註 56〕他們在批判舊世界的同時，也在努力締造新世界；他們在批判舊道德舊宗教的同時，也在重構中國文化和忠德。那麼如何重構中國新道德、新忠德？

第一，陳獨秀從個體層面對忠德進行重構。陳獨秀認爲，應該「以個人本位主義取代家庭本位主義」，主張人格獨立。他說：「故現代倫理學上之個人人格獨立，與經濟學上之個人財產獨立互相證明。」〔註 57〕不僅如此，還要實現個性獨立，需要戰勝惡社會，堅決不能屈服於舊奴隸道德。陳獨秀說：「人之生也，應戰勝惡社會，而不爲惡社會所征服；應該超出惡社會，進冒險苦鬥之兵，而不可逃遁惡社會，作退避安閒之想。」〔註 58〕同時，一個個性獨立的人要得到幸福還需要努力奮鬥，需要忠於勞動，盡心盡力去做事做人。陳獨秀說：「人生幸福之大小，視其奮發精力以爲衡。欲享受幸福之一日，

〔註 55〕霍韜晦，從反傳統到回歸傳統〔M〕，北京：中國人民大學出版社，2010：104。
〔註 56〕陳獨秀，陳獨秀文章選編（上卷）〔M〕，北京：三聯書店，1984：317。
〔註 57〕陳獨秀，陳獨秀文章選編（上卷）〔M〕，北京：三聯書店，1984：153。
〔註 58〕陳獨秀，陳獨秀文章選編（上卷）〔M〕，北京：三聯書店，1984：76。

不可不一日盡力勞動；欲享受一生之幸福，不可不盡力勞動以終其生。」〔註59〕陳獨秀在五四時期吹響了批判封建道德的號角，舉起了反對孔教的大旗，同時提倡個性獨立、勞動幸福、忠心爲人的倫理精神，無愧爲五四新文化運動中反封建反舊道德的主將，爲民主主義革命做出了重要的理論貢獻。

第二，孫中山從政治層面對忠德進行重構。忠君道德在受到批判之後，孫中山把封建社會的皇帝宣揚的忠於一家一姓的「私忠」，改造成忠於國家、民族和人民的「公忠」，使忠的政治維度由君王一人轉化爲忠於集體和國家。這是對傳統儒家忠德精神的繼承和發展。孫中山說：「現在一般人的思想，以爲到了民國，便可以不講忠字，以爲從前講忠字是對君的，所謂忠君，現在民國沒有君主，忠字便可以不用。……這種理論，實在是誤解。因爲在國家之內，君主可以不要，忠字是不能不要的。……我們的忠字可不可以用之國呢？……忠於事又是可不可呢？我們做一件事，總要始終不渝，做得成功，如果不成功，就是把性命去犧牲，亦所不惜，這便是忠。」（《三民主義·民族主義》第六講）孫中山這種重構忠德的內涵，把忠由忠君轉化爲忠於國家、民族和事業，是對儒家忠德理論的回歸與轉化，這是合理的。

第三，惲代英從做人層面對忠德進行重構。惲代英說：「現在倫理學上已經決定的理論，都值得重新考慮一番。」〔註60〕在這種倫理思維方式中，他認爲，「好人不是一味老實的忠厚，好人少不了有眼光，有手腕。好人能正確地應付一切的問題，然後能夠保持自己的好名譽，且做得出一些好事來。」〔註61〕在忠德修養上要具備「公德」、「公心」、「誠心」。公德就是要盡心盡力爲社會公共事業效力。他說：「吾人不欲爲社會事業則已，苟欲爲之，則公德之履行，當爲重要之條件。」〔註62〕公心就是不能只爲自己，要以社會事業爲重。他說：「吾人果爲社會倡社會事業，則當以社會之利害爲行事之標準，不可以一己之利害參於其中。」〔註63〕誠信就是忠誠做人，爲人盡心辦事。他說：「吾人欲與他人協力以成事，則必望他人以至誠爲吾協力。欲使他人以至誠爲吾協力，吾必先有至誠之心，以感發之。」〔註64〕

〔註59〕陳獨秀，陳獨秀文章選編（上卷）〔M〕，北京：三聯書店，1984：121。
〔註60〕惲代英，惲代英文集（上卷）〔M〕，北京：人民出版社，1984：152。
〔註61〕惲代英，惲代英文集（上卷）〔M〕，北京：人民出版社，1984：362～363。
〔註62〕惲代英，惲代英文集（上卷）〔M〕，北京：人民出版社，1984：27。
〔註63〕同前註。
〔註64〕惲代英，惲代英文集（上卷）〔M〕，北京：人民出版社，1984：29。

第四，以毛澤東爲代表的中國共產黨人用「忠於人民」來全面概括忠德新的內涵，這是對傳統忠德創造性的轉化、發展和重構。儒家的忠德理論強調民眾是忠德的無條件的客體，是「道統」之忠、仁義之忠、善治之忠，「忠於人民」的現代忠德理論是對傳統儒家忠德理論批判繼承發展的結果。什麼是人民呢？人民是個歷史的範疇，是對歷史發展起推動作用的階級、階層和集團的總稱。〔註 65〕社會主義時期，人民是指一切社會主義勞動者、擁護祖國統一和擁護社會主義制度的愛國者。忠於人民等於「全心全意爲人民服務」，那麼怎樣才能做到全心全意爲人民而忠呢？

首先，在思想上要忠於人民。這就是要使忠德主體樹立人民第一的意識，以人民利益爲最高標準。毛澤東說，全心全意爲人民服務，一刻也不脫離群眾；一切從人民的利益出發，而不是從個人會或小集團的利益出發。〔註 66〕「必須以合乎做最廣大人民群眾的最大利益，爲最廣大人民群眾所擁護爲最高標準」〔註 67〕作爲自己爲人民「效忠」、盡忠、行忠的指南和標準。

其次，在行動上要忠於人民。這就是要使忠德主體總是做好事，不做壞事，做有益於人類的事，不做害人的事。毛澤東說：「一個人做點好事並不難，難的是一輩子做好事，不做壞事，一貫地有益於廣大群眾，一貫地有益於青年，一貫地有益於革命，艱苦奮鬥幾十年如一日，這才是最難最難的啊！」〔註 68〕這也就是要求忠德主體做到爲人民而忠，要持之以恒、堅持到底、永不放棄、永不逃避任何困難，「像條牛一樣努力奮鬥，團結一致，爲人民服務而死。」〔註 69〕同時，還要做到熱愛人民群眾，對人民群眾負責，關心黨和群眾比關心個人還重，關心他人比關心自己還重，對那些不忠於人民利益「只顧個人不顧社會、只顧局部不顧全體、只顧眼前不顧將來、只顧權利不顧義務、只顧消費不顧生產的觀點和行爲」〔註 70〕必須堅決反對。

最後，在道德修養上要忠於人民。這就是要使忠德主體做一個高尚的人、一個純粹的人、一個脫離了低級趣味的人、一個有益於人民的人。〔註 71〕在

〔註 65〕唐凱麟，倫理學〔M〕，北京：高等教育出版社，2001：291。
〔註 66〕毛澤東，毛澤東選集（第 3 卷）〔M〕，北京：人民出版社，1991：1094～1095。
〔註 67〕毛澤東，毛澤東選集（第 3 卷）〔M〕，北京：人民出版社，1991：1096。
〔註 68〕毛澤東，毛澤東文集（第 2 卷）〔M〕，北京：人民出版社，1993：261～262。
〔註 69〕周恩來，周恩來選集（上卷）〔M〕，北京：人民出版社，1980：241。
〔註 70〕周恩來，周恩來選集（下卷）〔M〕，北京：人民出版社，1984：145。
〔註 71〕毛澤東，毛澤東選集（第 2 卷）〔M〕，北京：人民出版社，1991：660。

必要的時候，能夠爲黨、爲民族解放、爲人類解放和社會的發展、爲最大多數人民的最大利益而犧牲。〔註72〕

　　總之，忠於人民的忠德理論是以毛澤東爲代表的中國產黨人在現代歷史條件下，對傳統忠德理論的批判繼承並結合中國革命和建設實踐而創造出來的新的理論成果，是對傳統忠德理論創造性的轉化和發展，具有劃時代的意義和價值。自此，中國的忠德理論和忠德實踐翻開了新的篇章。

〔註72〕參閱劉少奇，劉少奇選集（上卷）〔M〕，北京：人民出版社，1981：133～134。

第三章　忠德歷史實踐

　　儒家倫理是美德與規範的統一，是主客觀交融的知識體系，也是心物交融的理性和感性實踐體系。理學大師朱熹在他那本用一生的心血打磨而成的《四書集注》中，一開篇就說：「《大學》之書，古之大學所以教人之法也。蓋自天降生民，則既莫不與之以仁義禮智之性矣。然其氣質之稟或不能齊，是以不能皆有以知其性之所有而全之也。一有聰明睿智慧盡其性者出於其閒，則天必命之以為億兆之君師，使之治而教之，以復其性。」（《四書章句集注‧大學章句序》）人倫體現的是人性，而人性皆有忠孝仁義等潛在的善性，而這種忠孝仁潛在善性的彰顯，又必然離不開人的實踐。作為美德和規範統一的忠德，不僅是一種觀點、規範，更是一種實踐活動。它不是停留在人們的頭腦中僅僅供理性能力進行概念研究的抽象的邏輯推演活動，也不是遠離人們的生活經驗，而是在人們的生活實踐中彰顯出來的活生生的理性和實踐相交融的活動。儒家忠德作為實踐理性活動，必然涉及實踐的主體、客體、實踐的類型，也必然與孝產生千絲萬縷的聯繫。

第一節　忠德主體與客體

　　主體和客體是人類對象性活動中兩個既相對立又相聯繫的實體性要素。主體是指對象性行為中作為行為者的人，客體是指這一對象性關係中的行為對象。忠德主體又叫忠德實踐主體，是指忠德實踐者、認識者，或忠德對象性活動的行為者本身。忠德客體又叫忠德實踐客體，是指忠德實踐的對象、

認識的對象，或任何忠德主體行爲的對象本身。〔註1〕忠德主體可以是具體的單個人，也可以是一個集體或者一類人，具有自覺性、獨立性、責任性的特點。忠德客體可能是一個具體的對象，也可能是一個抽象的對象，具有客觀性、社會歷史性的特點。不過，從總體上來說，忠德主體是相對于忠德客體而言的，這兩者相輔相成，不可分離，共同構成一個完整的忠德行爲。它們都不是單純的實體性的範疇，而是一對忠德實踐中的活動者與活動對象之間的關係範疇。

一、忠德主體

儒家認爲忠德主體應該是廣大「儒士」或者是儒家知識分子。儒士至少包括兩類人：一類是在朝爲官的「儒仕」，一類是在野爲民的「儒士」，但都屬於廣義的「儒士」。我們講的儒士或儒家之士，就是從廣義上來說的。儒士信奉儒家經典，積極進取，爲民請命，在朝「美政」，在野「美俗」。

《說文解字》訓「士」爲「事」。《國語‧魯語》對「士」的解釋是：「士，朝受業，晝而講貫，夕而習復，夜而計過無憾，而後即安。自庶人以下，明而動，晦而休，無日以怠。」這裡講的是「士」的特點，是屬於「勞心者」一類的，與庶民的「勞力」相區別。《魯語》說：「君子勞心，小人勞力」。（《國語‧魯語》）這裡的「君子」實質上是指「士」。但是這裡的「君子」和「小人」是相對於社會分工和社會地位而言，與道德無涉。

「士」有一個變化發展的過程。春秋之前，士是一種官職，屬於貴族階層，有一定的政治地位，但與道德修養沒有太多的聯繫。余英時先生認爲，春秋時代之前的「士」是一種低級的官職，各種邑宰、府吏、下級軍官等等基本上由「士」來充任。但是，無論他們的地位如何低下，但都屬於貴族一類，有比庶民高的社會身份和政治地位。〔註2〕春秋是個大變動的時代，社會秩序處於分裂狀態，各個諸侯國之間發動的戰爭增加了士人的流動。隨著周王室權力的削弱，諸侯的強大，廣大士人由貴族散落到民間，逐漸變成文化的傳承者。余英時先生指出：「這個士的階層不但嫻熟禮樂，而且也掌握了一

〔註1〕 參閱李德順，價值論（第 2 版）〔M〕，北京：中國人民大學出版社，2007：41。
〔註2〕 余英時，中國知識人之史的考察〔M〕，桂林：廣西師範大學出版社，2004：122。

切有關禮樂的古代典籍。周室東遷以後，典冊流佈四方，這是王官之學散爲
諸子百家的一大關鍵所在。從文化史與思想史的觀點說，『士』階層從封建身
份中解放出來而正式成爲文化傳統的承擔者，便正是在這一轉變中完成的。」
〔註3〕儒家創立之後，忠德的主體就由儒士來承擔。但問題是，儒家產生之前，
忠德的主體是誰？有的說是「巫」，有的是說的「統治者」，或者是早期以相
禮爲業的「儒」。這是個十分複雜的問題，沒定論。其主要原因是春秋之前流
傳下來的歷史文獻很少，很難全面地分析其主體內涵。因爲在孔子那個時代，
這種文獻不足的情況就已經存在了。孔子曾經說「夏禮，吾能言之，杞不足
徵也；殷禮，吾能言之，宋不足徵也。文獻不足故也。足，則吾能征之矣。」
（《論語・八佾》）不過，有一點是可以明白的，春秋之前的忠德主要強調君
王或統治者對民的忠。因此，這個時候起到了忠德主體作用是統治者、貴族
（早期的士）或者是參與統治的人，而廣大民眾是忠德的客體，是忠德的受
惠者。《左傳》中說：「上思利民，忠也」（《左傳・桓公六年》），「無私，忠也」
（《左傳・成公九年》），「公家之利，知無不爲，忠也」（《左傳・僖公九年》），
「民者君之本也」（《穀梁傳・桓公十四年》）。那個時候在統治者看來，民代
表上天的意志，「天視自我民視，天聽自我民聽」（《孟子・萬章上》）。但是隨
著社會生產力和社會歷史的發展，忠德不再是只有上對下的忠，而是強調忠
的平等性、互惠性。

　　孔子創立儒家後，儒士或者傳統儒家知識分子成爲忠德主體。儒家忠
德主體具有人格獨立性、道德責任感和「以天下爲公」的道德憂患意識的
特點。

　　第一，忠德主體具有人格獨立性。儒士是忠德主體，但並不是封建專制
制度的幫兇，他們在人格上是獨立的。有人認爲儒士參與了封建專制，其實
是對眞正儒士的一種誤讀。因爲儒士執行的是儒家思想，而儒家思想本身就
不是封建專制的幫兇，因爲儒家思想產生在封建專制之前。張岱年先生也認
爲，「專制帝王假借儒家學說作爲維護君權的理論依據，事實上儒家的主要代
表孔孟並不是贊同絕對君權。」〔註4〕馬克思曾經評價過君主專制，他說：「專
制制度的惟一思想就是輕視人，使人非人化，而這一思想比其他許多思想好

〔註3〕余英時，中國知識人之史的考察〔M〕，桂林：廣西師範大學出版社，2004：
　　　　127。
〔註4〕張岱年，張岱年全集（第6卷）〔M〕，石家莊：河北人民出版社，1996：461。

的地方，就在於它也是事實。專制君主總把人看得很低賤。」（註5）而中國的帝王素來主張，「普天之下莫非王土，率土之濱莫非王臣」，把天下的一切看成是自己的私產。儒家主張敬德安民，以天下爲己任，重視人的生命。誠如宋代張載在《西銘》中所說的那樣，「民吾同胞，物吾與也。大君者，吾父母宗子；其大臣，宗子之家相也。尊高年，所以長其長；慈孤弱，所以幼其幼。聖其合德，賢其秀也。凡天下疲癃殘疾、煢獨鰥寡，皆吾兄弟之顛連而無告者也。於時保之，子之翼也；樂且不憂，純乎孝者也。」這種「民吾同胞，物吾與」的忠德精神與封建君主專制宣揚的「王土」觀點形成鮮明對比。徐復觀先生說，與其說儒家是一種專制理論，不如說它爲專制制度下的人們提供了安身立命之道，爲安頓人的心靈做出了重要貢獻。

作爲忠德主體他們在人格上是獨立的。這種獨立性是相對於君權來說的，因爲儒家主張的是「道統」，通常情況下他們是用道統來要求政統的。孔子說：「以道事君，不可則止。」（《論語·先進》）還說：「君使臣以禮，臣事君以忠。」（《論語·八佾》）孟子則更加強烈地指出：「君之視臣如手足，則臣視君如腹心；君之視臣如犬馬，則臣視君如國人；君之視臣如土芥，則臣視君如寇讎。」（《孟子·離婁下》）並且強調真正的儒者要敢於面對君主的錯誤，「格君心之非」（《孟子·離婁上》）。《周易·大過》也說：「君子以獨立不懼，遯世無悶。」《周易·恒》說：「君子以立不易方。」《中庸》更加深刻地指出了忠德主體的獨立性。《中庸》說：「君子和而不流，強哉矯！中立而不倚，強哉矯！國有道，不變塞焉，強哉矯！國無道，至死不變，強哉矯！」

宋代的陸九淵也認爲人生天地之間，要盡人道，要有人格尊嚴和人的獨立性。他說：「人生天地之間，爲人自當盡人道。學者所以爲學，學爲人而已，非有爲也。」（《語錄》下）他還批評當時的趨炎附勢者，說：「今人略有些氣焰者多，只是附物，元非自立也。若某則不識一個字，亦須還我堂堂地做個人。」（《語錄》下）

儒家忠德的獨立性的表現是：越是在面對君主專制暴政嚴酷的時候，表現得越強烈。爲了道德正義，他們殺身成仁，舍生取義。明清兩代的皇權專制加強，但是廣大士人的抗爭也是表現得最爲強烈的時候。這也正反應了忠德主體的獨立性。儒家忠德的獨立性依據的是「道」，孔子說：「士志於道，而恥惡衣惡食者，未足與議也。」（《論語·里仁》

〔註 5〕馬克思恩格斯全集（第 47 卷）〔M〕，北京：人民出版社，2004：58。

　　總之，儒家忠德主體追求的終極目的是道義而不是權力。他們奉行「從道不從君」、「以德抗位」、「以德屈尊」的原則，往往與君主專制暴政發生衝突。他們與君主專制之間的這種矛盾伴隨著整個封建社會。美國學者列文森指出，「從一開始，君主主義和儒學之間的矛盾就存在，而且一直延續了下來。官僚知識分子在為了社會的穩定而支持帝國集團的同時，又常常表現出離心傾向，從而對王朝構成威脅，王朝也因其離心傾向而經常排斥官僚知識分子的力量。」〔註6〕而當他們面對正義的時候，則是「當仁不讓於師」（《論語‧衛靈公》）。

　　第二，忠德主體具有強烈的道德責任感。道德責任是自覺意識到的道德義務。義務偏重於強調外在的客觀要求，責任偏重於強調這種外在的客觀要求內化為主體的主觀道德自覺意識。〔註7〕儒家忠德主體強調「仁以為己任」（《論語‧泰伯》）。他們把弘道當成是自己義不容辭的責任。曾子說：「士不可以不弘毅，任重而道遠。」（《論語‧泰伯》）儒家忠德主體強調「天下一家，中國一人」（《禮記‧禮運》）的國家觀，在他們的生命意識中，為國家效力，為生民立命是自己道德責任和道德義務。孔子認為：「志士仁人，無求生以害仁，有殺身以成仁。」（《論語‧衛靈公》）

　　孔子就是忠德主體的典型之一。他自己積極奔走各國也是想尋找機會去拯救當時「禮樂崩壞」的社會。他困於匡，在陳蔡絕糧，卻並沒有氣餒，「講誦歌不衰」，始終堅持「人能弘道，非道弘人」的樂觀精神。孟子繼承了孔子的這種道德責任意識。他說：「夫天未欲平治天下也，如欲平治天下，當今之世，舍我其誰也？」（《孟子‧公孫丑下》）孟子認為一個人要超越自己走向他人，提倡「老吾老，以及人之老；幼吾幼，以及人之幼」（《孟子‧梁惠王上》），還要求「與民同樂」（《孟子‧梁惠王下》）。他說：「樂民之樂者，民亦樂其樂；憂民之憂者，民亦憂其憂。」（《孟子‧梁惠王下》）荀子認為，「儒者，在本朝則美政，在下位則美俗。」（《荀子‧儒效》）真正的儒者是要承擔自己的社會責任，要有擔當精神。無論是在位還是不在位，都不應當放棄自己對道義的忠誠。荀子這種「在朝美政、在野美俗」的精神，范仲淹在《岳陽樓記》中將其描述為：「居廟堂之高，則憂其民；處江湖之遠，則憂其君。是進亦憂，

〔註6〕〔美〕約瑟夫‧列文森，儒教中國及其現代命運〔M〕，鄭大華、任菁譯，桂林：廣西師範大學出版社，2009：159。
〔註7〕羅國傑，倫理學〔M〕，北京：人民出版社，1989：196。

退亦憂。然則何時而樂耶？其必曰：先天下之憂而憂，後天下之樂而樂。」
最後發展成「天下興亡，匹夫有責」。

儒家士人認為要承擔社會責任，最佳的途徑是入朝為官。但是因為儒家
士人追求是道德的正義，是以道事君，所以，他們和政府之間的關係有時候
是若即若離的。大致說來儒家士人對政府的態度有三種：一是得君行道，與
政府緊密合作，嘔心瀝血，鞠躬盡瘁。如諸葛亮治理蜀漢、王安石變法、張
居正變革等；二是他們與政府保持距離但也不反對政府，而是在民間發揮美
風俗的作用，如主動隱退的官員或是終生不仕的知識分子；三是與專制暴政
對抗。如果昏君當政、外戚干政或是宦官專權，官府凌辱百姓、貪贓枉法、
朝廷在道義上已經失去民心，他們就會猛烈地批判政府，為民請願。如東漢
後期的太學生運動、東林黨人的清議活動等。

儒家知識分子可以通過舉孝廉、察舉、科舉考試成為政府官員，他們追
求往往在以天下為己任的道德責任的感召下忠於自己的職責，固守自己的道
德操守。為了實現「懷道術可以澤民」，「儘其道以乂民」的理想，依據「以
道事君」的原則，他們並沒有屈從於專制君主對「忠」的界定和要求。我們
不能把向皇帝行著名的磕頭禮視為儒家官僚完全屈從於君主的象徵。他們這
樣做只是對「天命」的承認，而「天命」使君主成為地上的代理人。〔註8〕天
命是代表民意。正義和善意，他們磕頭間接地是對民意的臣服和確證。一旦
君主昏庸腐朽，違反「天命」（其實間接是違反民意），儒家士人就會高舉正
義的大旗，「替天行道」，規勸君主、批評君主，甚至換掉和推翻君主的統治。
當然，天命也是君主合法統治的依據。美國著名漢學家約瑟夫‧列文森指出：
「天命」為君主的統治提供了合法性依據，並迫使他們以追求美德與和諧為
目的。〔註9〕

儒家士人這種積極進取的道德責任意識和行動，不是為了自己的榮華富
貴，而是為了治國平天下，讓百姓安居樂業，實現「大同」社會。誠如《禮
記‧禮運》所描繪的那樣：「大道之行也，天下為公。選賢與能，講信修睦，
故人不獨親其親，不獨子其子，使老有所終，壯有所用，幼有所長，矜寡孤
獨廢疾者，皆有所養。男有分，女有歸。貨，惡其棄於地也，不必藏於己；

〔註8〕 〔美〕約瑟夫‧列文森，儒教中國及其現代命運〔M〕，鄭大華、任菁譯，桂
　　　　林：廣西師範大學出版社，2009：195。
〔註9〕 同前註。

力，惡其不出於身也，不必爲己。是故，謀閉而不興，盜竊亂賊而不作，故外戶而不閉，是謂大同。」這正是儒家士人追求的理想社會。

第三，忠德主體具有以天下爲公的道德憂患意識。儒家忠德主體強調是「公」天下，他們「憂道不憂貧」。孔子說：「君子憂道不憂貧」，「謀道不謀食」。（《論語·衛靈公》）他們爲社會的發展而積極行動，任勞任怨，「憂世憂民」，雖知其不可也要努力爲之。

儒士的這種憂患意識，使得他們立身行世，謙虛謹慎，不貪圖安逸。孟子說：「人恒過，然後能改。困於心，衡於慮，而後作。徵於色，發於聲，而後喻。入則無法家拂士，出則無敵國外患者，國恒亡。然後知生於憂患而死於安樂也。」（《孟子·告子下》）儒士時時會提高自己的修養，不沉溺於聲色淫樂之中，他們「有終身之憂，而無一朝之患」（《孟子·離婁下》）。當然，這裡不是說儒士的一生就是苦難一生、是痛苦的一生，沒有任何歡樂和幸福可言。他們的憂患意識，是一種公天下的道德情懷、理性的道德訴求，而人們的安居樂業正是他們所追求的。這正如孟子所描繪的那樣：「五畝之宅，樹之以桑，五十者可以衣帛矣。雞豚狗彘之畜，無失其時，七十者可以食肉矣。百畝之田，勿奪其時，數口之家可以無饑矣。」（《孟子·梁惠王上》）《周易·繫辭下》中也說：「危者，安其位者也；亡者，保其存者也；亂者，有其治者也。是故君子安而不忘危，存而不忘亡，治而不忘亂，是以身安而國家可保也。」這種居安思危的憂患意識體現了儒家「公天下」的道德情懷。所以，後來的陸游在《病起書懷》中說「位卑未敢忘憂國」，就是對這種憂患精神的繼承。

中國古代士人認爲要想實現以天下爲公的道德憂患意識，做官是最佳途徑。對於士大夫來說，做官不是爲了「利祿」而是爲民眾效力。宋神宗曾經對王安石說：「卿所以爲朕用者，非爲爵祿，但以懷道術可以澤民，不當自埋沒，使人不被其澤而已。朕所以用卿，亦豈有他？天生聰明，所以乂民，相與儘其道以乂民而已，非以爲功名也。」（李燾《續資治通鑑長編》卷二三三）宋神宗對王安石的這番話說明了廣大士大夫做官的真正目的，不是爲了爵位官俸，而是爲了「懷道術可以澤民」，「儘其道以乂民」。他們與政府之間若即若離的關係儘管很微妙，但是我們依舊能看出他們時時處處奉行「以道事君」的理性選擇。

美國漢學家約瑟夫·列文森說：「他或許被無理地勒令致仕，甚至被殺頭，或者他自己主動地隱退，但他的尊嚴和社會地位不會因此而受到損害，因爲

固定的官職只是一種品質的象徵（很高的文化修養，並不僅僅是職業專長），而是否具有這種品質與作官或不作官無涉。是儒家把這種品質帶給了官職，而不是官職（作爲君主的賜予物）給了儒家這種品質。」〔註10〕儒家士人這種品質是他們追求以天下爲公的憂患意識在實踐中的反映。所以，儒家官僚往往蔑視宦官專政和外戚干政，因爲宦官往往是爲王權服務，他們專政往往是爲了自身利益，而外戚干政又往往導致王權權力失衡，國家失控，遭殃的還是百姓。儒家士人往往在「道」的感召下去爲匡正社會而積極奮鬥，因此三者之間往往發生激烈的衝突。

綜上所述，儒家士人這種憂患意識並不是一種悲天憫人怨情，而是一種積極進取的精神。他們追求的不是爲了滿足個人的欲望，而是爲了實現治國平天下的夢想，是爲了天下蒼生都安居樂業。

二、忠德客體

儒家忠德客體主要有兩種：君主是有條件的忠德客體，民眾是無條件的忠德客體。

第一，君主是有條件的忠德客體。表面看來君主應當是儒家理所當然的無條件的忠德客體，因爲在浩如煙海的儒家文獻中，有許多忠君、護君、尊君、諫君的言行。但從深層次內涵來看，儒家把君主作爲忠德客體卻是有條件的。這個條件就是君主應當有德，能夠做到「慈厚懷人」、「撫九族以仁」、「接大臣以禮」、「奉先思孝」（《帝範·君體》），能夠承載「天命」，撫育梨元。只有這樣的君主才是儒家效忠的對象，在儒家看來也只有這樣的君主，才能實現「邦傢具泰，骨肉爲虞」的太平之世。如果君主無德、失德、敗德，「恣暴虐之心，極荒淫之志」，使得「大臣惜祿而莫諫，小臣畏誅而不言」（《帝範·納諫》），儒家就會高舉「道義」的大旗，輕則對君主的過錯進行匡正，重則「易位」，更甚者殺之如「誅一夫」。儒家所說的「湯武革命，順乎天而應乎人」（《周易·卦·象辭》）的合理性也就在這裡。

君主要成爲有德之君，就要懂得「君臣之禮節」，「知稼穡之艱難」（《帝範·帝範序》），做到心存百姓，不可「竭澤而漁」。唐太宗有言：「爲君之道，必須先存百姓。若損百姓以奉其身，猶割股以啖腹，腹飽而身斃。若安天下，

〔註10〕〔美〕約瑟夫·列文森，儒教中國及其現代命運〔M〕，鄭大華、任菁譯，桂林：廣西師範大學出版社，2009：179。

必須先正其身，未有身正而影曲，上治而下亂者。」（《貞觀政要・君道》卷一）司馬遷說：「未有不先形見而應隨之者也。……日變修德，月變省刑，星變結和。凡天變過度，乃占。國君強大有德者昌；弱小飾詐者亡。太上修德，其次修政，其次修救，其次修禳，正下無之。」（《史記・天官書》）「修德」、「修政」、「修救」、「修禳」的有德之君才能成為儒家忠德客體。

儒家把忠君作為有條件忠德客體，其目的不是為了忠君而忠君，真正的忠臣不是為了取悅皇帝，而是為了「安上治民，宣化成德」（桓範《政要論・臣不易》）。不為百姓，只為君主盡忠的大臣不是真正的「至忠之臣」，就連武則天也認為，「忠正者，以慈惠為本，故為臣不能慈惠於百姓，而曰忠正於其君者，斯非至忠也。」（《臣軌・至忠章》）

「以道事君」自孔子創立儒家以來就始終貫穿在儒家士大夫之中，「出仕」就是以「道義」為標準的。儒家一旦發現君主有過錯，偏離了「道義」的軌道，他們就會及時進諫。顧炎武說：「君子之為學，以明道也，以救世也。」（《顧亭林文集・與人數二十五》卷四）李顒說：「如明道存心以為體，經世宰物以為用，則體為真體，用為實用。」（《二曲集・書牒上》卷十六）奉行「以道事君」的政治原則，君主失德，糾正皇帝的過錯成為儒家士人不可推卸的道德責任和道德義務。正如《說苑・臣術》所描繪的那樣，他們「卑身賤體，夙興夜寐，進賢不解，數稱於往古之行事，以屬主意，庶幾有益，以安國家社稷宗廟」。戰國時代，有「稷下先生」如孟子、荀子等，他們「不治而議論」（《史記・田敬仲完世家》）。漢代至明清，儒家有的採取清議的方式，「不任職而論國事」（《鹽鐵論・論儒》）。

唐代的韓愈就是典型。他極力使儒學成為獨立文化精神，提出「道統」說，以便加強對「政統」的監控，糾正君主的得失。在《諫迎佛骨表》中他極力糾正唐憲宗的錯誤，致使龍顏大怒，使他險些身首異處。但是，他的這種君主有錯則諫的精神得到了儒士的高度評價。蘇東坡在《潮州韓文公廟碑》中讚揚他說：「力可以得天下，不可以得匹夫匹婦之心。故公之精誠，能開衡山之雲，而不能回憲宗之惑；能馴鱷魚之暴，而不能弭皇甫鎛、李逢吉之謗；能信於南海之民，廟食百世，而不能使其身一日安於朝廷之上。蓋公之所能者，天也。所不能者，人也。」（《蘇軾集・潮州韓文公廟碑》卷八十六）並讚揚他是：「文起八代之衰，而道濟天下之溺，忠犯人主之怒，而勇奪三軍之帥。」（《蘇軾集・潮州韓文公廟碑》卷八十六）

范仲淹對君主不留情面的勸諫導致自己被貶，但卻得到了廣大士人的禮讚。他這種「寧鳴而死，不默而生」（《范文正公文集・答靈烏賦》卷一）的儒家守道諫諍精神，在當時就爲人所稱讚。他上諫三次，三次被貶黜，而一次比一次榮耀。第一次被貶，朋友送別，說他「此行極光」。第二次被貶，朋友誇他「此行愈光」。第三次被貶，朋友說他「此行尤光」。（北宋・文瑩《續湘山野錄》）

用「道統」來馴服「治統」或「政統」，使君主成爲有德之君，一直是儒家的追求。呂坤說：「故天地間，惟理與勢爲最尊。雖然，理又尊之尊也。廟堂之上言理，則天子不得以勢相奪。即奪焉，而理則常伸於天下萬世。故勢者，帝王之權也；理者，聖人之權也。帝王無聖人之理，則其權有時而屈。然則理也者，又勢之所恃以爲存亡者也。以莫大之權無僭竊之禁，此儒者之所不辭而敢於任斯道之南面也。」（《呻吟語・談道》卷一）

儒家認爲只有有德之君才是忠德客體，這使得歷代的皇帝也不得不接受。他們爲了使天下臣民，臣服於自己，都努力標榜自己是「道」的繼承者，是德與位的極致者，所以，歷代皇帝要拜孔廟，行三跪九拜大禮，或者變著花樣給孔子加上無限的光環，如稱孔子爲「素王」、「至聖先師」等等。君主們這樣做是想表明自己是道統的繼承者，代表正統，目的是爲了證明自己統治的合法性與合理性，以便更好地籠絡儒家士人。杜維明先生指出：「單憑出身高貴並不能保證一定擁有權力和影響力。一個人若想走上成功之路，就需要有文學才能、社會名譽和正直誠實。《大學》總結爲『自天子以至於庶人，壹是皆以修身爲本，』正表達了這種精神。」〔註11〕皇帝爲了維護其統治，他們也不得不時時做到寬仁厚道，體群臣，愛民人，「處位思恭」、「傾己勤勞」（《帝範・君體》）。只有這樣的有德之君，才能使臣民「事君者，竭忠義之道，盡忠義之節，服勞辱之事，當危之難，腦肝塗地，膏液潤草而不辭」（《政要・論臣不易》）。

王夫之在《宋論》中說，宋代君主寬仁，「不殺士大夫」，「以寬大養士人之正氣」，「文臣無歐刀之辟」，「其於士大夫也……誅夷不加也，鞭笞愈不敢施也。」〔註12〕所以，這種政治氛圍下，士人積極投入朝廷。同時，在儒家強調士人「以天下爲己任」，又要求君主有德，「慈厚懷民」，那麼這樣就很自然的得出士與皇帝共治天下的結論。也就是說，爲了國家的穩定和發展，皇

〔註11〕杜維明，杜維明文集（第3卷）〔M〕，武漢：武漢出版社，2002：526。
〔註12〕轉引自趙園，明清士大夫研究〔M〕，北京：北京大學出版社，1999：6。

帝必須與廣大士大夫「共定國是」。「也正是在這一原則下，王安石才可以說：
士之『道隆而德駿者，雖天子北面而向焉，而與之疊爲賓主』；文彥博才可以
當面向神宗說：『爲與士大夫治天下』；程頤才可以道出『天下治亂繫宰相』
那句名言。」〔註13〕范仲淹在評價寇準時說，能夠左右天子，「天下謂之大忠」，
這也表明了儒家「爲與士大夫共治天下」的理想政治模式。

著名歷史學家余英時先生指出：「儘管以權力結構言，治天下的權源仍握
在皇帝的手上，但至少在理論上，治權的方向（『國是』）已由皇帝與士大夫
共同決定，治權的行使更完全劃歸以宰相爲首的士大夫執政集團了。」〔註14〕
而皇帝權力的合法性又是以儒家論述的「天命」或「道」等爲依據的。因此，
這就構成了皇帝與士大夫相互交融治理天下的政治局面，雙方之間處於統一
和博弈之中。明清君主加強了君主專制，取消了宰相制度，實行鐵腕統治。
明代還實行廷杖，對大臣公然在朝堂上進行侮辱。在這種「彌天皆血」，「古
今皆血」（《浮山文集後編》）的專制血腥統治下，廣大士大夫抗爭也最爲激烈。
他們採取遁隱、清議、武力反抗的方式來對這種抗暴政。

因此，我們說儒家把君主作爲忠德的客體是有條件的，這個條件就是君
主必須是有德者。儒家把君主作爲有條件的忠德客體，是儒家對君主進行的
一種道德捆綁、道德約束，也是一種道德激勵。一方面，如果沒有儒家高揚
道德對君主進行道德約束，那麼集權的君主就會濫施淫威，他們就會把忠當
成自己謀利和貪婪的工具，這與儒家忠德精神是相悖的；另一方面對君主如
果不進行道德約束，無條件地服從君主的權威，這樣就很容易滑入「愚忠」
的軌道，這也是儒家所不願意看到的。

儒家把君主有德作爲有條件的忠德客體，對其進行道德約束，受到現
代人的稱讚。美國著名學者白壁德在《民族與領袖》一書中特別把孔子和
亞里士多德並舉。他認爲，孔子之教能夠提供民族領袖所最需要的品質。
儒家「以身作則」的精神可以塑造出「公正的人」（justman），而不僅僅是
「抽象的公正原則」（justice in the abstract）。這是儒家可以貢獻與現代民主
之所在。〔註15〕

〔註13〕余英時，朱熹的歷史世界：宋代士大夫政治文化的研究‧自序二（上）〔M〕，
　　　　北京：生活‧讀書‧新知三聯書店，2004：8。
〔註14〕同前註。
〔註15〕參閱余英時，現代儒學論〔M〕，上海：上海人民出版社，2010：201。

第二，民眾是無條件的忠德客體。儒家認爲君權來自天命，但是天命最終會落在民意上，所以儒家最終強調的還是民意。《尙書》說：「天視自我民視，天聽自我民聽。」（《尙書‧泰誓中》）《左傳‧襄公十四年》也說：「天之愛民甚矣。豈其使一人肆於民上，以從其淫，而棄天地之性？必不然矣。」因此，儒家認爲民眾是無條件的忠德客體。

首先，民爲邦本。儒家認爲無論是爲君還是爲臣都應當以民爲基礎。民眾是社會穩定的基礎，民不安不富，社會就不可能穩定。《尙書‧五子之歌》說：「民惟邦本，本固邦寧」。孔子也說：「百姓足，君孰與不足？百姓不足，君孰與足？」（《論語‧顏淵》）所以，民眾是忠德客體。爲了忠於民眾，廣大儒士，尤其是儒家官僚就應當重民、教民、富民，急民之所急，想民之所想。劉向說：「聖人之於天下百姓也，其猶赤子乎！饑者則食之，寒者則衣之，將之養之，育之長之，唯恐其不至於大也。」（《說苑‧貴德》）

孟子提出：「民爲貴，社稷次之，君爲輕。」（《孟子‧盡心下》）他認爲民眾具有優先性，是統治者效力的對象，也是士人君子行忠、效忠、「作忠」〔註16〕的對象。誰忠於民，爲民效力，誰就會得到民心，誰就會得到天下。孟子說：「得天下有道：得其民，斯得天下矣。得其民有道：得其心，斯得民矣。得其心有道：所欲與之聚之，所惡勿施爾也。」（《孟子‧離婁上》）又說：「暴其民甚，則身弒國亡；不甚，則身危國削。」（《孟子‧離婁上》）所以，他總結說：「得道者多助，失道者寡助。寡助之至，親戚畔之；多助之至，天下順之。」（《孟子‧公孫丑下》）這「多助」者就是指民心，失去民心，一切政治權威就會失去合法性的基礎。

賈誼認爲，「民無不是本」。他說：「聞之於政也，民無不爲本也。國以爲本，君以爲本，吏以爲本。故國以民爲安危，君以民爲威侮，吏以民爲貴賤。此之謂民無不爲本也。」（《新書‧大政上》）進行政治活動，也必須忠於民，國家、君主、官吏都是以民爲基礎的。民是政治活動的出發點，也是政治活動的歸宿。

明清之際啓蒙主義思想家把民的地位提高到君位之上，認爲「天下爲主，君爲客」，批判了明清時代「以君爲主，天下爲客」本末倒置的政治秩序。黃宗羲認爲：「古者以天下爲主，君爲客，凡君之所畢世而經營者，爲天下也。今也以君爲主，天下爲客，凡天下之無地而得安寧者，爲君也。」（《明夷待

〔註16〕「作忠」，出自《禮記‧坊記》：「善則稱君，過則稱己，則民作忠。」

訪錄・原君》）黃宗羲認為，古代君主是客，天下的百姓是主；而明清的政治現實則是王權強化，統治者視民如土芥，君為主，天下為客，這是不合理的。他說：「不以一己之利為利，而使天下受其利；不以一己之害為害，而使天下釋其害。」（《明夷待訪錄・原君》）天下不是君主一人的天下，君主不能為了自己的一己私欲實行暴政，只有忠於民心、民本，才能使天下安寧。

譚嗣同也認為，民是忠德客體，無論是君主、王公大臣還是士人君子，都應當以民為心。他說：「君末也，民本也。」「君也者，為民辦事者也；臣也者，助辦民事者也。」（《仁學》三十一）

那種虐民、暴民的統治，更是不合理了，最終必然會被民眾推翻。王符說：「國以民為基，貴以賤為本。願察開闢以來，民危而國安者誰也？下貧而上富者誰也？故曰：夫君國將民之以，民實瘠，而君安得肥？夫以小民受天永命，竊願聖主深惟國基之傷病，遠慮禍福之所生。」（《潛夫論・邊議》）統治者不能用天下的財富供個人享受，而應當以民為本。他說：「夫為國者，以富民為本。」（《潛夫論・務本》）統治者要「誅暴除害」、以仁政待百姓。王符說：「故天之立君，非私此人也，以役民，蓋以誅暴除害利黎元也。」（《潛夫論・班祿》）正是因為民為邦本，所以，歷代儒家都告誡統治者要「敬事而信，節用而愛人，使民以時。」（《論語・學而》）就連宋太宗趙炅也頒佈《戒石銘》，告誡百官：「爾俸爾祿，民膏民脂、下民易虐，上天難欺。」〔註17〕

其次，忠君為民。儒家忠君，終極目的是為民。《尚書・泰誓》說：「天祐下民，作之君，作之師，惟其克相上帝，寵綏四方。」上天幫助下民，為民設君主，為民設師長，是為了讓君主和師長能夠幫助上天，安定百姓。荀子認為君主敬民是天意的安排。荀子說：「天之生民，非為君也；天之立君，以為民也。」（《荀子・大略》）立君、忠君的目的不是僅僅為君，而更重要的是為民，上天生民，不是為了君主，而是為了民眾。民不安，一切安定的政治秩序都不會存在。荀子說：「馬駭輿則君子不安輿，庶人駭政則君子不安位。馬駭輿則莫若靜之；庶人駭政則莫若惠之。選賢良，舉篤敬，興孝悌，收孤寡，補貧窮，如是，則庶人安政矣。庶人安政，然後君子安位。……故君人者欲安則莫若平政愛民矣。」（《荀子・王制》）

董仲舒認為，民是君的根本，忠君是以民為目的。他說：「天生之，地載

〔註17〕轉引自陳蘇鎮主編，中國古代政治文化研究〔M〕，北京：北京大學出版社，2009：304。

之，聖人教之。君者，民之心也，民者，君之體也；心之所好，體必安之；君之所好，民必從之。」（《春秋繁露·為人者天》）董仲舒認為，只有君主先做到為民，親民，然後民才能服從君主的統治。因此，他主張：「薄賦斂，省徭役，以寬民力。」（《漢書·食貨志》）

宋代理學家程顥做縣令期間，「凡坐處皆書『視民如傷』四字，常曰：『顥常愧此四字。』」（《河南程氏外書·傳聞雜記》卷第十二）「視民如傷」是孟子用來形容周文王不忘民之傷痛的形象說法。孟子稱讚周文王「視民如傷，望道而未之見」（《孟子·離婁下》）。程顥用來做為自己為官的座右銘，是他忠君為民的真實寫照。

程頤忠君的目的是為了勸皇帝要以生民為念，不忘民本。他曾經對宋英宗說：「願陛下以社稷為心，以生民為念，鑒苟安之弊，思永世之策，賜之省覽，察其深誠，萬一有毫髮之補於聖朝，臣雖被妄言之誅，無所悔恨。」（《河南程氏文集·為家君應詔上英宗皇帝書》卷五）他勸宋英宗要做「以社稷為心」、「以生民為念」，要「思永世之策」，只有這樣國家才能安定，社會才能發展，老百姓的生活才能富足。程頤還說：「君子之道，其說於民，如天地之施，感於其心而說服無斁。故以之先民，則民心說隨而忘其勞，率之以犯難，則民心說服於義而不恤其死。說道之大，民莫不知勸。勸謂信之，而勉力順從。人君之道，以人心說服為本，故聖人贊其大。」（《周易程氏傳·周易下經下·兌》卷四）程頤認為民眾認同統治者的統治，是治道的根本。又說：「春則因民播種而祈穀，夏則恐旱暵而大雩，以至秋則明堂，多則圓丘，皆人君為民之心也。」（《河南程氏遺書·伊川先生語八上》卷二十二上）君主要以民為心，為百姓的豐收要四季祭天，春天祭天是為了讓老百姓播種，夏天祭天是為了求雨，秋天祭天是為了表彰豐收的人，冬天祭天是為了老百姓長壽。

王陽明繼承了傳統儒家忠君為民的思想，也認為忠君的根本是為民，因為民是為政之本。他說：「臣惟財者民之心也；財散則民聚。民者邦之本也；本固則邦寧。故文帝以賜租致富樂之效，太宗以裕民成給足之風。君民一體，古今同符。」（《王陽明全集·計處地方疏》卷十三）他在職時，時時處處要求部屬重視百姓，體恤庶民。他在《行漳州府撫恤新民牌》一文中強調：「各官務要誠愛惻怛，視下民如己子。處民事如家事，使德澤垂於一方，名實施於四遠，身榮功顯，何所不可。如其苟且目前，虛文抵塞，欺上罔下，假公營私，非但明有人非，幽有鬼責，抑且物議不容。」（《王陽明全集·行漳州府撫恤新民牌》卷三十）

最後，治國養民。就是要統治者在主觀上要愛民、重民，在政治上安民、救民，在經濟上富民、利民，在道德上、文化上教民。〔註 18〕具體說來，治國養民主要體現在政治、經濟和文化教育上。

政治上要順從民心、尊重民意。程顥說：「爲政之道以順民心爲本，以厚民生爲本，以安而不擾爲本。」（《二程集・河南程氏文集・代呂公著應詔上神宗皇帝書》卷五）所以，國家政策的頒佈，要順民情、民心、民意，不能脫離實際。這就要求決策者遵循「敬天保民」原則，懂得「知稼穡之艱難」，「知小人之依」，瞭解民眾的疾苦。統治者要施仁政於民，做到「推集所欲，以及天下」（《傅子・仁論》）。儒家認爲不論是皇帝還是大臣，都要在施政中銘記「民爲邦本」的重要性。丘濬說：「『民爲邦本，本固邦寧』之言，萬世人君所當書於座隅，以銘心刻骨者也。」（《大學衍義補・總論固本之道》）在官吏的選擇上，要「親賢人，遠小人」，任人唯賢，尤其對地方官的任用，要「精擇」。宋代包拯說：「民者，國之本也。財用所出，安危所繫，當務安之爲急。安之在精擇郡守、縣令，及漸絕無名之率爾。」（《包拯集校注・請罷天下科率》卷四）各級官吏要明白是民眾養活了官吏，在施政過程中不能欺壓百姓。柳宗元說：「凡吏於土者，若知其職乎？蓋民之役，非以役民而已也。凡民之食於土者，出其十一傭乎吏，使司平於我也。」（《柳宗元集・送薛存義之任序》卷二十三）意思是說，地方官吏要懂得自己的職責是爲民而役使的，民眾拿出收入的十分之一來養活官吏，是爲了讓官員主持正義，秉公辦事。所以，《戒石銘》也告誡官員：「下民易虐，上天難欺。」

經濟上要惠民、利民、富民。民富是國富的前提。孔子提出「博施於民而能濟眾」（《論語・雍也》）孟子要求「制民之產」，他說：「民之爲道也，有恒產者有恒心，無恒產者無恒心。苟無恒心，放辟邪侈，無不爲已。」（《孟子・滕文公上》）要求統治者「省刑罰，薄稅斂」（《孟子・梁惠王上》）。爲了富民，孟子還提倡實行「井田制」。他說：「方里而井，井九百畝，其中爲公田。八家皆私百畝，同養公田。公事畢，然後敢治私事。」（《孟子・滕文公上》）這樣老百姓就可以在自己的私田上種植農作物，保證「七十者衣帛食肉，黎民不饑不寒」。他說：「五畝之宅，樹之以桑，五十者可以衣帛矣。雞豚狗彘之畜，無失其時，七十者可以食肉矣。百畝之田，勿奪其時，數口之家可

〔註 18〕參閱周桂鈿主編，中國傳統政治哲學〔M〕，石家莊：河北人民出版社，2007：308～320。

以無饑矣。」（《孟子・梁惠王上》）那種「暴其民甚」的行爲無異於「率獸而食人」。孟子說：「庖有肥肉，廐有肥馬，民有饑色，野有餓莩，此率獸而食人也。」（《孟子・梁惠王上》）因此，統治者要利民、惠民、，與民同樂，施恩於民。孟子說：「保民而王，莫之能禦也。」（《孟子・梁惠王上》）又說：「故推恩足以保四海，不推恩無以保妻子。」（《孟子・梁惠王上》）荀子強調，「節用裕民，而善藏其餘」（《荀子・富國》）。賈誼認爲統治者要「以富樂民爲功，以貧苦民爲罪。」（《新書・大政上》）還說：「民不足而可治者，自古及今，未之嘗聞。」（《新書・論積粟疏》）傅玄認爲，只有民無衣食住行之憂，民才能樂生，國家的安定才有可能。他說：「衣足以暖身，食足以充口，器足以給用，居足以避風雨。養以大道，而民樂其生。」（《傅子・檢商賈》）朱熹認爲民富是君富的前提。朱熹說：「民富，則君不至獨貧；民貧，則君不能獨富。有若深言君民一體之意，以止公之厚斂，爲人上者所宜深念也。」（《論語集注・顏淵》）朱熹認爲，富民之本在農。他說：「竊惟民生之本在食，足食之本在農，此自然之理也。」（《朱熹集・勸農文》卷九十九）因此，治國的主要目的是爲了惠民、利民和富民。

在文化教育上要使民知禮節、懂得孝悌之義。儒家重視民眾的教育，教民懂得古代聖賢的道理，使之成爲有德的君子。孔子和學生討論了這個問題。「子適衛，冉有僕。子曰：『庶矣哉！』冉有曰：『既庶矣，又何加焉？』曰：『富之。』」（《論語・子路》）他自己教育學生，有教無類，不分貴賤。孔子認爲，統治者不僅要教民眾學習文化知識和爲人之道，使他們懂得勸善黜惡，而且也要宣傳國家政策，讓民眾知道國家政策、遵守國家政策，不能實行愚民政策。他說：「不教而殺謂之虐；不戒視成謂之暴；慢令致期謂之賊；猶之與人也，出納之吝謂之有司。」（《論語・堯曰》）認爲「不教而殺」是「四惡」之一。孟子也重視民眾教育。孟子說：「仁言不如仁聲之入人深也，善政不如善教之得民也。善政，民畏之；善教，民愛之。善政得民財，善教得民心。」（《孟子・盡心上》）荀子認爲，人性惡，只有通過後天的教育才能使人成爲善，善民也是教育的結果。他說：「人之性惡，其善者僞也。」（《荀子・性惡》）荀子還認爲忠於民眾要「垂事養民」（《荀子・富國》），應用文化道德知識教育百姓。他說：「厚德音以先之，明禮義以道之，致忠信以愛之」（《荀子・王霸》）總之，荀子認爲，「治萬變，材萬物，養萬民」（《荀子・富國》）這是統治者和廣大士人的責任和義務。他說：「天之所覆，地之所載，莫不盡其美，

致其用，上以飾賢良，下以養百姓，而安樂之。」(《荀子・王制》)

　　總之，在儒家忠德看來，「雖官有百職，職有百務」，但是「要歸於養民」(《潛書・考功》)。「養民」是百官百職的最後歸宿。任何官員都要做到以「富民爲功」(《潛書・考功》)，因爲民是一切政治的出發點和歸宿，是無條件的忠德客體。

第二節　忠德實踐類型

　　儒家忠德不僅強調理論的探討，而且關注忠德的實踐活動。忠德的實踐形式多種多樣，概括起來說，主要有立德、立言、立功三種實踐類型。《左傳・襄公二十四年》說：「大上有立德，其次有立功，其次有立言，雖久不廢，此之謂不朽。」立德、立言和立功是儒家追求的「三不朽」，也是儒家忠德實踐的主要類型。

一、立德之忠

　　立德之忠是一種德性實踐，是實踐主體自身具有的一種分辨善惡的品質和能力。立德之忠的「德」是道德和倫理的主體化、個性化的結果。這種「德性能透過身體之內部而表現出來，則德性兼能潤澤人之自然身體之生命，此之所謂『德潤身』、『心廣體胖』。」而「中國儒者所講之德性，依以前我們所說，其本原乃在我們之心性，而此性同時是天理，此心亦通於天心。此心此性，天心天理，乃我們德性的生生之源，此德性既能潤澤我們之身體，則此身體之存在，亦即爲此心此性之所主宰，天理天心之所貫徹，因而被安頓調護，以眞實存在於天地之間。」〔註19〕這種立德之忠往往是通過忠德實踐主體的行爲體現出來。《左傳・襄公二十四年》說：「德，國家之基也。有基無壞，無亦是務乎！有德則樂，樂則能久。」德性是國家長治久安、社會穩定、人際關係和諧的基礎。當然，一個人德性的形成，不是天生，而是後天學習的結果。儒家立德之忠的德性也是如此。所以，儒家反覆強調一個人從搖籃到墳墓，從君主到庶民都要修德踐行。《大學》說：「自天子以至庶人，壹是皆以修身爲本。」那麼，如何做才是立德之忠？

　　第一，忠德行爲主體要做到修身、治身。修身本身就是立德之忠的體現。

〔註19〕張君勱，新儒家思想史〔M〕，北京：中國人民大學出版社，2006：573。

如遇見困難不逃避、做事謹慎、做人謙虛、待人眞心誠意等，這些都是需要修身才能做到。《呂氏春秋・季春紀・先己》說：「成其身而天下成，治其身而天下治。」並且認爲，治身、修身與治國、理政是一體的。「治身與治國，一理之術也。」（《呂氏春秋・審分覽・審分》）既然治身、修身與治國、理政是「一理之術」，所以，修身、治身也是一種忠德行爲。

儒家重視修身。孔子說：「其身正，不令而行；其身不正，雖令不從。」（《論語・子路》）又說：「苟正其身矣，於從政乎何有？不能正其身，如正人何？」（《論語・子路》）古代的顏回，並沒有豐功偉績，他經商不如子貢，武備不如子路，但是他的德性修養好，雖處窮巷，不改其樂。這正是孔子讚美他的原因。他說：「賢哉回也！一簞食，一瓢飲，在陋巷，人不堪其憂，回也不改其樂。賢哉回也！」（《論語・雍也》）顏回死了，孔子痛惜地說：「天喪予！天喪予！」（《論語・先進》）所以，儒家認爲，立德之忠修身是第一等的大事。處於儒家「大綱」地位的《大學》也是把「修身」放在第一位的。修身是目的和手段的統一，也就是說，修身是爲了「修己安人」，「修己以安百姓」（《論語・憲問》）。因此，立德之忠的第一要素是修身，通過修身來做到「安人」和「安百姓」的目的。

第二，要堅守正道，從善如流，做到盡心、誠心待人。孔子說：「居處恭，執事敬，與人忠。」（《論語・子路》）待人要恭，執事要敬，爲人要忠，這是從行動上來體現立德之忠。曾子說：「吾日三省吾身：爲人謀而不忠乎？與朋友交而不信乎？傳而不習乎？」（《論語・學而》）「忠」、「信」、「習」三者互爲一體，是立德之忠的根本，朱熹解釋忠、信、習時說：「盡己之謂忠，以實之謂信。傳謂受之於師，習謂熟之於己。曾子以此三者日省其身，有則改之，無則加勉，其自治誠切如此，可謂得爲學之本矣。而三者之序，則又以忠信爲傳習之本也。」（《論語集注・學而》）儒家認爲，立德之忠需要堅守正道，做到盡心，對善與惡要有理性的分析能力，做到從善如流，當仁不讓，對不善和邪惡要伸張正義。孔子說：「見善如不及，見不善如探湯。」（《論語・季氏》）荀子說：「見善，修然必以自存也；見不善，愀然必以自省也。善在身，介然必以自好也；不善在身，災然必以自惡也。故非我而當者，吾師也；是我而當者，吾友也；諂諛我者，吾賊也。」（《荀子・修身》）

無論是天子、諸侯、卿大夫、士、庶人等社會各個角色都做到待人仁慈，盡心，對自己要有嚴格的要求，不能無端地責怪別人，做到「反求諸己」。孟

子曾經通過射箭的比喻來說明「反求諸己」的修身道理。他說：「仁者如射，射者正己而後發；發而不中，不怨勝己者，反求諸己而已。」（《孟子‧公孫丑上》）「反求諸己」如同射箭，自己沒有射中，不要怨恨嫉妒別人，而是要反省自己是否盡心了。只有這樣，才能「存心」、「養性」，提高自己的道德修養，才能在社會中建功立業。

誠心，就是忠誠，不欺詐。《大學》說：「所謂誠其意者，毋自欺也。」這種誠心，是「不以暗中作惡無人知曉而自安，不以超過實際的虛名而自喜，不以出於不正的動機而取得的某些效果等等。」〔註20〕宋代范仲淹對「自欺」做過精彩的分析。他說：「知善之可好而勿為，是自欺；知不善之可惡而姑為之，是自欺；實無是善而貪其名，是自欺；實有是惡而辭以過，是自欺；實所不知而曰我知之，是自欺；色取仁而居之不疑，是自欺；求諸人而無諸己，是自欺；有諸己而非諸人，是自欺。其目殆未可殫言而悉數也。」（《宋元學案‧范許諸儒學案‧香溪文集‧慎獨齋記》卷四十五）因此，誠信是一種對真實、善和仁的追求與踐行，是對虛偽與欺騙的抗議。

第三，具有獻身的行為和精神。儒家素來強調「身」的重要性，認為「敬身為大」（《禮記‧哀公問》），「守身為大」（《孟子‧離婁上》），時時強調「不虧其體，不辱其身」（《禮記‧祭義》）。身體是一切人倫存在的根源，沒有身體做為物質載體，人類一切存在都將成為不可能，更不用說要在社會中「立德、立言、立功」了。《周易‧序卦》說：「有男女然後有夫婦，有夫婦然後有父子，有父子然後有君臣，有君臣然後有上下，有上下然後禮義有所錯。」身體的存在是人類社會存在的基礎，又是立德之忠的實踐載體。王夫之說：「即身而道在。」（《尚書引義》卷四）明代王艮說：「身與道原是一件，至尊者此道，至尊此身。尊身不尊道，不謂之尊身；尊道不尊身，不謂尊道。須道尊身尊才是至善。」（《明儒學案‧泰州學案二‧語錄》）可見儒家對「身」的重視。所以，「失身」對儒家來說是件十分重要的道德事件。儒家越是強調「身」的重要性，那麼，一個人在主動「獻身」的時候就越會彰顯「獻身」者道德價值。所以，儒家在政治上常常把「身」與政治聯繫起來，把身體的某些部位與具體的官職聯繫起來。

《黃帝內經‧素問》有一段著名的論述身體與官職相類比的文字：「心者，君主之官也，神明出焉。肺者，相傳之官，治節出焉。肝者，將軍之官，深

〔註20〕張錫勤，中國傳統道德舉要〔M〕，哈爾濱：黑龍江大學出版社，2009：192。

慮出焉。膽者，中正之官，決斷出焉。膻中者，臣使之官，喜樂出焉。脾胃者，倉廩之官，五味出焉。大腸者，傳道之官，變化出焉。小腸者，受盛之官，化物出焉。腎者，作強之官伎巧出焉。三焦者，決瀆之官，水道出焉。膀胱者，州都之官，津液藏焉，氣化則能出矣。凡此十二官者，不得相失也。」這段文字生動的把身體和各個官職聯繫起來了，由此說明「身」的重要性。

董仲舒更加明確地把官職比喻爲身體的各個部位，並以此詳細地說明官員應當具有的德性。他說：「一國之君，其猶一體之心也。隱居深宮，若心之藏於胸，至貴無與敵，若心之神無與雙也。其官人上士，高清明而下重濁，若身之貴目而賤足也。任群臣無所親，若四肢之各有職也。內有四輔，若心之有肝肺脾腎也；外有百官，若心之有形體孔竅也。親聖近賢，若神明皆聚於心也。上下相承順，若肢體相爲使也。布恩施惠，若元氣之流皮毛腠理也。百姓皆得其所，若血氣和平，形體無所苦也。無爲致太平，若神氣自通於淵也。致黃龍鳳皇，若神明之致玉女芝英也。君明臣蒙其功，若心之神體得以全。臣賢君蒙其恩，若形體之靜而心得以安。上亂下被其患，若耳目不聰明，而手足爲傷也。臣不忠而君滅亡，若形體妄動而心爲之喪。是故君臣之禮，若心之與體。心不可以不堅，君不可以不賢；體不可以不順，臣不可以不忠。心所以全者，體之力也。君所以安者，臣之功也。」（《春秋繁露・天地之行》）董仲舒通過官職和身體之間的類比，論證了獻身對國家的價值和意義。

儒家重視身體，有時候把「元首」比喻爲君主，把「肱股」比喻爲臣下，以此來彰顯「君臣一體」，說明君臣關係的重要性。《尚書・益稷》說：「元首明哉，肱股良哉，庶事康哉。」《左傳・僖公九年》說：「臣竭其肱股之力。」《左傳・昭公九年》說：「君之卿佐，是謂肱股，肱股或虧，何痛如之？」有時用「身」或「手足」來比喻。孔子說：「苟正其身矣，於從政乎何有？不能正其身，如正人何？」（《論語・子路》）這裡以「正身」來論證從政「正人」的功能。他還說：「民以君爲心，君以民爲體。」（《禮記・緇衣》）這裡以「心」與「體」來比喻君與民的關係。孟子說：「君之視臣如手足，則臣視君如腹心。」（《孟子・離婁下》）荀子也說：「故天子不視而見，不聽而聰，不慮而知，不動而功，塊然獨坐而天下之如一體，如四肢之從心，夫是之謂大形。」（《荀子・君道》）這種把身體比喻政治的儒家「身體政治」思維模式，足以表明了儒家對身的重視。所以，《呂氏春秋》說：「治身與治國一理之術也。」（《呂氏春秋・審分覽・審分》）《呂氏春秋・審分覽・執一》記載了一段身與國家

的經典對話：「楚王問爲國於詹子。詹子對曰：『何聞爲身，不聞爲國。』詹子豈以國可無爲哉？以爲爲國之本，在於爲身。身爲而家爲，家爲而國爲，國爲而天下爲。故曰：以身爲家，以家爲國，以國爲天下。此四者異位同本。故聖人之事，廣之，則極宇宙，窮日月；約之，則無出乎身者也。」由詹子這段話的邏輯，「以身爲家，以家爲國，以國爲天下」，由此可以推出「以身爲國」，「以身爲天下」的重要性。

正是因爲身體與君王、臣下、國家、天下有不可分離的關係，在某種程度上它們是一體化的存在，具有重要的道德價值。所以，當一名官員或者平民百姓願意爲國家、天下和他人獻身的時候，其意義就顯得十分重大，因而爲國獻身就成爲儒家立德之忠極爲重要的實踐行爲。

儒家認爲立德之忠，應當做到「竭忠義之道，盡忠義之節，服勞辱之事，當危之難，腦肝塗地」，「以安上治民，宣化成德」（桓範《政要論・臣不易》），或者做到「臣忠於其主，以身代君死」〔註21〕（《勵忠節鈔・忠臣部》卷一）。

弘演納肝就是著名案例。《韓詩外傳》詳細地記載了這件事：「衛懿公之時，有臣曰弘演者，受命而使。未反，而狄人攻衛。於是懿公欲興師迎之。其民皆曰：『君之所貴而有祿位者，鶴也。所愛者，宮人也。亦使鶴與宮人戰。余安能戰！』遂潰而皆去。狄人至，攻懿公於滎澤，殺之。盡食其肉，獨舍其肝。弘演至，報使於肝。辭畢，呼天而號。哀止，曰：『若臣者，獨死可耳。』於是遂自刳，出腹實，內懿公之肝，乃死。桓公聞之曰：『衛之亡也，以無道也。今有臣若此，不可不存。』於是復立衛於楚丘。」（《韓詩外傳》卷七）這事件《呂氏春秋》、《新序》、《論衡》中也有記載，可信度應該是比較大的。弘演肯爲君王犧牲自己的身體，他剖腹納肝，被歷代視爲忠臣的典範而備受推崇。唐太宗曾經感歎像弘演這樣的忠臣恐怕現在是不可得了。他說：「狄人殺衛懿公，盡食其肉，獨留其肝。懿公之臣弘演呼天大哭，自出其肝，而內懿公之肝於其腹中。今覓此人，恐不可得。」（《貞觀政要・論忠義》卷五）

屈原是爲國家而獻身的偉大代表。屈原「信而見疑，忠而被謗」（《史記・屈原賈生列傳》），最後自沉汨羅江爲國獻身，他的這種立德愛國之忠爲歷代所稱頌。王逸在《楚辭章句》中稱讚屈原是，「執履忠貞」，「危言以存國，殺身以成仁。」（王逸《楚辭章句》卷一）司馬遷說他是，「信而見疑，忠而被

〔註21〕 轉引自屈直敏，敦煌寫本類書《勵忠節鈔》研究〔M〕，北京：民族出版社，2007：210。

謗」,「正道直行」,「竭忠盡智」(《史記・屈原賈生列傳》)。屈原用自己的獻身行爲演繹了一曲「死有重於泰山」的獻身之忠。他對國家、故土懷有深厚的感情。他在《九章・哀郢》中寫到:「望長楸而太息兮,涕淫淫其若霰。過夏首而西浮兮,顧龍門而不見。」又說:「鳥飛反故鄉兮,狐死必首丘。」對人民和國家,他抱有無限的關切。他在《離騷》中寫到道:「長太息以掩涕兮,哀民生之多艱。」並且指責楚國的統治者「眾皆競進亦貪婪兮,憑不厭乎求索」,這些統治者對民眾進行了無恥的搜刮。他認爲統治者應當做到以民爲德,要有顆無私愛民的心。他說:「皇天無私阿兮,覽民德焉錯鋪。」(《離騷》)這樣一位有德之士,最後在絕望中自沉汨羅江,他用自己的身體爲國殉情。因此,在儒家看來這種犧牲精神彌足珍貴,所以屈原歷代受到人們的稱讚。需要說明的是,儘管儒家把獻身作爲立德之忠的一種方式,但不是強調做無意義的犧牲,不是一種機械地非理性的「愚忠」,不是「平時袖手談心性,臨危一死報國君」的自我獻祭,而是一種道德智慧,一種理性的價值選擇。范雎說:「臣死而秦治,賢於生也。」(《戰國策・秦策》)如果一個人的死能夠對國有利,那麼這種獻身是有價值的,這才是眞正獻身之忠。

總之,儒家立德之忠主張通過修身、治身、堅守正道和獻身方式來實現。我們在肯定儒家立德之忠的時候,想起了愛因斯坦在悼念居里夫人時說過的話:「第一流人物對於時代和歷史進程的意義,在其道德方面,也許比單純的才智成就方面還要大,即使是後者,它們所取決於品格的程度,也遠超過平常人所認爲的那樣。」〔註22〕這句話如果用來評價儒家立德之忠大概也是合適的。

二、立言之忠

立言之忠是儒家忠德歷史實踐重要的方式之一。儒家士大夫用進諫、奏摺、文章、詩歌等方式來表達自己的觀念,其目的是爲了「拯風俗之流遁」,救「世途之凌夷」(《抱朴子外篇・辭義》),或者是爲了「經夫婦,成孝敬,厚人倫,美教化,移風俗」(《毛詩正義》卷一)。也就是張載說的「爲天地立心,爲生民立命、爲往聖繼絕學,爲萬世開太平」。立言之忠也是儒家追求「三不朽」價值理想的重要途徑。大致說來,立言之忠在實踐中主要體現在三個方面:一是清議論,二是不虛美、不隱惡,三是直言進諫。

〔註22〕轉引自孫昌武,柳宗元評傳〔M〕,南京:南京大學出版社,1998:380〜381。

　　第一，清議。清議是士大夫以臧否人物、評論時政的一種方式。在野的士人如果一旦被清議所貶斥，則會斯文掃地，名譽盡失；在朝的仕人的一旦「負天下之清議」，則會丟官罷職、終身不齒。清議對個人、社會世風、吏治起到了激濁揚清的輿論監督作用。顧炎武詳細闡釋了清議的特點和作用，他說：「古之哲王所以正百辟者，既已制官刑儆於有位矣，而又爲之立閭師，設鄉校，存清議於州里，以佐刑罰之窮。『移之郊遂』，載在《禮經》；『殊厥井疆』，稱於《畢命》。兩漢以來猶循此制，鄉舉里選，必先考其生平，一玷清議，終身不齒。君子有懷刑之懼，小人存恥格之風，教成於下而上不嚴，論定於鄉而民不犯。降及魏晉，而九品中正之設，雖多失實，遺意未亡。凡被糾彈付清議者，即廢棄終身，同之禁錮。」（《日知錄・清議》卷十三）

　　最典型的是東漢末年的太學生運動。漢代末年由於黨錮之禍接二連三發生，宦官和外戚輪流專權，察舉徵辟制度日趨腐敗，州郡牧守爲了巴結朝中權貴，向朝廷推薦的所謂「名士」，往往是名不符實，眞正的「名士」則被排斥在朝廷之外。當時民間流傳這樣的說法：「舉秀才，不知書；察孝廉，父別居；寒清素白濁如泥，高第良將怯如雞。」（《抱朴子外篇・審舉》）這些太學生對腐敗的朝政，進行貶斥。東漢李膺便是清議的代表，時人謂之爲「八駿」之首。他領導太學生與宦官進行鬥爭，「激揚名聲，互相題拂；品核公卿，裁量執政」（《後漢書・黨錮列傳》）。漢桓帝延熹五年（公元 162 年）爲官清廉、不畏權貴、不與宦官同流合污的皇甫規被誣陷，以張風爲代表太學生三百多人會同若干名朝中官僚，一起爲他陳訴，使得朝廷被迫釋放皇甫規（《後漢書・皇甫規傳》）。清議使得「豪俊之夫，屈於鄙生之議」（《後漢書・儒林列傳下》），使得當時的「自公卿以下，莫不畏其貶議，屣履到門」（《後漢書・黨錮列傳》）。

　　明代東林黨的清議也是立言之忠的重要體現。明代東林黨以東林書院爲中心，以講學的方式，奉行以「會以明學，學以明道」爲基本宗旨，「往往諷議朝政，裁量人物」（《明史・顧憲成傳》）。他們以孔孟、桯朱之道爲評議時政的標準，對晚明腐敗的政治進行了激烈的批評。東林書院從 1604 年修復到 1625 年被拆毀，歷時只有短短的 20 年，但是卻成爲當時全國的輿論中心。主要代表有顧憲成、高攀龍、顧允成、安希範、劉元珍、葉茂才、錢一本、薛敷教，被稱爲「東林八君子」。東林黨這種清議涉及國家的政治、經濟、教育等多個層面，對晚明社會的發展具有積極的影響。

如果說東漢太學生和東林黨的清議是以政治為中心，目的是為了正風俗，美教化，那麼魏晉玄學家清談的價值在於張揚個性、愛善疾惡。魏晉玄學家如何晏、傅嘏、夏侯玄等人的談資主要是《周易》、《老子》、《莊子》，謂之「三玄」。他們「言虛勝」、「尚玄遠」，談論的主要問題涉及有無論、養生論、自然名教論、言盡意論、才性論等，而不會具體談論如何治理國家、如何富國強兵的問題。魏晉玄學家的清談是多種因素構成的，但是與當時黑暗政治、森嚴的等級制度有關。這種清談對促進魏晉思想的發展起到了重要作用。田文棠說：「魏晉清談與魏晉三大主流思潮（即名理學、玄理學、佛理學）的形成發展有著極為密切的關係；如果沒有魏晉清談的酵母和助產作用，魏晉思想的形成發展也是不可能的，當然，對於魏晉思想的發展給予魏晉清談的促進作用也不應當忽視。」〔註23〕這種清談有助於人性的覺醒和思想解放。從歷史上看魏晉人性覺醒和思想解放，是繼先秦百家爭鳴之後的第二次，在中國歷史上具有重要意義。這是忠德歷史實踐的另外一種重要的形式。

第二，不虛美、不隱惡。就是在面對事實本身的時候，記錄人對事件採取價值中立的態度，全面而客觀的記錄事實的真相，不「飾非文過」、「曲筆誣書」，盡量避免附加記錄者個人喜怒哀樂的情感因素。同時，在面對權勢和金錢等外在誘惑的時候，記錄者能夠把持自己，堅守正道，不為外在利益所迷惑。

《左傳‧宣公二年》記載說：「乙丑，趙穿攻靈公於桃園。宣子未出山而復。大史書曰：『趙盾弒其君。』以示於朝。宣子曰：『不然。』對曰：『子為正卿，亡不越竟，反不討賊，非子而誰？』宣子曰：『烏呼，「我之懷矣，自詒伊戚」，其我之謂矣！』孔子曰：『董孤，古之良史也，書法不隱。趙宣子，古之良大夫也，為法受惡。惜也，越竟乃免。』」乙丑，趙穿在桃園殺了晉靈公。趙盾當時還沒有走出晉國國界，聽說了這事就趕回來了。太史記載說是「趙盾弒其君」。趙盾辯解。太史說，他是正卿，逃亡沒有離開國境，回朝又沒有討伐弒君的兇手，這筆賬應該算在趙盾的頭上。趙盾終於接受了這個說法。孔子稱讚董孤是個好的史官，誇讚他能「書法不隱」，同時也稱讚趙盾（趙宣子）是個好大夫能「為法受惡」。這是「不虛美、不隱惡」立言之忠的典型。趙盾是當時晉國的中軍主帥，其地位相當於後代的宰相。他擁兵自重，蔑視晉國國君。趙穿是趙盾的侄兒，他在趙盾的庇護下獲得權勢，趙穿殺死晉國

〔註23〕田文賞，魏晉三大思潮論稿〔M〕，西安：陝西人民出版社，2008：9。

國君的時候，趙盾試圖逃離朝廷，回朝之後，他又不緝拿兇犯。因此，晉國國君被弒，趙盾有不可推卸的責任。所以，太史記載說：「趙盾弒其君」。儘管趙盾起初爲自己辯解，但是，他自己也不能用權力干預史官眞實地記錄這件事。史官這種「書法不隱」，「不虛美、不隱惡」的立言之忠歷代爲儒家所稱讚。

「不虛美、不隱惡」的立言之忠最偉大的代表是司馬遷。班固在《漢書・司馬遷傳》這樣評價他：「論大道而先黃、老而後六經，序游俠則退處士而進奸雄，述貨殖則崇勢利而羞賤貧，此其所蔽也。然自劉向、揚雄博極群書，皆稱遷有良史之材，服其善序事理，辨而不華，質而不俚，其文直，其事核，不虛美，不隱惡，故謂之實錄。」司馬遷這種「實錄」精神是立言之忠的體現。

司馬遷反對「譽者或過其實，毀者或損其眞」（《史記・仲尼弟子列傳》）的態度，反對立言者的主觀臆斷。例如，他反對秦朝的專制暴政，但是對秦朝的統一又加以肯定。他頌揚了項羽滅秦之功，但對他的殘暴不仁又進行深刻地揭露和批判。司馬遷雖然私淑孔子，說：「余讀孔氏書，想見其爲人」，也稱讚孔子爲「至聖」。（《史記・孔子世家》）但是，不唯孔子爲唯一標準。孔子曾經說：「唯女子與小人爲難養也，近之則不遜，遠之則怨。」（《論語・陽貨》）但是，司馬遷並沒有輕視女性。他在《史記》中描寫了許多女性的光彩奪目的形象。按照《史記》的體例，他把呂后寫進了「本紀」，后妃寫進了「世家」等等。

同時，爲了寫好《史記》，做到「不虛美、不隱惡」，司馬遷並不滿足於「天下遺文古事，靡不畢集太史公」的書本資料，而是親自進行實地考察，廣泛搜集其它資料，「網羅天下放失舊聞」（《史記・太史公自序》）。他在《太史公自序》中記錄了自己實地考察過的地方。說：「二十而南遊江、淮，上會稽，探禹穴，窺九疑，浮於沅、湘；北涉汶、泗，講業齊、魯之都，觀孔子之遺風，鄉射鄒、嶧；厄困鄱、薛、彭城，過梁、楚以歸。」（《史記・太史公自序》）他行經大半個中國，目的是爲了收集可靠的眞實的史料。「求古諸侯之史記」（《太平御覽・職官部三十三》卷二百三十五）是他遊歷的主要目的。在《史記》中他多次提到自己遊歷考察的收穫。例如，在《五帝本紀》中說：「余嘗西至空桐，北過涿鹿，東漸於海，南浮江淮矣，至長老皆各往往稱黃帝、堯、舜之處，風教固殊焉，總之不離古文者近是。」（《史記・五帝

本紀》）在《孔子世家》中說：「適魯，觀仲尼廟堂車服禮器，諸生以時習禮其家，余祇回留之不能去云。」（《史記‧孔子世家》）在《春申君列傳》中說：「吾適楚觀春申君故城，宮室盛矣哉。」（《史記‧春申君列傳》）在《屈原賈生列傳》中說：「適長沙，觀屈原所自沉淵，未嘗不垂涕，想見其爲人。及見賈生弔之，又怪屈原以彼其材，游諸侯，何國不容，而自令若是。」（《史記‧屈原賈生列傳》）在《河渠書》、《魏世家》、《淮陰侯列傳》、《樊酈滕灌列傳》、《龜策列傳》等等《史記》體例中都談到了自己親自遊歷考察的情況。司馬遷這種「實錄」的立言之忠的精神成就了《史記》的不朽，也成就了自己的不朽。所以，魯迅稱之爲「史家之絕唱，無韻之離騷」。

不僅如此，司馬遷還忠於史學事業和史德。他在《報任安書》中說：「亦欲以究天人之際，通古今之變，成一家之言。」（《漢書‧司馬遷列傳》）所以，在受宮刑之後，他沒有自殺，而是「隱忍苟活」，堅持把《史記》寫完。司馬遷因爲李陵事件而得罪朝廷，被判罪下獄，定爲「誣罔罪」，這是死罪。但按照西漢的法律，納錢五十萬，可以勉死一等。五十萬錢，約合黃金五十斤。但是，司馬遷雖官爲太史，家中卻拿不出五十萬錢。依據當時的規定，拿不出五十萬錢，又想活命，可以請受宮刑。司馬遷受父親臨終遺囑，又加之完成《史記》是他一生的志願，所以，他沒有選擇自殺，在萬般無奈之下，才接受了宮刑。宮刑，對男子來說，不僅代表肉體的損害，而且更重要的是精神的打擊和屈辱。司馬遷自己說：「故禍莫憯於欲利，悲莫痛於傷心，行莫醜於辱先，而詬莫大於宮刑。」（《漢書‧司馬遷列傳》）可以說，對正常的男子來說，宮刑（腐刑）是最爲慘烈的一種對人性摧殘的刑罰。司馬遷說：「太上不辱先，其次不辱身，其次不辱理色，其次不辱辭令，其次詘體受辱，其次易服受辱，其次關木索被箠楚受辱，其次剔毛髮嬰金鐵受辱，其次毀肌膚斷支體受辱，最下腐刑，極矣。」（《漢書‧司馬遷列傳》）所以，遭受宮刑不只是意味著肉體的損害，而是一種精神和肉體都遭受極大摧殘的雙重刑罰。司馬遷受刑後痛苦地說：「腸一日而九回，居則忽忽若有所亡，出則不知所如往。每念斯恥，汗未嘗不發背沾衣也。」（《漢書‧司馬遷列傳》）在這種屈辱的精神和肉體打擊下，他完成了《史記》這部百科全書式的巨著。這部巨著對先秦史籍和文獻做了集大成的總結。宋代著名史學家鄭樵高度評價《史記》說：「百代而下，史官不能易其法，學者不能捨其書，六經之後世，惟有此作。」（《通志‧總序》）清代史學家趙翼評價說：「司馬遷參酌古今，發凡起例，創

爲全史。本紀以序帝王，世家以記侯國，十表以繫時事，八書以詳制度，列傳以志人物，然後一代君臣政事，賢否得失，總匯於一編之中。自此例一定，歷代作史者遂不能出其範圍，信史家之極則也。」（《廿二史箚記》卷一）張大可先生評價說：「《史記》褒貶，突破了不及君親的飾諱藩籬，『貶天子，退諸侯，討大夫』，敢於揭露現存統治秩序的種種黑暗，『不虛美，不隱惡』，創造了嶄新的直筆境界，是一個劃時代的進步。」〔註24〕他之所以能有這樣大的成就，與他忠於「史德」、「史才」、「史識」，堅持不虛美、不隱惡的實錄精神是分不開的。無疑，司馬遷是立言之忠的典範，他永遠昭示著後人爲眞理和正義而奮鬥。

第三，直言進諫。直言進諫是立言之中又一個重要的方面。我國自古以來完備的諫官制度爲儒家士大夫的直言進諫提供了條件。《辭源》「諫官」條說：「掌諫諍之官員。漢班固《白虎通‧諫諍》：『君至尊，故設輔弼置諫官。』諫官之設，歷代不一，如漢唐有諫議大夫，唐又補闕、拾遺，宋有左右建議大夫、司諫、正言等。」諫的形式多種多樣，有言諫、古訓諫，最嚴肅的是屍諫。在儒家忠德看來，直言進諫是立言之忠的重要的形式之一。直言進諫秉承「殺身成仁」、「舍生取義」的精神，是對君主、王公大臣的過錯和邪惡的抗爭。

我國早在春秋戰國時期就形成了以「六經」爲主體的古代教育系統，直言進諫是其教育的重要內容。《國語‧楚語上》說：「教之《春秋》，而爲之聳善而抑惡焉，以戒勸其心；教之，《世》，而爲之昭明德而廢幽昏焉，以休懼其動；教之《詩》，而爲之導廣顯德，以耀明其志；教之《禮》，使知上下之則；教之《樂》，以疏其穢而鎮其浮；教之《令》，使訪物官；教之《語》，使明其德，而知先王之務，用明德於民也；教之《故志》，使知廢興者而戒懼焉；教之《訓典》，使知族類，行比義焉。」這種「聳善而抑惡」、「昭明德而廢幽昏」、「耀明其志」、「知上下之則」、「使明其德」等等，就是忠諫直言的主要內容。

黃宗羲說：「天下不能一人而治，則設官以治之；是官者，分身之君也。孟子曰：天子一位，公一位，侯一位，伯一位，子男一位，凡五等。君以爲，卿一位，大夫一位，上士一位，中士一位，下士一位，凡六等。……非獨至於天子遂截然無等級也。」（《明夷待訪錄‧置相》）按照黃宗羲的邏輯，天下

〔註24〕張大可，司馬遷評傳〔M〕，南京：南京大學出版社，1994：209。

不是君主一個人的，而是眾人的，天子也不是高高在上的，天子只不過也如公侯伯子男一樣是政府中的一個官職。因此，要治理好天下，也不是君王一個人能夠做得到的，而是需要眾人的參與。所以，君王不能視天下為自己的家事。如果只讓君主一人治理天下，天下必然大亂。所以，需要忠諫之人和設立諫官制度，以便對君王為中心的統治集團的過失能及時糾正，避免不必要的損失。

《逸周書‧諡法》說：「危身奉上曰忠。」《唐會要‧諡法上》認為，為臣之忠有七類：「危身奉上」、「讓賢盡誠」、「危身利國」、「臨患不反」、「安居不念」、「盛衰純固」、「康方公正」。而在這七類忠臣之中，「危身奉上」、「危身利國」對儒臣來說，往往需要直言進諫才能體現出來。徐復觀先生說：「納諫是中國政治思想上婦孺皆知的大經，而殺諫臣、殺忠臣也是中國政治現實中的家常便飯。」〔註25〕儘管納諫有輕則被貶、重則致死的危險，但是直言進諫一直是歷代儒家士大夫所推崇一種忠德實踐形式，因為納諫被貶或者被殺往往被視為忠臣的典範，甚至視「武官死戰，文官死諫」為一種榮耀。孟子認為忠言直諫是臣子的職責。他說：「君有大過則諫，反覆之而不聽，則易位。」（《孟子‧萬章下》）君主有過錯，臣子應當及時勸諫，否則就是失職，但是如果君主對臣下的多次諫言置之不理，臣子可以為了正義而推翻君主。當然，「易位」是在君主嚴重失職的情況下做出的選擇，平時臣子諫言的主要目的是「格君心之非」（《孟子‧離婁上》）。

事實上，直言進諫是多方面的，可以指責皇帝執政方面的過失，如濫用刑罰、授官不公、窮兵黷武等等；也可以指責皇帝的生活作風問題，如奢侈淫欲，不守先帝遺訓等等。因此，直言進諫可以起到監督的作用，對治國安邦具有重要的價值。

例如，著名理學大師張栻因為直言進諫有功而受到禮贊。宋孝宗曾經說他是「伏節死義之臣，難得」時，張栻回答說：「當於犯顏敢諫中求之。若平時不能犯顏敢諫，他日何望其伏節死義？」（《宋史‧張栻傳》卷四百二十九）他這種忠言進諫的行為，得到了朱熹的稱讚。朱熹說他：「小大之臣，奮不顧身以任其責者蓋無幾人。而其承家之孝，許國之忠，判決之明，計慮之審，又未有如公者。」（《朱熹集‧右文殿修撰張公神道碑》卷八十九）

但是，由於道統和政統、君主專制的衝突，直言進諫有時候存在很大的

〔註25〕徐復觀，學術與政治之間〔M〕，上海：華東師範大學出版社，2009：58。

風險甚至有生命危險。例如，唐僖宗廣明元年（公元 880 年），左拾遺侯昌業就是因爲直言進諫才被唐僖宗賜死的。侯昌業認爲唐僖宗：「上不親政事，專務遊戲，賞賜無度，田令孜專權無上，天文變異，社稷將危，上疏極諫。」結果「上大怒，召昌業至內侍省，賜死。」（《資治通鑒・僖宗廣明元年》卷二百五十三）侯昌業指責唐僖宗幾大過失：「不親政事」、「專務遊戲」、「賞賜無度」、「田令孜專權無上」，但是唐僖宗不僅不聽，反而殺了忠言直諫的侯昌業，所以，沒過多久，唐朝也就亡了。這是唐代後期皇帝無視諫官直言進諫的後果。

當然，儒家的立言之忠，除了直言進諫之外，還有很多其它的形式如朝廷設立的「經筵講」、諷諫、順諫、規諫、致諫、屍諫等。這些對「正朝廷綱紀，舉百司紊失」（《唐會要・御史臺上》卷六十）有重要作用。

總之，對儒家來說，立言的目的是爲了國泰民安、社會發展，這也是他們「仁者以天下爲己任」的積極進取的姿態，是值得肯定的。正如美國著名漢學家約瑟夫・列文森所說：「官僚儒家不是可憐蟲，他們仍然有能力堅決反對那種可能把他們變成可憐蟲的權力。」〔註26〕而立言之忠是他們表達正義，反對專制皇權把他們變成「可憐蟲」的一種形式。對儒家來說無論是立德之忠還是立言之忠，都強調「以德抗位」，弘揚的是仁道和正義，這是一種以天下爲己任的道德使命感和社會責任感的忠德實踐行爲。

三、立功之忠

那些名留青史、世代受人稱讚的人往往是歷史上的有功之人，他們爲國家和社會的發展，作出了自己所處的那個時代最大的成績和貢獻。對于忠德的歷史實踐來說，立功之忠有哪幾種類型呢？我們認爲，立功之忠主要有：儒士立功之忠、儒臣立功之忠和儒將立功之忠。

第一，儒士立功之忠。許慎《說文解字》說：「儒，柔也。術士之稱。從人，需聲。」段玉裁解釋說：「鄭目錄云『儒行者，以其記有道德所行。儒之言，優也，柔也；能安人，能服人。又儒者濡也，以先王之道能濡其身。」孔子將儒士分爲「君子之儒」和「小人之儒」，並告誡子夏：「女爲君子儒，無爲小人儒。」（《論語・雍也》）荀子把儒分爲「俗儒」、「雅儒」、「大儒」（《荀

〔註26〕〔美〕約瑟夫・列文森，儒教中國及其現代命運〔M〕，鄭大華、任菁譯，桂林：廣西師範大學出版社，2009：195。

子·儒效》)。王充把「儒」分爲「儒生」、「通儒」、「文儒」和「鴻儒」。「能說一經者爲儒生」(《論衡·超奇》);通儒則「五經皆習」,同時還「懷百家之言」,並且「通仁義之文,知古今之學」(《論衡·別通》);文儒則「好學勤力,博聞強識,世間多有;著書表文,論說古今,萬不耐一。然則著書表文,博通所能用之者也。」(《論衡·超奇》);鴻儒則「能精思著文連結篇章者」(《論衡·超奇》)。「儒生」、「通儒」、「文儒」和「鴻儒」具有一定的層次,王充說:「儒生過俗人,通人勝儒生,文人逾通人,鴻儒超文人。故夫鴻儒,所謂超而又超者也。……然鴻儒,世之金玉也,奇而又奇矣。」(《論衡·超奇》)王充的分類很細緻,但是在我們看來,儒生、通儒、文儒、鴻儒都是儒士或儒家。所謂儒士,就是信奉儒家經典或者以儒家經典作爲立身行世的知識分子,他們「能安人,能服人」,對社會有貢獻。具體地說,儒士立功之忠的主要表現是明道和救世。

其一,明道。儒士以弘「道」爲宗旨,奉行「爲天地立心,爲生民立命,爲往聖繼絕學,爲萬世開天平」的價值原則,在社會危機、社會動亂時期表現出強烈的經世爲民的巨大熱情,在和平安定時期又往往表現出一種居安思危的前瞻性的視野和人文關懷。他們通過博覽全書和自己對社會的觀察,繼往開來,創立學說,用思想來影響人、教育人。春秋戰國時期,社會秩序混亂,君不君,父不父,子不子。在面對社會秩序混亂,價值失落,道德紊亂,名不符實的社會歷史現實時,儒家之士如孔子、孟子、荀子等思想家,通過自己對社會的深刻洞察與分析,提出了拯救社會的方案,影響了一代又一代人。這是他們立功之忠的表現。

孔子創立了以「仁」和「禮」爲核心價值體系的儒家學說,開創了私人講學的風氣,爲社會培養了大批知識分子。《史記·孔子世家》說:「孔子以詩書禮樂教,弟子蓋三千焉,身通六藝者七十有二人。」同時,他還整理了「六經」,爲文化的傳承做出了卓越貢獻。後世的君主給孔子帶上了無限榮耀的光環,說他是「素王」,是「至聖先師」。如果說這些君主稱讚孔子是出於政治統治的需要,那麼儒學之外的佛教學者也大贊孔子,則是眞實的表現出了人們對孔子功績的肯定。例如,北宋著名佛教學者智圓說:「豈知非仲尼之教,則國無以治,家無以寧,身無以安。」(智圓《閒居編·中庸子傳》卷一九)這正是體現了孔子的價值和功勞。張國剛教授認爲:「孔子在中國歷史上,至少作出以下三項破天荒的創舉:是進行大規模私家講學的活動的第一人,

打破官府壟斷教育局面，將之引向民間；第一次創立了具有相對獨立意義的學派，即不依附某個特定政治勢力，以思想的傳承爲紐帶的學術集體；最早地將政治、社會及人際關係等實際問題蒸發爲非參政人士探討的學術問題，並且建立起系統的思想體系。」〔註 27〕孔子建立的功業，歷史將永遠以濃墨重彩的筆調來紀念他，他的價值也永遠會昭示後人爲社會、國家和民族的進步而奮鬥不息。

　　孟子爲了治理當時動亂的社會，提出「仁政」學說，主張重義輕利，「民爲貴，社稷次之，君爲輕」。他如孔子一樣，爲了尋找治國安邦的機會，四處奔波遊走。當時「天下方務於合從連衡，以攻伐爲賢，而孟軻乃述唐、虞、三代之德，是以所如者不合」（《史記・孟子荀卿列傳》），他最後以失敗告終，只好「退而與萬章之徒序詩書，述仲尼之意，作孟子七篇」（《史記・孟子荀卿列傳》）。這也反映了孟子作爲儒士，爲社會的發展做出的努力。

　　荀子爲了要治理好當時混亂的社會，主張「隆禮重法」。他認爲「人之性惡，其善者僞也」（《荀子・性惡》），只有加強後天的學習才能使人變得善良，社會才能治理好。他曾經在齊國稷下學宮講學，弘揚自己的學說。面對當時的社會現實和思想文化條件，他對先秦的儒家文化做了一次較爲系統的總結，是先秦百家爭鳴的集大成者。

　　隋唐社會相對於前代來說比較富裕，這爲一些人追求長生不死、紙醉金迷的生活提供了物質基礎。同時，又由於佛教主張人們出世成佛，道教號召人們煉丹成仙，儒士們感到一種空前的文化危機。韓愈首倡「道統」，強調「博愛之爲仁」，並且發動「文以載道」的古文運動。他說：「斯吾所謂道也，非向所謂老與佛之道也。堯以是傳之舜，舜以是傳之禹，禹以是傳之湯，湯以是傳之文、武、周公，文、武、周公傳之孔子，孔子傳之孟軻。軻之死，不得其傳焉。」（《韓愈集・原道》）韓愈認爲，這個「道」不是道家和佛教所說的「道」，而是以儒家的忠孝仁義爲中心的道德理性主義思想體系。他說：「博愛之謂仁，行而宜之之謂義，由是而之焉之謂道，足乎己無待於外之謂德。仁與義爲定名，道與德爲虛位。」（《韓愈集・原道》）並且，韓愈認爲，這種仁義之道不是爲了個人的私欲，而是代表社會公正和正義。他說：「凡吾所謂道德云者，合仁與義之言之也，天下之公言也。」（《韓愈集・原道》）韓愈這種忠心提倡儒家道統的勇氣，顯示了一位儒士在面對佛老衝擊下對振興儒家

〔註 27〕張國剛、喬治忠等，中國學術史〔M〕，上海：東方出版中心，2002：34。

文化的自覺和自信。這對後世產生了重大影響，他爲儒學的發展立下了不朽功勳。同時，韓愈在面對唐憲宗沉溺佛教不能自拔時，直言上書《諫迎佛骨表》，認爲把「佛骨」迎入宮中供奉，是一種「傷風敗俗，傳笑四方」的荒謬絕倫的事。他自己替皇帝感到「實恥之」。他建議皇帝應當「以此骨付之有司，投諸水火，永絕根本，斷天下之疑，絕後世之感。」（《韓愈文集‧諫迎佛骨表》）爲此，唐憲宗龍顏大怒，幾乎要處死韓愈，所幸群臣勸諫，才勉一死。這體現了一位儒士對社會和國家的責任意識，也體現了一位儒士對國家的忠誠。

宋代理學家如二程、朱熹、張栻和心學家陸九淵等，在內憂外患中豎起了「天理」的大旗。他們對唐代中葉以來的藩鎮割據、社會道德淪喪、人性淪落的現象進行了深刻的反思，構建了影響後世封建社會達近八百年之久的「理學」倫理思想體系。他們爲社會道德的重建、國家政權的穩定、人性修養的途徑等等方面作出了巨大努力。這些正是儒士立功之忠的典範。

其二，救世。儒士救世主要是忠於國家、針貶時弊、匡正時政、服務民眾、踐履正道、與時代共呼吸，爲使社會有秩序發展，紛紛提出自己的建設方案，貢獻自己的才智。如漢代陸賈、賈誼從強大秦國的迅速滅亡中總結歷史經驗教訓，爲當政權者提供施政參考。他們認爲秦國的滅亡是因爲不實行「仁政」，用殘暴的方式虐民、濫用民力、窮兵黷武引起的。賈誼說：「然秦以區區之地，至萬乘之勢，序八州而朝同列，百有餘年矣。然後以六合爲家，崤函爲宮。一夫作難而七廟墮，身死人手，爲天下笑者，何也？仁心不施，而攻守之勢異也。」（賈誼《新書‧過秦上》）陸賈說：「秦非不欲治也，然失之者，乃舉措太眾、刑罰太極故也。」（陸賈《新語‧無爲》）因此，他們認爲，國家應當實行仁政，給民以修養生息的機會，這樣社會才能安定、經濟才能發展。

爲了整頓社會秩序，儒士堅持正義、彰善癉惡。在行動上與強權、暴政和邪惡進行不妥協的鬥爭，即使慘遭殺身之禍、滅族之災也在所不惜。

最典型的是明清兩代儒士，因爲明清兩代王權加強，儒士的抗爭也最爲激烈。當時的著名儒者如王夫之、顧炎武、黃宗羲、陳確、唐甄等等，高舉「天下爲主，君爲客」的大旗，對君主專制進行了激烈批判。黃宗羲認爲，君主們「屠毒天下之肝腦，離散天下之子女，以博我一人之產業，曾不慘然」，「敲剝天下之骨髓，離散天下之子女，以奉我一人之淫樂，視爲當然」，因此，「爲天

下之大害者，君而已矣」（《明夷待訪錄·原君》）。唐甄大聲疾呼：「秦漢以來，凡為帝皇者皆賊也。」（《潛書·室語》）還說：「有天下者無故而殺人，雖百其身不足以抵其殺一人之罪。」（《潛書·室語》）顧炎武，原名絳，字忠清。後來因為明朝滅亡，就更名為炎武，原來的字「忠清」，改為字「寧人」，足見其對清廷的痛恨。明亡前，他積極反閹黨，明亡後，他積極抗清，並且猛烈批判「私天下」的君主專制制度。他用實際行動證明了一位出色儒者的立功之忠。

　　總之，廣大儒士為社會安定、國家的統一、民族的團結發出自己的明道救世呼聲，並用行動來改造社會，不是為私而是為公。他們有的因為不與權貴合作而得罪權貴，有的終生流放，有的慘遭殺身之禍，甚至滅門之災（如方孝孺）。儘管儒士立功之忠的實踐行為帶有時代的烙印，有這樣或那樣的歷史局限性，但是其為國家、民族和社會積極奮鬥的精神以及他們在有生之年建立起來的或大或小的功業值得現代人懷念。

　　第二，儒臣立功之忠。一般說來，儒臣是指在朝為重臣、大臣的儒家知識分子，他們是正義之臣、有功之臣，不是貪祿富貴的直臣、諛臣、奸臣、賊臣。儒臣之忠，可以說是「正臣之忠」，《長短經》說「正臣」包括：「聖臣」、「大臣」、「忠臣」、「智臣」、「貞臣」、「直臣」〔註 28〕（趙蕤《長短經·臣行第十》卷二）。因此，「正臣」也就是儒臣。如漢代霍光、三國諸葛亮、唐代魏徵和房玄齡、宋代范仲淹和王安石等都是儒臣的典範。「儒臣」在德性修養、道德意志力、社會建設、國家發展等方面是人之典範、國之楷模。具體說來，儒臣之忠主要表現在兩個方面：一是為政，二是為人。

　　一是為政。在為政方面儒臣「忠以奉上，正以憂公」〔註29〕（《勵忠節鈔·忠臣部》）。荀子說：「儒者法先王，隆禮義，謹乎臣子而致貴其上者也。人主

〔註28〕　「聖臣」、「大臣」、「忠臣」、「智臣」、「貞臣」、「直臣」，《長短經》謂之為「六正。」具體內涵如下：「夫人臣萌芽未動，形兆未見，昭然獨見存亡之機，得失之要，豫禁乎未然之前，使主超然立乎顯榮之處，如此者，聖臣也。」「虛心盡意，日進善道，勉主以禮義，諭主以長策，將順其美，匡救其惡，如此者大臣也。」「夙興夜寐，進賢不懈，數稱往古之行事，以屬主意，如此者，忠臣也。」「明察成敗，早防而救之，塞其間，絕其源，轉禍以為福，君終已無憂，如此者，智臣也。」「依文奉法，任官職事，不受贈遺，食飲節儉，如此者，貞臣也。」「國家昏亂，所為不諛，敢犯主之嚴顏，面言主之過失，如此者，直臣也。」（唐·趙蕤《長短經·臣行第十》卷二）

〔註29〕　轉引自屈直敏，敦煌寫本類書《勵忠節鈔》研究〔M〕，北京：民族出版社，2007：204。

用之，則勢在本朝而宜；不用，則退編百姓而愨；必爲順下矣。……勢在人上則王公之材也，在人下則社稷之臣，國君之寶也。」（《荀子・儒效》）儒臣竭仁義之道，固守忠義，克終臣節，不僭越妄爲，不陷君於不義。他們忠心事君、夙興夜寐、依文奉法，爲國家嘔心瀝血。《漢記》中說：「夫忠臣之於其主，猶孝子之於其親，盡心焉，進而喜，非貪位，退而憂，非懷寵，結志於心，慕戀不已，進得及時，樂行其道。」（《漢紀・孝文皇帝紀下》卷八）說的也是這個道理。

三國時代的諸葛亮就是典型。這位「出師未捷身先死」的一代儒臣，一千多年來受到人們的高度評價。他以「興復漢室」、經邦濟民爲己任。他爲了治理好蜀漢，行不忘先帝託孤之重，坐不忘思存國之計，五次北伐，至死不渝。他以「鞠躬盡瘁，死而後已」的忠德精神，踐履了自己爲國建功立業的一生。他幾乎是集合了儒臣立功之忠的所有優點。在政治上，他主張「以安民爲本」。他提拔蔣琬，也是因爲蔣琬「其爲政以安民爲本，不以修飾爲先」（《三國志・蜀書・蔣琬傳》）並提出：「爲政之道，務於多聞，是以聽察採納群下之言。」（《諸葛亮集・文集・視聽》）他認爲只有「採納群下之言」，才能瞭解民眾的疾苦。在經濟上，他重視農業，要求做到「唯勸農業，無奪其時；唯薄賦斂，無盡民財」（《諸葛亮集・文集・人治》）。在人才任命上，他重視人才，舉賢任能。他說：「治國之道，務在舉賢。」（《諸葛亮集・文集・舉措》）他任人唯賢，因才使器。他重用董和、趙雲、楊洪等；又培養蔣琬、費禕、董允、姜維等，所用之人，堪稱蜀中精英。《華陽國志》高度稱讚了諸葛亮提拔的人才：「辟尙書郎蔣琬及廣漢李邵、巴西馬勳爲掾，南陽宗預爲主薄，皆德舉也。秦密爲別駕、犍爲五梁爲功曹、梓潼杜微微主薄，皆州俊彥也。而江夏費禕、南郡董允、郭攸之始爲郎，讚揚如月。」（《華陽國志・劉後主傳》）正因爲他是有功之臣，死後被諡爲「忠武侯」，受到歷代稱讚。杜甫稱之爲：「諸葛名臣垂宇宙，宗臣遺像肅清亮。」（《杜甫全集・詠懷古迹之五》）朱熹稱讚爲：「三代而下，必義爲之，只有一個諸葛孔明。」（《朱子語類》一百三十六）諸葛亮以一代儒臣的光輝典範詮釋了儒臣之忠對國家、社會和民族的價值和意義。

二是爲人。儒臣在爲人方面，能夠做到「智慮足以圖國，忠貞足以悟主，公平足以懷眾，溫柔足以服人」，「進不失忠，退不失行」（《群書治要・體論》卷四十八）。伴君如伴虎，如果儒臣不是在爲人方面有出色的修養，就很難處

理好君臣關係，處理不好就可能會招來殺身之禍。在君與臣關係上，儒臣往往能夠融洽君臣關係，使君臣關係達到猶如魚與水的關係，正如劉備稱讚諸葛亮那樣「孤之有孔明，猶魚之有水」(《三國志・蜀書・諸葛亮傳》)。在臣與民的關係上，他們能夠做到「將之養之，育之長之」(《說苑・貴德》)。同時，儒臣自身能夠做到以德養身，以德行事，他們「雖窮困凍餒，必不以邪道爲貪。無置錐之地，而明於持社稷之大義。嗚呼而莫之能應，然而通乎財萬物、養百姓之經紀」(《荀子・儒效》)。

　　諸葛亮就是如此。他在爲人方面，生活節儉，廉潔奉公，不耽榮祿，主張「夫君子之行，靜以修身，儉以養德」，並以「非淡泊無以明志，非寧靜無以致遠」(《諸葛亮集・文集・誡子書》)告誡後代。建興三年（公元225年），他親自率軍南征，在軍旅途中，生活極爲節儉。他說：「五月渡瀘，深入不毛，並日而食。」(《諸葛亮集・文集・後出師表》)在北伐途中，他「夙興夜寐……所啖食不至數升」(《三國志・蜀書・諸葛亮傳》)。建安十九年（公元214年），劉備「賜諸葛亮、法正、（張）飛及關羽金各五百斤，銀千斤，錢五千萬，錦千匹。」(《三國志・蜀書・張飛傳》)他自己曾經在《答李嚴書》中也坦白自己的財富：「位極人臣，祿賜百億。」(《諸葛亮集・答李嚴書》)表面看起來，他受封這麼多，家財應該很豐厚，事實上他的家財卻很少。他在《又與李嚴書》中說：「吾受賜八十萬斛，今蓄財無餘，妾無副服。」(《諸葛亮集・文集・又與李嚴書》)這說明他受賜雖多，但是沒有過多的私人財產。他把大部分財產用於賞賜有功的將士了。他說：「吝則賞不行，賞不行則士不致命，士不致命則軍無功。」(《諸葛亮集・將苑》)他臨終時「遺命葬漢中定軍山，因山爲墳，冢足容棺，斂以時服，不須器物」(《三國志・蜀書・諸葛亮傳》)，主張薄葬自己。總之，儒臣一般具有較高的道德修養，能促進社會和國家的發展，對社會或後世有深遠的積極影響。

　　第三，儒將立功之忠。所謂儒將主要指受到儒家教育並以儒家的道德規範來爲人處世的將帥。他們可能不像儒家學者那樣在思想創造上有很深的造詣，也不像儒臣那樣運籌帷幄，決勝千里。儒將更多的是民族英雄，他們建功之忠主要體現在保衛國家的領土不受侵犯，爲國家的穩定和發展及民眾的生命財產安全起保護作用。儒將的立功之忠，主要有以下幾個方面。

　　首先，在動亂時期，儒將英勇保衛國家，反抗侵略，甚至不惜犧牲自己的生命。諸葛亮在《將苑》中說：「故善將者，……見利不貪，見美不淫，以

身殉國，一意而已。」（《諸葛亮集・將苑・將志》）凡爲將者爲了國家往往把自己的生命置之度外，又能克制住自己的貪婪淫欲，必要的時候「以身殉國」。

例如，北宋著名儒將楊業。他在奉命護送四州民眾撤退時，遭遇契丹國大軍。儘管他自己知道難以抵禦強敵，但是還是被迫奉令孤軍奮戰，最後「馬重傷不能進，遂爲契丹所擒。……乃不食，三日死」（《宋史・楊業傳》卷二百七十二）。

又如，盡忠報國〔註30〕的岳飛。他多次抗擊金國的侵略，收復了被金國侵佔的部分國土。他爲了洗刷國恥，忠義報國，奮鬥終生。岳飛說：「我輩……當以忠義報國，立功名，書竹帛，死且不朽。若降而爲虜，潰而爲盜，偷生苟活，身死名滅，豈計之得矣？建康，江左形勝之地，使胡虜盜據，何以立國？」（岳珂《鄂國金佗稡編》卷四《行實編年》卷一）「忠義報國」是他盡忠報國的體現。儘管他被南宋投降派以「莫須有」的罪名殺害了，但是卻受到後人的敬重。他的「盡忠報國」的精神不僅積極地影響了後人，就在當時也影響甚大，甚至還感動了南宋的一些投降派。據《宋史・何鑄傳》記載：「秦檜力主和議，大將岳飛有戰功，金人所深忌，檜惡其異己，欲除之，脅飛故將王貴上變，逮飛繫大理獄。先命鑄鞫之。鑄引飛至庭，詰其反狀。飛袒而示之背，背有舊涅『盡忠報國』四大字，深入膚理。既而閱實俱無驗，鑄察其冤，白之檜。檜不悅曰：『此上意也。』鑄曰：『鑄豈區區爲一岳飛者，強敵未滅，無故戮一大將，失士卒心，非社稷之長計。』檜語塞，改命万俟卨。飛死獄中，子雲斬於市。」（《宋史・何鑄傳》卷三百八十）岳飛被誣陷，主審的御史中丞何鑄，詰問岳飛的「反狀」，岳飛袒露了腰背上「盡忠報國」四個字。這讓何鑄很震撼。審問後，他不怕丟官罷職，很坦率地反對上司秦檜對岳飛的處置措施。後來，何鑄因此而被罷官，貶謫「徽州」。由此可見，當時的岳飛「盡忠報國」震撼人心的程度。

〔註30〕 也有人說是「精忠報國」，但是《宋史・何鑄傳》說的是「盡忠報國」：「飛袒而示之背，背有舊涅，『盡忠報國』四大字，深入膚理。」鄧廣銘著的《岳飛傳》（北京：生活・讀書・新知三聯書店 2007 年版）和龔延明著的《岳飛評傳》（南京：南京大學出版社 2001 年版）都採用「盡忠報國」的說法，杭州西湖嶽廟裏寫的也還是「盡忠報國」，所以，我們這裡採用「盡忠報國」一說。至於爲什麼有的人用「精忠報國」，這可能與宋高宗有關，宋高宗爲了表彰岳飛在抗擊金國入侵戰鬥中的的戰功，曾經御賜了「精忠岳飛」四個字賞給岳飛。人們爲了紀念岳飛，大概在明清以後，「盡忠報國」就逐漸變成了「精忠報國」。

　　其次，在戰場上，儒將能奮勇殺敵，不怕犧牲，爲國建功立業。戰爭必然意味著流血犧牲，在與敵軍的戰鬥中，儒將有戰必勝、視死如歸的信念，而絕不會臨陣脫逃，更不會賣國求榮。他們能夠做到「將受命之日則忘其家，臨軍約束則忘其親，援枹鼓則忘其身。」（《長短經‧忠疑第二十四》卷八）劉向在《說苑‧指武》中說：「必死不如樂死，樂死不如甘死，甘死不如義死，義死不如視死如歸，此之謂也。故一人必死，十人弗能待也；十人必死，百人弗能待也；百人必死，千人不能待也；千人必死，萬人弗能待也；萬人必死，橫行乎天下。」（《說苑‧指武》）因此，在戰場上，儒將能做到不怕戰死，這種不怕死的信念，是儒將立功之忠所應當具備的忠德信念。

　　例如，霍去病就是如此。他是西漢大將，爲了打擊匈奴，他忠勇善戰，多次深入匈奴國境內，戰功卓著。二十四歲時，他帶領一支八百人的騎兵部隊，深入匈奴王庭，斬殺二千多名敵軍，勝利返回。漢武帝因爲霍去病功大，賞賜給他一座庭院，霍去病辭謝說：「匈奴未滅，無以家爲也。」（《史記‧衛將軍驃騎列傳》）足見其爲國立功的決心。再如趙充國，他是西漢精忠報國的戍邊老將，七十多歲還向漢武帝請戰殺敵。《漢書》說：「時，充國年七十餘，上老之，使御史大夫丙吉問誰可將者，充國對曰：『亡逾於老臣者矣。』」（《漢書‧趙充國辛慶忌傳》）表現出一位儒家宿將盡心爲國、戰無不勝的自信心。在戰場上，他「沈勇有大略」，「通志四夷事」。同時，他「常以遠斥候爲務，行必爲戰備，止必堅營壁，尤能持重，愛士卒，先計而後戰。遂西至西部都尉府，日饗軍士，士皆欲爲用。」（《漢書‧趙充國辛慶忌傳》）表現出一位儒將愛惜士兵、博聞善戰的高尚風範。因此，儒將在戰場上會盡心盡力、忠勇爲國、足智多謀，這些是他們立功的優秀品質。當然，儒將戰必勝、視死如歸的信念又不是爲了作無謂的犧牲，而是會做到死得其所，死「重於泰山」。儒將立功之忠不是意味著在戰場上殺人越多就越英勇，而是在戰爭中爲了取得勝利，不能不英勇作戰，以防止戰敗而導致整個國家和民族最大的損失和犧牲。

　　最後，在和平時期，儒家能做到以德養身待人、關心民眾、愛惜士兵、維護國家的統一和社會的穩定，具有深厚的武德修養。具體地說，儒將立功的表現主要體現在：維護國家的穩定和保證社會發展有序進行；關心民眾疾苦，體貼士兵，以身作則，禁暴除亂；視邪惡和醜陋現象如寇讎，爲伸張正義，勇猛前行。同時，儒將自身往往有很深的武德修養，他們廉潔奉公，謙慎不驕，寬容大度。

如戰國吳起。他帶兵不僅常常與士兵「同衣食」,「分勞苦」,而且做到了「卒有病疽者,起為吮之」,愛兵如子。(《史記・孫子吳起列傳》)又如,岳飛帶兵,紀律嚴明,要求士兵做到「凍死不拆屋,餓死不鹵掠」(《宋史・岳飛傳》卷三百六十五)。

《左傳・宣公十二年》說為儒將應當做到,「禁暴、戢兵、保大、定功、安民、和眾、豐財」等「七德」。陳瑛先生主編的《中國倫理思想史》將其解釋為:「禁止暴亂,消弭戰爭,保有天下,擴大疆土,鞏固功績,安定臣民,和合百姓,豐聚財富。」〔註31〕這「七德」往往為儒將所遵循和踐行。

例如,唐代張巡就是這樣。他博覽群書,忠勇善戰。他每次與叛將安祿山部將尹子琦大戰,都咬牙切齒,恨之入骨。後因兵敗被害,死時只剩下兩三顆牙齒。(《新唐書・張巡傳》)這是他嫉惡如仇的表現。又如唐代郭子儀,他平定安史之亂,功高蓋世,但無半點以功自居的自滿心態。這些儒將都體現出深厚的武德修養。

總之,儒將立功之忠,不僅在戰場上戰功卓著,為國家和社會的安定與穩定做出了重要的貢獻,而且在為人之忠方面也表現出色。他們並沒有很深的儒家理論水平,而往往是通過實際行動來踐履儒家忠德精神,為國家和民族建功立業。

第三節　忠孝統一與衝突

忠和孝是中國倫理思想史上兩個極為重要的道德規範,也是中國人的兩個最基本的道德義務。程顥說:「父子君臣,天下之定理,無所逃於天地之間。」(《二程集・河南程氏遺書》卷五)理學集大成者朱熹也說:「君臣父子之大倫,天之經,地之義,而所謂民彝也。故臣之於君,子之於父,生則敬養之,沒則哀送之,所以致其忠孝之誠者,無所不用其極而非虛加之也。」(《朱熹集・戊午讜議序》卷七十五)通常說,孝是屬於家庭倫理的範疇。《孝經》開篇就說:「身體髮膚,受之父母,不敢毀傷,孝之始也。立身行道,揚名於後世,以顯父母,孝之終也。夫孝,始於事親,中於事君,終於立身。」(《孝經・開宗明義章》)在實踐中,孝的首要的行為是善事父母,如養親、敬親、順親、待親、諫親、喪親、祭親等。忠就其本來意義上說,是盡己利人,包

〔註31〕陳瑛,中國倫理思想史〔M〕,長沙:湖南教育出版社,2004:405。

括爲人之忠和爲政之忠。那麼，在實踐中忠與孝究竟是一種什麼樣的關係呢？我們認爲忠和孝在實踐中有統一，也有衝突。

一、忠孝統一

　　忠與孝是我國傳統社會「家國一體」、「家國同構」的社會結構集中體現。孝是忠的一種實踐方式和表現形式，是對長輩們的「盡忠」。中國人民大學蕭羣忠教授認爲，孝具有兩種倫理內涵：一是宗教倫理如尊祖敬親，二是家庭倫理如善事父母、生兒育女、傳宗接代等等，而孝的核心內容是家庭倫理即善事父母。〔註32〕如果從德性的角度來說，忠是指盡心盡力，是一種「全德」，「孝」則是對「忠」的分有，因爲行孝必須忠。《忠經》說：「君子行其孝，必先以忠。」（《忠經‧保孝行章》）

　　忠與孝的實踐精神具有同質性。從忠孝的實踐精神價值上來說，兩者都指行爲主體「盡心盡力」做人做事，兩者具有內在的一致性。如善事父母要盡心盡力，要做到「昏定晨省，調寒溫，適輕重，勉之於糜粥之間，行之於衽席之上」（《新語‧愼微》），這本身就是忠的行爲。曾子奉養曾晳，「必有酒肉。將徹，必請所與。問有餘，必曰：『有。』」（《孟子‧離婁上》）這種盡心盡力盡孝的精神，就是忠德精神的體現，因爲忠的本來內涵就是盡己利人。孔子說：「今之孝者，是謂能養。至於犬馬，皆能有養。不敬，何以別乎？」（《論語‧爲政》）養父母如果不懷有一種內心忠敬的態度，這與飼養動物沒有什麼區別。奉養父母是融忠與敬於行動之中，而不僅僅是物質的供應。由此可見，孝行之中無論是養親、敬親還是尊親都應當盡心、誠心、敬心，這自然必然含有「忠」的德性，因爲忠本身就是「盡己利人」，具有「誠」和「敬」的內涵。

　　忠與孝的內在動機具有統一性。兩者都是一種善德、善行，而不是一種盲目的衝動，都是以善爲目的和手段，都是一種善的實踐行爲。荀子曾經把「孝」分爲三個層次：小行、中行、大行。他說：「入孝出弟，人之小行也；上順下篤，人之中行也；從道不從君，從義不從父，人之大行也。」（《荀子‧子道》）荀子認爲，「孝」不是對君與父不加分析的盲從，而要堅持道義和善的標準。在什麼樣的情況下才「從道不從君，從義不從父」呢？荀子認爲有

〔註32〕參閱蕭羣忠，孝與中國文化〔M〕，北京：人民出版社，2001：25。

三種情況。他說：「孝子所以不從命有三：從命則親危，不從命則親安，孝子不從命乃衷；從命則親辱，不從命則親榮，孝子不從命乃義；從命則禽獸，不從命則修飾，孝子不從命乃敬。」荀子從「親危」、「親辱」、「從命則禽獸」三種情況來說明如何行孝。如果在從命危害父母，或者使父母受辱，或者聽從父命就是禽獸的行爲等情況下，可以不聽從父母的命令。供養父母要盡心盡力，充滿忠敬之心。父母有錯要及時勸諫，以免父母受恥辱。《大戴禮記》說：「父母之行，若中道則從；若不中道則諫。……從而不諫，非孝也；諫而不從，亦非孝也。」（《大戴禮記·曾子事父母》）父母的行爲「若不中道」，孝子應當「致諫」，以善諫親，使父母不犯錯誤，避免父母因爲犯錯誤而遭受侮辱。這樣才是「眞孝」。《大戴禮記》說：「不恥其親，君子之孝也。」（《大戴禮記·曾子立孝》）所以，「君子之孝也，以正致諫。」（《大戴禮記·曾子事父母》）如果自己行爲正確，自己規勸父母，父母不聽，那麼，子女可以不聽，應當遵守「從義不從父」的原則。所以，《孝經》說：「父有爭子，則身不陷於不義。故當不義，則子可以不爭於父。臣不可以不爭於君。」（《孝經·諫諍章》）只有這樣，君子的孝行，才是合理的。這樣行孝才是一種樂趣。這對君子來說是一種孝的德性，而這種孝的德性本身就是一種忠的行爲。

忠與孝實踐行動具有一致性。《禮記》說：「忠臣以事其君，孝子以事其親，其本一也。」（《禮記·祭統》）孔子說：「孝慈則忠。」（《論語·爲政》）這種推己及人的「孝」，離開家庭走向社會就會變成「忠」。《戰國策·趙策》說：「父之孝子，君之忠臣也。」《呂氏春秋》也說：「人臣孝，則君忠」，「非孝也，事君不忠」。（《呂氏春秋·孝行覽·孝行》）因爲盡孝和盡忠在實踐行動上具有一致性，所以古代在選拔官員的時候，往往「求忠臣於孝子之門」。東漢韋彪說：「夫國以簡賢爲務，賢以孝行爲首。孔子曰：『事親故忠可移於君，是以求忠臣必於孝子之門。』……忠孝之人，持心近厚。」（《後漢書·韋彪傳》）這也是忠孝統一的典型觀點。明代大儒陳獻章總結說：「夫忠孝之推也，不孝於親而忠於君，古之未有也。」（《陳獻章集·永慕堂記》卷一）傳統社會法律體系中有「十惡不赦」罪：謀反、謀大逆、惡逆、不道、大不敬、不孝、不睦、不義和內亂，其中「不孝」和「不忠」都在「十惡不赦」之罪之中。仔細分析可以看出，這「十惡不赦」之罪的倫理基礎就是忠與孝。同時，按照忠孝一體的思維模式，不孝就暗示了「不忠」。所以，《孝經》說：「五刑之屬三千，而罪莫大於不孝。」（《孝經·五刑章》）由此可見，忠與孝

具有統一性。當然，對於統治者來說，有時候強調「孝」的目的是爲了強調「忠」。例如，漢代提倡「以孝治天下」隱含的目的還是「以忠治天下」，重視孝是手段，盡忠才是統治者的目的。

忠孝統一在現實行爲中有哪些表現呢？我們在忠孝統一的行爲實踐中，至少有三種情況：一是忠孝兩全；二是忠孝並序；三是以忠全孝。

第一，忠孝兩全。忠孝兩全是在行爲上表現出先忠後孝或先孝後忠，兩者在行爲時間上具有秩序性，但是在實踐上兩者是一致的。這有兩種情況，一是忠孝兩全比較好的結局，一種是需要做出巨大犧牲的結局。

《呂氏春秋・仲冬紀・當務》記載個一件忠孝兩全結局比較好的案例。楚國的直躬因爲父親偷了羊，他向官府告發父親。官府把他父親抓起來準備殺頭，這時直躬請求代替父親受刑。臨刑前，他說：「父竊羊而謁之，不亦信乎？父誅而代之，不亦孝乎？信且孝而誅之，國將有不誅者乎？」他說自己的父親偷了羊向官府告發，這是對國家的忠誠；代替父親受刑這是在盡孝，像他這樣既忠且孝、忠孝兩全的人都要被殺，那麼國家就沒有不該殺的人了。他這樣一說，結果「荊王聞之，乃不誅也。」國君下令不殺直躬，赦免了他的罪。這個案例《論語・子路》和《莊子・盜跖》也都有記載，應該是可信的。這是忠孝兩全的典型，這種結果是比較理想的。

還有一種忠孝兩全結局比較悲慘，但是確實是屬于忠孝兩全的範疇。例如，先秦楚國的石渚就是一例。他做到了忠孝兩全，既盡忠又盡孝。《呂氏春秋》記載了這個案例：「荊昭王〔註33〕之時，有士焉曰石渚。其爲人也，公直無私，王使爲政。道有殺人者，石渚追之，則其父也。還車而反，立於廷曰：『殺人者，僕之父也。以父行法，不忍；阿有罪，廢國法，不可。失法伏罪，人臣之義也。』於是乎伏斧鑕，請死於王。王曰：『追而不及，豈必伏罪哉？子復事矣。』石渚辭曰：『不私其親，不可謂孝子；事君枉法，不可謂忠臣。君令赦之，上之惠也；不敢廢法，臣之行也。』不去斧鑕，歿頭乎王廷。」（《呂氏春秋・離俗覽・高義》）石渚父親殺人，他作爲政府執法人員，又不能不抓，抓了父親有違孝道，不抓又違忠道。所以，爲了做到忠孝兩全，他選擇先抓父親以盡忠道，又以自殺的方式來盡孝道。又例如東漢遼西太守趙苞，他的母親與妻子被鮮卑貴族劫爲人質。趙苞面對這種情況時，則說：「昔爲母子，今爲王臣，義不得顧私恩、毀忠節，唯當萬死，無以塞罪。」（《後漢書・趙

〔註33〕荊昭王，即楚昭王，公元前 515 年至公元前 489 年在位。

苞傳》）結果，母親和妻子遇害。事後，趙苞認爲自己雖捨母全忠，卻有違孝道。他說：「食祿而避難，非忠也；殺母以全義，非孝也。如是，有何面目立於天下！」（《後漢書‧獨行列傳》）於是，嘔血而死。雖然這種忠孝兩全現代看來很殘忍，但是在當時來說，石渚和趙苞作爲國家官員，爲國家盡忠是必須的，同時爲父母盡孝也是應當的。因此，他們先是爲國家盡忠，後來爲父母盡孝，做到了忠孝兩全。

第二，忠孝並序。忠孝並序的情況比起忠孝兩全的情況來說，現實的結果要樂觀一些。忠孝行爲主體，在面對忠孝的選擇時，既能兼顧忠又能兼顧孝，這是一種比較完美的忠孝統一的結局。例如，古代花木蘭代父從軍，就做到了忠孝並序。她代替父親從軍，這是對父親盡孝，在戰場殺敵，這是爲國家盡忠。

當然，忠孝並序情況下的忠，通常不是指一種廣義上的忠，而是狹義上的忠。這時候的忠，主要指一種爲政之忠。《禮記‧喪服四制》說：「門內之治恩掩義；門外之治義斷恩。」意思是說，人若在朝廷爲官，則應當絕父子之情；如果在家爲子，則應當以父子之情斷君臣之義。這是從狹義的角度上來說忠的。

《晉書》記載了劉斌對忠孝並序的看法。他說：「敦敘風俗，以人倫爲先；人倫之教，以忠孝爲主。忠故不忘其君，孝故不忘其親。若孝必專心於色養，則明君不得而臣；忠必不顧其親，則父母不得而子也。是以爲臣者，必以義斷其恩；爲子也，必以情割其義。在朝則從君之命，在家則隨父之制。然後君父兩濟，忠孝各序。」（《晉書‧庾純傳》）劉斌討論的忠孝各序，是繼承了上述《禮記‧喪服四制》的傳統。從政治道德的視野看來，臣在朝爲官，在某種意義上是已經把「身」交給國家了，所以，「身非己有」，已經不屬於自己的家庭。因此，在朝爲官，不能以私廢公，只能盡忠。在這個層面上王命具有絕對性和排他性。而在家庭道德領域，則父子之情具有天然性，如果自己沒有在朝中爲官，只要盡孝而無須爲君盡忠，這種忠孝並序體現爲忠與孝各自在自己的規範內行動，互不干涉。

第三，以忠全孝。以忠全孝是用盡忠的辦法來實現孝道。如孝子通過寒窗苦讀，考取功名，入朝爲官，光宗耀祖，實現孝道。司馬遷引用《孝經》的話說：「夫孝始於事親，中於事君，終於立身。揚名於後世，以顯父母，此孝之大者。」（《史記‧太史公自序》）說的也是這個道理。

漢代的毛義較爲典型。他是因爲家貧才入仕爲官以養父母的。《後漢書》

說：「廬江毛義少節，家貧，以孝行稱。南陽人張奉慕其名，往候之。坐定而府檄適至，以義守令，義奉檄而入，喜動顏色。奉者，志尚士也，心賤之，自恨來，固辭而去。及義母死，去官行服。」毛義是爲了盡孝才去做官，所以張奉說他：「賢者固不可測。往日之喜，乃爲親屈也。斯蓋所謂『家貧親老，不擇官而仕』者也。」（《後漢書‧劉平傳》）

　　衣錦還鄉是古人以忠全孝較爲常見的結果。漢武帝重用朱買臣時就說：「富貴不歸故鄉，如衣繡夜行。」東漢光武帝重視忠節，對那些跟隨自己的忠臣，尋找機會特詔上冢，讓他們以忠全孝。例如，他讓韓棱「遷南陽太守，特聽棱得過家上冢，鄉里稱榮。」（《後漢書‧韓棱傳》）建武六年（公元 30 年）春，王常「徵還洛陽，令夫人迎常於舞陽，歸家上冢。」（《後漢書‧王常傳》）這種「一人得道，雞犬昇天」，一人入仕，全家榮耀的現象是以忠全孝的體現。

　　總之，政治世界的原理是家庭內秩序原理的同構型延伸，君臣關係等同於父子關係，故孝可移作忠；兄弟關係可以用於官長，故悌可移作順；家的原理與國的原理相同，故家理與國治是基本同樣的原理。忠孝的不同只是致敬的對象不同而已，其蘊含的道德感及其規範是相同的。〔註 34〕《孝經》是以孝作忠，是以家庭內的秩序原理等同於政治倫理秩序的典範之作。所以，《孝經》說：「故以孝事君則忠」（《孝經‧士章》），「資於事父以事君，而敬同」（《孝經‧士章》），「君子之事親孝，故忠可移於君。……居家理，故治可移於官。」（《孝經‧廣揚名章》）這種移孝作忠是一種類比邏輯，有一定的合理性，但也不盡如此。一般地說，孝子可能是忠臣，但是有時候孝子未必就是忠臣，忠臣未必就是孝子。所以，忠孝一體化，只是忠孝的一個方面，是忠孝統一的體現。但是在實踐中忠與孝往往又有衝突和矛盾的地方。

二、忠孝衝突

　　忠與孝的矛盾往往體現在忠孝不能同時兼顧，忠孝不能兩全，顧此失彼的情況。具體表現主要有：一是捨忠取孝、重孝輕忠，二是捨孝全忠、重忠輕孝。

　　第一，捨忠取孝、重孝輕忠。儒家認爲人倫秩序首先是從家庭開始的。當忠與孝發生衝突的時候，捨忠取孝，重孝輕忠是一種較爲典型的選擇模式。

〔註34〕甘懷眞，皇權、禮儀與經典詮釋：中國古代政治史研究〔M〕，上海：華東師
　　　　範大學出版社，2008：213。

曾參就是典型之一。他說：「吾父母老。食人之祿，則憂人之事，故吾不忍遠親而爲人役。」（《孔子家語·弟子解》）曾參認爲，養親爲大，受人官祿，爲君主效忠爲輕。

孟子曾經分析了桃應提出的一個經典的案例。桃應問，舜爲天子，他的父親瞽瞍殺了人，舜應該怎麼辦？《孟子·盡心上》詳細地記載了解決這個問題的方法：桃應問曰：「舜爲天子，皋陶爲士，瞽瞍殺人，則如之何？」孟子曰：「執之而已矣。」「然則舜不禁與？」曰：「夫舜惡得而禁之？夫有所受之也。」「然則舜如之何？」曰：「舜視棄天下猶棄敝屣也。竊負而逃，遵海濱而處，終身欣然，樂而忘天下。」（《孟子·盡心上》）舜爲天子，父親瞽瞍，他不能干預司法公正，不能阻止皋陶這種正義的執法之士依據法律逮捕瞽瞍。但是，舜卻可以選擇重孝輕忠，捨忠取孝的方法，放棄天子的職位，背著父親偷偷逃至無人知曉的海邊，盡孝子之責，終身欣然。這個故事雖然是一種理論上假設，但反映了儒家一種重孝輕忠的理論模式。

漢代提倡「以孝治天下」，重孝輕忠自然就成爲一些人的選擇方式。例如，東漢的周磐以「孝廉」舉仕，他「頻歷三城，皆有惠政。後思母，棄官還鄉里」（《後漢書·周磐傳》）。又例如，東漢的劉寵，他因爲「母疾，棄官去」（《後漢書·循吏·劉寵傳》）這也是重孝輕忠的典型。《三國志·魏書·邴原傳》記載了曹丕爲太子時與邴原的一次對話：「天子（曹丕）太子燕會，眾賓百數十人，太子建議曰：『君父各有篤疾，有藥一丸，可救一人，當救君邪，父邪？』眾人紛紜，或父或君。時原在坐，不與此論。太子諮之於原，原悖然對曰：『父也。』太子亦不復難之。」（《三國志·魏書·邴原傳》）曹丕打了比方，意思是說君王和父親都生病了，只有一顆藥丸，到底給誰服用。眾賓客中有說給君王有說給父親的，議論紛紛。曹丕問邴原怎麼辦？邴原出乎意外地說給父親服用。其實這是一種倫理學上的兩難選擇。邴原的選擇無疑是一種最爲典型的捨忠取孝模式。

再如，嵇紹的父親嵇康被司馬氏集團殺害，嵇紹不爲父親報仇，反仕司馬氏，最後雖然爲朝廷而死，但是卻受到許多儒家士人的詬病。顧炎武在《日知錄》這樣評價他：「紹之於晉，非其君也，忘其父而事其非君，當其未死，三十餘年之間，爲無父之人亦已久矣，而蕩陰之死，何足以贖其罪乎！」（《日知錄·正始》卷十三）顧炎武說他是「無父之人」，可見儒家對嵇紹這種捨孝求忠之人的批評是嚴厲的。

儒家重孝輕忠、捨忠取孝的極端形式就是「報仇」情結的出現。例如，春秋時期楚國大臣伍子胥。他為了替父親報仇，逃到吳國，為吳王闔閭重用，後來他率兵攻打楚國。此時殺死他父親的楚平王已經去世，伍子胥就掘開楚平王的墳墓，「出其屍，鞭之三百」（《史記・伍子胥列傳》），以報父仇。事實上，為父報仇一直是為傳統儒家所肯定，甚至某種程度上還是贊許的。《公羊傳・隱公十一年》說：「不復仇，非子也。」《公羊傳・定公四年》也說：「父不受誅，子復仇，可也。父受誅，子復仇，推刃之道也。」在儒家看來，孝是家庭倫理的第一美德。《晉書・孝友傳》稱讚「孝」說：「大矣哉，孝之為德也！分渾元而立體，道貫三靈；資品彙以順名，功苞萬象。用之於國，動天地而降休徵；行之於家，感鬼神而昭景福。」所以，儒家重孝輕忠的模式認為，殺父之仇不共戴天，應當報仇雪恨，不然為人所不齒。《大戴禮記・曾子制言上》說：「父母之仇，不與同生，兄弟之仇，不與聚國，朋友之仇，不與聚鄉，族人之仇，不與聚鄰。」當然，為父母報仇是儒家捨忠取孝與重孝輕忠一種極端的形式，這種血緣復仇的現象是現代社會應當摒棄的。

第二，捨孝全忠、重忠輕孝。重忠輕孝是指忠孝發生衝突時選擇忠道而放棄孝道。當然，這與我們現代社會講的為了集體而犧牲個體，為了國家而犧牲家庭具有本質的不同。現代社會國家和家庭的根本利益是一致的，為國家服務也就是為家庭服務。在傳統社會中，家庭和國家的利益具有本質的不同，兩者的根本利益是不一致的。所以，當面對兩者的衝突和矛盾時，忠孝的行為主體要作出理性的抉擇。當然，在儒家看來，重忠輕孝的選擇模式不是隨意的，也不是盲目的，而是指在忠孝發生衝突時行為主體又只能在忠道與孝道兩者之中選擇一種的情況下作出的一種倫理選擇。

有的研究者認為，重忠輕孝模式主要發生在君主專制政權建立之後。如朱鳳祥認為：「自從君主專制政權建立之後，『忠君』作為一種既定觀點，是容不得個人向君主討價還價的，它是臣民必須遵守的政治準則，是無條件的超越一切的神聖義務。唐宋時期特別是理學興起以後，這種觀念愈演愈烈，以至發展到『君雖不君，臣不可以不臣』和『君要臣死，臣不得不死』的地步。」〔註35〕這個論斷從君主的立場來說是成立的，因為忠君作為政治道德

〔註35〕朱鳳祥，傳統中國「忠」「孝」矛盾的理論基因和實踐表徵〔J〕，雲南民族大學學報（哲學社會科學版），2007（3）：78。

要求，自然對統治者來說是必須強調的。李世民也認為，君可以不君，但是臣不可以不臣，他強調「忠君」應當是臣子單方面的「無條件的超越一切的神聖義務」。

但是，對於儒家來說情況未必就是這樣。儒家認為，忠是「道統」支配下的忠，不是「君要臣死，臣不得不死」的愚忠，更不是一種無條件的忠。〔註36〕因為儒家「道統」視野下的忠君與君主專制權力視野下的要求臣民無條件的忠並不是一致的，有時候甚至是矛盾的。如果儒家的忠君理論和君主「治統」權力視野下的忠君是一致的，那麼，儒家應該和君主專制是一致的，那麼，這樣以來，傳統社會中廣大儒家士大夫對君主的批判應當成為不可能。事實上，廣大儒家士大夫對君主的批判是存在的，所以儒家才說「湯武革命，順乎天而應乎人」，才肯定誅桀紂如「誅一夫」的合理性。我們不能抹殺歷史事實，而應當根據歷史實踐情況，辯證地、實事求是地分析。儒家忠孝的衝突也正是在這種歷史語境中發生的。

捨孝全忠、重忠輕孝作為儒家忠孝衝突下的一種選擇模式是存在的。無論是先秦時期，還是秦始皇確立皇帝制度之後的社會都是如此。從歷史上看，君主專制越強化越殘暴的時候，忠的觀點和意識就越淡薄；相反，越是君主仁道的時候，忠德觀點和意識就越濃厚。

重忠輕孝往往發生在君主專制較為溫和的時代，或者是在外族入侵，國家面臨危機的時期。當然，儒家的「重忠」一是對王權的承認，二是表示對國家和民族的盡忠。羅哲海說：「『忠』乃是國家所能要求人民的基本政治倫理。」〔註37〕西漢賈誼認為重忠輕孝具有合理性。他說：「人臣者主耳忘身，國耳忘家，公耳忘私，利不苟就，害不苟去，唯義所在。……故父兄之臣誠死宗廟，法度之臣誠死社稷，輔翼之臣誠死君上，守圉扞敵之臣誠死城郭封疆。……顧行而忘利，守節而仗義，故可以託不禦之權，可以寄六尺之孤。」（《漢書・賈誼傳》）這是要求人臣為國盡忠，公而忘私，國而忘家，盡大忠而棄小家。

儒家一般認為，人臣作為公職人員在忠與孝只能擇其一的情況下，應當盡忠棄孝。荀悅說：「在職而不盡忠直之道，罪也。」（《申鑒・雜言上》）在

〔註36〕參閱本章第一節第二小節「忠德客體」。
〔註37〕〔德〕羅哲海，軸心時期的儒家倫理〔M〕，陳詠明、翟德瑜譯，鄭州：大象出版社，2009：99～100。

中國傳統社會中，當王權政治頹敗、政治昏暗時往往會出現大批不顧自家性命和家庭爲民請命的忠臣。商代末期的比干就是一例。他因爲苦諫而遭剖心之刑。春秋戰國時期，當一個國家潰敗時也會湧現大量的盡忠報國或者盡忠報主的忠臣。如程嬰用自己的兒子替代國君的兒子。

最典型恐怕要算是西漢政治家晁錯了。他爲了消除異姓諸侯王對中央的威脅，提出削藩政策以便加強中央集權，結果激起諸侯王的兵變。他的父親痛惜自己的兒子捨孝盡忠，於是服藥自殺，晁錯自己最後被腰斬於東市。《史記·袁盎晁錯列傳》記載說：「錯所更令三十章，諸侯皆喧嘩疾晁錯。錯父聞之，從潁川來，謂錯曰：『上初即位，公爲政用事，侵削諸侯，別疏人骨肉，人口議多怨公者，何也？』晁錯曰：『固也。不如此，天子不尊，宗廟不安。』錯父曰：『劉氏安矣，而晁氏危矣，吾去公歸矣！』遂飲藥死，曰：『吾不忍見禍及吾身。』死十餘日，吳楚七國果反，以誅錯爲名。及竇嬰、袁盎進說，上令晁錯衣朝衣斬東市。」（《史記·袁盎晁錯列傳》）晁錯提出削藩政策，是爲了國家，但是卻顧不上自己和家人的安全，所以他自己的父親親口說，「劉氏安矣，而晁氏危矣」。這是最爲典型的重忠輕孝的案例。

又如，東漢後期袁紹上書說：「臣出身爲國，破家立事」，「誠以忠孝之節，道不兩立，顧私懷己，不能全功。斯亦愚臣破家殉國。」（《後漢書·袁紹傳》）袁紹自己說自己，「破家立身」「破家殉國」雖有誇大的成分，但是反映了其重忠輕孝的決心。

重忠輕孝是儒家忠孝衝突一個重要的倫理選擇，其最基本的原則是「不以家事廢王事」（《後漢書·丁鴻傳》）。明末夏完淳密謀抗清事敗被捕，生死度外，殉國年僅十七歲。他曾作詩曰：「人生孰無死，貴得死所耳。父得爲忠臣，子得爲孝子，含笑歸太虛，了我分內事。」（《明史·夏完淳傳》）《唐會要》卷七十九《諡法上》對忠德行爲做了詳細地概括：「危身奉上曰忠；危身惠上曰忠；讓賢盡誠曰忠；危身贈國曰忠；慮國忘家曰忠；盛哀純固曰忠；臨患不反曰忠；安居不念曰忠；廉方公正曰忠。」這也是在忠孝的比較中概括出來的。

事實上，無論是儒家忠孝一體、忠孝一致、忠孝兩全，還是重孝輕忠或者是重忠輕孝都體現了儒家忠孝的行爲實踐方式。關鍵是在什麼情況下實現忠孝一體或解決忠孝衝突。這都體現了儒家的忠德實踐智慧。通常情況下，儒家會採用「經」與「權」的方法來處理，用「中庸」和「仁道」的原則來

指導。同時，忠孝在何種情況下進行忠與孝的理性選擇，還要看具體的道德語境，視具體情況而具體分析。

總之，忠孝行為的選擇其實是行為主體在儒家「禮」制度下的一種身份認同，君臣關係中的忠與孝的選擇就是如此。因為父子關係是天然的，「父子天性，愛由自然」（《晉書‧庾純傳》），所以，子盡孝在傳統社會中具有天然的合理性。但是君臣關係不是一種天然的關係，「君臣之交，出自義合」（《晉書‧庾純傳》）。儘管君王單方面反覆強調「普天王臣」、「家天下」的觀點，但是君與臣只是相對的忠德的個體，而並非絕對的支配隸屬關係。君臣關係說到底是一種「義合」的關係。《白虎通義》說：「臣之事君以義合也。」（《白虎通義‧文質》）同時，因為君臣關係不是天然的，所以需要通過一定的「禮儀」程序來完成。〔註38〕臣盡忠源自臣的「名」所蘊含的「分」，但往往不是君主的「命令」。所以，臣對君的盡忠包含了臣作為忠德主體的主觀因素，我們不能僅僅把臣對君的盡忠看成是皇帝制度壓制下的產物。如果那樣忠德就是一種外在的行為，而非內在的主體道德行為了。由此可見，儒家忠孝的統一和衝突是儒家理性道德精神的實踐方式和道德自覺。這大概也是儒家理性主義倫理精神在忠孝道德實踐領域中的一種反映吧。

第四節　忠德與五常

五常即仁、義、禮、智、信，是儒家倫理基本的道德規範。最早提出「五常」說的應該是《尚書‧泰誓》。《尚書‧泰誓下》說：「今商王受，狎侮五常。」這是說商紂王褻瀆五常，不講仁德，結怨於民。孔穎達注疏說：「『五常』即五典，謂父義、母慈、兄友、弟恭、子孝，五者人之常行，法天明道為之。」〔註39〕這裡的「五常」：義、慈、友、恭、孝與後來講的仁、義、禮、智、信是不同的。這裡的五常還只是停留在家庭倫理範圍之內。

到了春秋戰國時期，五常逐漸由家庭倫理演變為社會倫理。孔子說：「君子義以為質，禮以行之，孫以出之，信以成之。」（《論語‧衛靈公》）這裡出現了「義」、「禮」、「孫（遜）」、「信」，比起《尚書‧泰誓下》中的「五常」

〔註38〕參閱甘懷真，皇權、禮儀與經典詮釋：中國古代政治史研究〔M〕，上海：華東師範大學出版社，2008：151～224。

〔註39〕李學勤，十三經注疏‧尚書正義（標點本）〔M〕，北京：北京大學出版社，1999：279。

中的「父義」又多出了「禮」和「信」範疇。到了孟子那裡就出現了「四端」：仁、義、禮、智。他說：「惻隱之心，仁也；羞惡之心，義也；恭敬之心，禮也；是非之心，智也。仁、義、禮、智，非由外鑠我也，我固有之。」（《孟子・告子上》）孟子認為，仁、義、禮、智「四端」，具有人的內在本質，是人性所固有的。這裡的「四端」除了「信」之外，便基本上具備了「五常」的雛形。

到了漢代董仲舒手中，他加上了「信」，「五常」的形態就基本定型。董仲舒在回答漢武帝的對策中詳細地論述了「五常」。他說：「故漢得天下以來，常欲善治而至今不可善治者，失之於當更化而不更化也。……《詩》云：『宜民宜人，受祿於天。』為政而宜於民者，固當受祿於天。夫仁、誼、禮、知、信五常之道，王者所當修飭也；五者修飭，故受天之祐，而享鬼神之靈，德施於方外，延及群生也。」（《漢書・董仲舒傳》卷五十六）董仲舒認為，漢代之所以能得天下，是因為重視道德，體恤民眾，實行了「善治」。為王者如果實行仁、義、禮、智、信「五常」之道，不僅社會和諧，而且還會受到上天和神靈的祐護。這裡董仲舒論述了「五常」的道德意義和政治價值。董仲舒在論述「五常」之道德意義和政治價值的時候，借用了鬼神觀，這是他的理論論證的思維習慣。這與他的「天人感應學說」相聯繫。不僅如此，有時候，董仲舒還借用「五行」來論證「五常之道」。他說：「東方者木，農之本。司農尚仁，進經術之士，道之以帝王之路，將順其美，匡捄其惡。……南方者火也，本朝。司馬尚智，進賢聖之士，上知天文。……中央者土，君官也。司營尚信，卑身賤體，夙興夜寐，稱述往古，以屬主意。……西方者金，大理司徒也。司徒尚義，臣死君而眾人死父。……北方者水，執法司寇也，司寇尚禮。」（《春秋繁露・五行相生》）這裡他是把「五常」與「五行」聯繫起來，目的是為了闡釋「五常」的永恒性，這樣就使「五常」更加具有合理性。可以說，「五常」從《尚書》中的家庭道德到春秋戰國時社會道德最後到封建社會成為底線道德，有一個逐漸發展的過程，直至董仲舒才最後將其完善。

那麼，什麼是「五常」呢？大致說來有二種含義：一是五常指五行，即金、木、水、火、土，也就是指自然界的五種物質。如《莊子・天運》中所說：「天有六極五常，帝王順之則治，逆之則凶。」二是五常指五種德性。如前引董仲舒說的「夫仁、義、禮、智、信，五常之道，王者所當修飭。《白虎通義》對「五常」的解釋最具有代表性。《白虎通義》說：「五性者何？謂仁

義禮智信也。仁者，不忍也，施生愛人也。義者，宜也，斷決得中也。禮者，履也，履道成文也。智者，知也。獨見前聞，不惑於事，見微者也。信者，誠也，專一不移也。故人生而應八卦之體，得五氣以爲常，仁義禮智信是也。」（《白虎通義・性情》卷八）這裡的仁、義、禮、智、信就是指認的五種德性。周敦頤在《通書》中也說：「德：愛曰仁，宜曰義，理曰禮，通曰智，守曰信。」這也是指仁、義、禮、智、信的五種德性。

　　我們說的「五常」自然不是指自然界的五種物質，而是指儒家看來具有永恆價值的五種道德規範：仁、義、禮、智、信。儒家常常把「三綱」與「五常」聯繫在一起，認爲「三綱五常」具有超越時代性、地域性，是一種永恆的存在。朱熹說：「三綱五常亙古至今不可易。」（《朱子語類》卷二十四）陳傅良也說：「自古及今，天地無不位之理，萬物無不育之理，則三綱五常亦無絕滅之理。」（《陳傅良《止齋集》卷二十八）明代大儒薛瑄認爲，三綱五常之道具有外在的超越性，他說：「三綱五常之道，根於天命而具於人心，歷萬世如一日，循之則爲順天理而始，悖之則爲逆天理而亂。」（《讀書錄》）儒家既然認爲三綱五常「根於天命而具於人心，歷萬世如一日」，所以，要求人們「三綱五常，日用而不可須臾捨，猶布帛、菽粟不可一日而無也，捨此他求，則非所以爲道矣。」（《讀書錄》卷六）

　　那麼，五常與忠德又是什麼關係呢？筆者認爲，總體說來，仁、義、禮、智、信五常分有了忠的德性。換句話說，忠德滲透在五常之中，體現在道德主體施於道德客體的倫理實踐中。同時，忠又爲仁、義、禮、智、信五常保駕護航，是五常成功完成道德行爲的一種內在的德性精神和原則。忠與五常是相互影響，相互區別又相互聯繫的。

一、忠與仁

　　「仁」是儒家學說的核心概念之一。清代著名學者阮元認爲，「夏商之前無仁字。《虞書》『克明俊德』即與《孟子》仁字無異，故仁字不見於《尙書》虞夏周書、《詩》雅頌、《易》卦爻辭中。」（《揅經室一集》卷九）「仁」字最早出現在《尙書・金騰》「予仁若考」中。這裡的「仁」，俞樾認爲當作「佞」，指口才好。表示一種能力。這與後來的「仁」作爲一種德性相區別。許愼在《說文解字》中說：「仁，親也。從人二。」段玉裁注釋說：「獨則無偶，偶則相親，故字從人二。」可知，「仁」原意是指人與人之間的一種親密關係。

　　《詩經》中有兩處說到「仁」：一是《鄭風·叔于田》，「不如叔也，洵美且仁。」；二是《齊風·盧令》，「盧令令，其人美且仁。」這裡的「仁」與「美」都表示一種美，只是「美」指外在的形體美；「仁」指內在的心靈美。

　　《周禮·地官司徒》將「知、仁、聖、義、忠、和」稱爲「六德」，而「仁」代表一種美德。「仁」使用次數較多的是《左傳》，凡 33 處，《國語》次之，凡 24 處，《詩經》2 次，《尚書》5 次出現「仁」。在孔子系統總結論述「仁」之前，「仁」是眾多的德目之一，與聖、義、禮、勇的德目是平等的。如《國語·周語中》說：「夫仁、禮、勇、皆民之爲也。以義死用謂之勇，奉義順則謂之禮，畜義豐功謂之仁。」這裏仁、禮、勇是並列的德目。又如《國語·周語中》說：「禮以觀忠、信、仁、義也。」這裡忠、信、仁、義也是平等的德目，是在「禮」的範圍之內。再如《左傳·莊公二十二年》說：「弗納於淫，仁也。」《左傳·僖公三十三年》說：「出門如賓，承事如祭，仁之則也。」

　　總之，在孔子之前，「仁」的含義是零碎的，不成體系的，也不是統領一切的「總德」，它與其他的德目處於平等的地位。

　　孔子在面對禮樂崩壞的春秋末期，爲了重振社會秩序，在前人留下來的大量的文獻基礎上，總結過去，面對現實，創立了以仁爲核心的儒家學說。在孔了創立的儒學中，仁是最爲核心的範疇，是儒學最高的範疇，具有廣泛的內涵。僅《論語》一書出現「仁」字，達 109 處。〔註40〕

　　孔子講的「仁」的具體內容是什麼呢？不同的學者有不同的看法。王鈞林在《中國儒學史》中認爲，孔子的仁學有以下幾個方面的內容：一指血緣關係範圍的「愛親」；二是指「四海之內皆兄弟」的「愛人」；三是澤及禽獸草木的「愛物」；四是指推己及人的仁愛方法。〔註41〕概括起來，就是「親親」、「仁民」「愛物」及其推己及人的方法即爲「仁」。

　　韋政通在《中國哲學辭典》中認爲，仁的含義可以分爲三類：一是倫理的；二是政治的；三是宇宙論的。倫理的含義包括：心之德；愛；博愛；愛得分；敬；孝；不背本；義之本；以德報怨；溫潤而澤；恩；恕；不淫色；不殺；人心；人性；性心合；立人之道；吸引之力；仁有差等等等。政治的含義包括：讓國；利國。宇宙論的含義包括：與萬物一體；生。並且認爲仁

〔註40〕參閱楊伯峻，論語譯注〔M〕，北京：中華書局，1980：221。
〔註41〕王鈞林，中國儒學史（先秦卷）〔M〕，廣州：廣東教育出版社，1998：130～138。

涵眾德，具有倫理、政治、宇宙論的功能。〔註42〕

　　韋政通先生將「仁」概括爲倫理的、政治的、宇宙論的三種類別，這是合理的。不過，關於這三類之中仁的具體含義，有的就顯得重疊和繁瑣。

　　葛榮晉教授認爲，「仁」這個概念，在不同的歷史時期的不同思想家那裡具有各種各樣的界說，但是卻有一個共同的本質的規定：崇尙仁道，追求博愛。同時，他還認爲，「仁」如同其他範疇一樣是一個動態的概念，在不同的歷史時期，其內涵和外延是隨時而變的。他說，在儒學發展史上，仁有四次大的理論變化和突破。第一次是以孔子、孟子、韓愈爲代表，提出以愛釋仁的倫理觀念；第二次是以程（二程）、朱（朱熹）、陸（陸九淵）、王（王陽明）爲代表，提出以「生」釋仁的宇宙觀；第三次是以譚嗣同爲代表，提出以「通」釋仁的社會觀；第四次是以毛澤東爲代表，以階級觀點釋仁，將仁與馬克思主義結合，並賦予仁學以現代社會意義。〔註43〕

　　北京大學王博教授認爲，「從《論語》和儒學史共同構成的觀察視角來看，仁的最基本的內涵就是愛，更確切地說是愛人。」〔註44〕作者從情感、關係和秩序等角度對此觀點進行了論述。

　　以上諸位研究者的分析從不同的角度和視野對「仁」的內涵進行了分析。這對我們理解和把握儒學的「仁」的倫理內涵是有益的。

　　我們認爲，要想眞正理解「仁」，應當把「仁」的內涵分爲廣義和狹義的層面。廣義的「仁」代表儒學這個學派，包括親親、仁愛、及物等的內容，是統攝一切的理論體系。正如著名學者陳來教授所說：「仁是人之全德，就是說，仁不是某一個方面的德性，仁代表整體品質德性。」〔註45〕這個「仁」，也就是宋代邵雍講的「全人」。（《宋元學案‧百源學案》）狹義的仁，這是一種道德規範，與儒家其它的德目如禮、義、信、智、廉、恥、孝、誠等是出於平等的地位，但是彼此之間又相互聯繫。陳來教授說：「狹義的仁與義禮智信相分別，廣義的仁則包含義禮智信。」〔註46〕

〔註42〕韋政通，中國哲學辭典〔M〕，王冰校勘，長春：吉林出版集團有限責任公司，2009：159～164。

〔註43〕葛榮晉，中國哲學範疇通論〔M〕，北京：首都師範大學出版社，2001：727。

〔註44〕王博，中國儒學史（先秦卷）〔M〕，湯一介、李中華主編，北京：北京大學出版社，2011：70。

〔註45〕陳來，孔夫子與現代世界〔M〕，北京：北京大學出版社，2001：195。

〔註46〕同前註。

分析了仁的廣義與狹義的層面，再來比較它與忠的聯繫與區別。

第一，從廣義的仁與忠的比較來看，仁包括了忠。忠作爲一種德性和實踐理性精神，也有廣義和狹義之分。廣義的忠具有「全德」的性質，它包括作人之忠和爲政之忠等方面。在這個層次上，它與作爲廣義上的仁在某種程度上存在「重疊共識」。這僅僅是從全德的視野來說的。但是在地位上，它比仁要低；在廣度上比仁要狹窄，因爲廣義的仁可以說是無所不包。儒家認爲，廣義的仁近乎一種人化的文化體系，代表了人的第二天性的內在本質和外在的超越，是一種系統化體系化的學說。從這個角度上看，忠雖然作爲全德，但是寬度卻沒有仁廣泛。至少忠不是一種稱爲儒家核心體系的學說，它只是儒家仁學研究的一個重要的範疇。

第二，從狹義的仁與忠的比較來看，忠的範圍要比仁廣泛。在這種情況下，仁只是「五常」之一，是一種「愛」的道德規範，與義、禮、智、信是平等的道德範疇。忠則是代表一種全德，它的範圍就比仁要廣泛。這時，仁是分享了忠的德性。但是，兩者不是並列的關係，而是仁的範圍要少于忠的範圍。

狹義的仁只是代表一種愛。在實踐中這個仁的行爲，如果缺少了忠的德性，其道德行爲的合理性就會大打折扣，仁愛的效度也會被削弱。

孔子曾經打了個很有名的比喻。他說，愛父母，孝敬父母，這應當是人人都有的道德感情，這種純粹的自然的愛與敬算是一種純粹的仁的行爲。但是，這種純粹的愛父母，奉養父母的行爲，動物也有。區別人與動物對孝敬父母的關鍵是孝行的主體是否用自己的心，忠心誠意地去做，也就是說是否加入「忠」的盡心盡力的道德內涵是人與動物相區別的關鍵所在。所以，他說：「今之孝者，是謂能養。至於犬馬，皆能有養。不敬，何以別乎？」（《論語・爲政》）

因此，仁愛的行爲如果缺少忠德的內涵，就會影響仁愛行爲的強度和效度。甚至嚴重的墮落爲與動物的自然本能的行爲毫無區別的地步。在大千世界中，純粹的自然的仁愛的行爲，不僅僅只有人類有，動物也有。人與動物行爲的區別是，人的行爲是出於倫理的意志和自覺，而動物的行爲是出於其自然的本能，缺少主體意志和自覺。忠德的德性內涵如盡心盡力只有滲透在仁愛的實踐行動之中，才能使得人的行爲成其爲人的行爲，才能使得仁愛的行爲主體彰顯爲人的倫理行爲，才能體現出人的道德行爲的高尚。

所以說，儒家仁的學說十分重視忠的價值，就是因爲忠與仁這兩者的關係十分密切，但是又互相區別，互相聯繫，互相影響。

二、忠與義

義，繁體字爲「義」，是會意字。早在甲骨文中就已經出現。由羊、我兩部分構成。《說文解字》說：「義，己之威儀也，從我從羊。」《釋名》說：「義，宜也，制裁事物使各宜也。」後來的義，指人的德行、言語、行爲舉止等符合善的道德標準，能夠達到一種恰當好處的程度。儒家常常把義與忠合用，用忠義來指人的德性和德行及其道德規範。

韋政通先生認爲：「在後來的社會，義代表了善行、善事和善人。如義士、義俠、義姑、義夫、義婦、義井、義莊、義舍、義學、義漿、義冢、義田、義樽、義役等。義被如此廣泛使用，足以說明一點：它已不只是少數哲人們所提倡的一個道德觀，而是歷代社會所共許的生活準則。」〔註47〕

我們認爲，「五常」之一的義，指的是一種符合善和中道的行爲準則和行爲。《國語·周語》說：「義，所以制斷事宜也。」《論語》說：「君子義以爲上。」（《論語·陽貨》）「見義不爲，無勇也。」（《論語·爲政》）「君子義以爲質。」（《論語·衛靈公》）《孟子》說：「義，人之正路也。」（《孟子·離婁上》）又說：「羞惡之心，義也。」（《孟子·告子上》）《中庸》說：「義者，宜也，尊賢爲大。」韓愈說：「博愛之謂仁，行而宜之之謂義。」（《原道》）這些都含有好、善、仁的意思。朱舜水概括說：「義者萬物自然之則，人情天理之公。譬之水然，或遇方而成珪，或因圓而成璧。若舉事以求合乎義，則土之型，金之範矣，非義也。因時制宜，而不失範型之意，是即所謂義矣。羞惡之心，爲義之端。儻未嘗慎之於始，而不勝憤忿之心，或可謂之勇爾，不可謂之義也。」（《朱舜水集·雜著·義》卷十七）義，也就是善的行爲，這種善的行爲就是符合中庸的標準，是「因時制宜」，是個動態的過程。蕭羣忠教授認爲：「宜，就是善、正確或恰當，指對一切事物的制斷合於節度，處理一切事物合宜，這都被稱爲『義』。」〔註48〕

義，除了與仁連用，構成仁義，也常常與忠連用，構成忠義。忠是一種盡心盡力的德性，沒有具體的行爲對象。義既指一種善的中道的行爲標準，又指一種行爲。所以，忠義正好完整地構成了一種德性行爲所需要的全部道德智慧。

〔註47〕韋政通，中國哲學辭典〔M〕，王冰校勘，長春：吉林出版集團有限責任公司，2009：65。
〔註48〕蕭羣忠，中國道德智慧十五講〔M〕，北京：北京大學出版社，2008：243。

　　那麼，忠與義的聯繫和區別是什麼呢？

　　第一，忠與義的聯繫。首先，兩者都是儒家重要的道德規範和行爲。忠與義都含有好和善的意思。只是忠含有的善是指一種廣泛的含義，沒有具體所指。義含有的善是指一種具體的善和具體的道德行爲。

　　《尚書・洪範》所說：「無偏無陂，遵王之義；無有作好，遵王之道；無有作惡，遵王之路。」無偏，無個人私下的好與惡，而是遵循社會公義，這本身是一種義的行爲，也是一種善的行爲，自然也是一種忠的行爲。義因爲代表一種善的行爲，具有公的內涵，所以，中國傳統社會經常發生義利之辨。義利之辨也就是公私之辨。同時，公義，也可以說是公忠，兩者都具有公的意思。

　　其次，義與忠都被統攝於「仁」或「理」的範圍之中。孔子之前是仁的醞釀，發展時期，到了孔子那里仁才形成一個系統的學說體系，並成爲一個範圍廣泛的道德學說。它包括了忠、義、孝、恥等等諸多範疇。

　　《論語・陽貨》中記載了子張問仁於孔子。孔子說：「能行五者於天下，爲仁矣。請問之，曰：恭、寬、信、敏、惠。」這裏仁是眾德之首又統攝其它諸德。在儒家思想中，仁是與物同體的，是人化的自然和社會的一種存在。程顥《識仁》中說：「仁者渾然與物同體，義、禮、智、信皆仁也。」潘平格在《求仁錄輯要》卷一中也說：「仁也者，渾然天地萬物一體。」《尸子・處道》也說：「德者，天地萬物得也；義者，天地萬物宜也；禮者，天地萬物體也。使天地萬物皆得其宜，當其體者，謂之大仁。」因爲仁是「渾然天地萬物一體」，所以，忠與義是在仁的範圍之內，而不是超越仁。

　　宋明理學時代，「理」成爲一個取代「仁」而成爲一個無所不包的形而上學的體系。「理」包括人的內在德性、社會秩序和自然法則，具有普遍性和先驗性的特點。

　　朱熹所說：「天理這只是仁義禮智之總名，仁義禮智便是天理之件數。」（《朱子語類》卷十三）又說：「未有這事，先有這理。如未有君臣，已先有君臣之理；未有父子，已先有父子之理。不成元無此理，直待有君臣父子，卻旋將道理入在裏面！」（《朱子語類》卷九十五）這裡朱熹認爲，理具有先驗性、普遍性和超越性。他認爲，理先於人類社會而存在，後又爲人類社會所填充。他說：「未有天地之先，畢竟也只是理，有此理，便有此天地。若無此理，便亦無天地，無人，無物，都無該載了。」（《朱子語類》卷一）陸九

淵也認爲：「此理本天所以與我，非由我外鑠。」（《陸九淵集‧與曾宅之書》）陸九淵從心學的立場出發，認爲理是人內心本來就存在的本質，是人心所固有的德性，而不是外來的力量使然。王夫之說：「萬事萬理之理，無非吾心之所固有，特不能盡吾心之知以知之，盡吾行之行以行之。」（《船山全書‧四書訓義》卷八）

　　無論是理學家認爲理是外在的客觀世界還是人類本性所固有的德性，都不能否定理的普遍性和超驗性及先驗性。俗世中的人因爲受到「欲望」的支配，而失去人本性固有的天理，所以，理學家頻繁地強調「存天理，滅人欲」。程顥說：「人心莫不有知，惟蔽於人欲，而亡天理也。」（《河南程氏遺書》卷十一）朱熹說：「學者須是革盡人欲，復盡天理，方始是學。」（《朱子語類》卷十三）王陽明也說：「必欲此心純乎天理，而無一毫人欲之私，此作聖之功也。」（《王陽明全集‧答陸原靜》）在理學家看來，忠與義的行爲都是在爲「存天理，滅人欲」效力，此兩者都是在「理」的統攝下行動。

　　因此，忠與義在仁或理的視野中兩者是並列的道德德目，在道德譜系中兩者是平等的。

　　第二，忠與義的不同。首先，忠的範疇比義的範疇廣。忠具有全德的性質，而義則不具備，因爲義更多是指是非善惡的標準和人們行爲的道德價值判斷。如孟子說的「義，人之正路也」（《孟子‧離婁上》）同時，義具有行爲外在性的特點，而忠具有內在性。孟子說：「夫義，路也；禮門也。惟君子能由是路，出入是門也。」（《孟子‧萬章下》）

　　義，主要是強調實踐行動。孟子說：「人皆有所不忍，達之於其所忍，仁也。人皆有所不爲，達之於其所爲，義也。」（《孟子‧盡心下》）這裡「達之於其所爲，義也」，強調是具體的行爲。離開了具體的實踐行爲，義就很難表現爲義。因此，義是忠德的具體的實踐形態。孟子說：「人能充無受爾汝之實，無所往而不爲義也。」（《孟子‧盡心下》）還說：「行一不義，殺一不辜而得天下，皆不爲也。」（《孟子‧公孫丑上》）這個義必須體現出行爲的正當性，否則就是不義。所以，孟子說：「非禮之禮，非義之義，大人弗爲。」（《孟子‧離婁下》）還說：「大人者，言不必信，行不必果，惟義所在。」（《孟子‧離婁下》）

　　忠不僅僅體現在行動上，也體現在德性上。雖然忠與義都可以表現爲公正、正義、善，具有內在的一致性。但是在具體的實踐行動中，忠不僅體現

爲內在的德性，表示盡心盡力，也體現爲內在的德性，如忠行。而義則一般不表現爲內在的德性，它常常表現在具體的實踐行爲中。

其次，在傳統社會中，義的外在性的特點能夠在社會角色倫理中體現得十分充分，而這種體現其實是分享了忠的德性內涵，體現的是一種忠德的實踐行爲。最典型的是在君臣關係中的體現。義，用於君德方面，主張「君義」。《左傳‧隱公三年》中記載說，魯國國君因爲孟孝伯之死而在立嗣問題上產生分歧，而對「義」的把握成爲選立太子的重要因素。《左傳》說：「大子死，有母弟則立之，無則長立。年鈞擇賢，義鈞則卜，古之道也。」（《左傳‧襄公三十一年》）義，用於臣德方面，含有公正無私的內涵。《左傳》說：「近不失親，遠不失舉，可謂義矣。」（《左傳‧昭公二十八年》）這是孔子評價魏獻子的德性的話。但是晉國的韓宣死後，魏獻子執掌國政，他任人唯賢，新任命了十位大夫，孔子評價他「近不失親，遠不失舉，可謂義矣。」

君臣關係的締結不是天然的，而是一種「義合」。《白虎通義》明確提出了「君臣義合」。說：「臣之事君以義合也。得親供養，故質己之誠，副己之意，故有贄也。」（《白虎通義‧文質》）《晉書》也明白說：「臣聞父子天性，愛由自然，君臣之交，出自義合。」（《晉書‧庾純傳》）這也就是說「義」是君臣關係的紐帶，君臣無義，則君臣關係解體。朱熹直接說：「君臣義合，不合則去。」（《孟子集注‧萬章下》）

如何體現君臣的「義」，其實這種「義」也就是忠。君臣義合，也就是要求臣忠，君也要忠。這個時候義的體現也就是忠德的體現，這是對忠的德性內涵的分有。

最後，義在家庭倫理中的體現，也是對忠的分享。傳統家庭倫理主要包括父子、兄弟、夫婦等。對父母來說，父母要做到「父義母慈」（《左傳‧文公十八年》），母親還要做到「母義子愛」（《左傳‧文公六年》）在兄弟關係中，弟弟要做到「從兄」。孟子說：「仁之實，事親是也；義之實，從兄是也。」（《孟子離婁上》）還說：「親親，仁也；敬長，義也。」（《孟子‧盡心上》）也就是晚輩尊敬長輩是一種「義」，長輩對晚輩也應當是「義」。《禮記‧祭義》說：「敬長，爲其近於兄也。」也就是說，除了「母義」「父義」之外，對晚輩來說，也應當「敬長」「從兄」。朱熹說：「仁主於愛，而愛莫切於事親；義主於敬，而敬莫先於從兄。故仁義之道，其用至廣，而其實不越於事親從兄之間。蓋良心之發，最爲切近而精實者。」（《孟子集注‧離婁上》）義在夫妻關係中，

指的是「夫和而義，妻柔而正。」(《左傳・昭公二十六年》) 如果夫妻之間缺少了義，則意味著夫妻關係的破裂。《唐律疏義》明確規定：「夫妻義合，義絕則離。」(《唐律疏義・戶婚律》義絕離之條)

這種父子、兄弟還是夫妻關係的「義」，也就是忠的一種體現。所以，義合，也就是忠的一種體現。

由此可見，義是指具體的角色倫理中的實踐行為，而忠表達的範圍比義要廣泛，它除了具體角色倫理中規定的君臣、父子、夫婦、兄弟之間要忠誠之外，還體現在道德行為主體的內心的盡心盡力的意志和意識以及忠德修養。在這個層面上，義是忠的範疇之內的義。所以，忠義往往並連在一起使用。如果說忠表示一種全德，那麼義就是對忠德一種具體呈現和實踐。

三、忠與禮

禮，起源於宗教祭祀活動。《說文解字》說：「禮，履也，所以事神致福也。」王國維認為：「奉神人之事通謂之禮。」(《觀堂集林・釋禮》) 錢穆先生認為：「禮本是指宗教上一種祭神的儀文」，「包括『宗教的、政治的、倫理的』三部門的意義，其愈後起的部門則愈占重要。」〔註49〕

禮的內涵，有廣義和狹義之分。廣義的禮指一切典章制度和社會規範以及相應的儀式節文，包括制度、法令、風俗、禮節、習慣等等。《禮記・喪服四制》說：「凡禮之大體，體天地，法四時，則陰陽，順人情，故謂之禮。」這是指廣義的禮，包含了自然之禮、道德之禮和綱常之禮。在中國傳統倫理思想中，對禮做過充分論述的有荀子和李覯。荀子說：「禮者，法之大分，類之綱紀也，故學至乎《禮》而止矣。夫是之謂道德之極。」(《荀子・勸學》) 這說的是廣義的禮。李覯說：「飲食、衣服、宮室、器皿、夫婦、父子、長幼、君臣、上下、師友、賓客、死喪、祭祀，禮之本也。曰樂、曰政、曰刑，禮之支也。……曰仁、曰義、曰智、曰信，禮之別名也。是七者，蓋皆禮矣。」(《李覯集・禮論第一》卷二) 李覯把禮的類別作了細分。

狹義的禮，是五常之一，主要是指道德範圍內的禮儀、禮節和禮貌等。《禮記・冠義》說：「禮儀之始，在於正容體、齊顏色、順辭令。」孟子說：「辭讓之心，禮之端也。」(《孟子・公孫丑上》) 程頤說：「上下之分，尊卑之義，

〔註49〕錢穆，中國文化史導論〔M〕，北京：商務印書館，1994：72。

理之當也，禮之本也。」（《周易程氏傳》卷一）這些是指一種狹義的禮，是指處理人際關係中的禮節和禮儀等等。

　　無論是廣義的禮還是狹義的禮，在中國傳統倫理思想中都具有重要的地位。所以，有的時候人們又把儒學稱之「禮教」。

　　那麼，作為五常之一的禮與忠有什麼區別？我們認為，無論是廣義的禮還是狹義的禮都具有客觀性和強制性的特點，但是忠則主要具有主體性和自主性的特點。換句話說，禮是一種客觀的存在，外在於人，依據於典章、文字或法律條文。而忠則不能離開人的主體性而存在。

　　在中國傳統社會中，禮具有客觀性強制性的特點，它無論在協調人際關係、宗教祭祀、典章制度方面都有具體的規定，是一種客觀的存在。一個人如果在既定的禮儀制度中違反了具體的禮節，輕則受到人們的恥笑，重則會受到懲罰。

　　古代社會重視禮，針對國家官職的設立，具有制度倫理的重要意義的則是《周禮》；針對具體個體行為的有《儀禮》；對「禮」作義理闡發和解釋的有《禮記》。

　　對國家來說，禮具有「經國家，定社稷，序民人，利後嗣」（《左傳·隱公十一年》）的作用。也就是說，禮具有治國安邦的作用，是治國平天下重要的工具。《左傳·昭公二十年》說：「禮所以守其國，行其政令，無失其民者也。」缺少了禮，國家就會陷入混亂，社會道德秩序就會失範。荀子說：「故人無禮則不生，事無禮則不成，國家無禮則不寧。」（《荀子·修身》）因此，儒家反覆強調要依據禮來治理國家，協調人際關係。孔子說：「道之以政，齊之以刑，民免而無恥。道之以德，齊之以禮，有恥且格。」（《論語·為政》）孔子認為，政令和刑罰的作用只是強調鎮壓，是一種強硬的措施，被統治者未必心服，只有實行德與禮並用的方式才能徹底治理好社會。賈誼在《新書》詳細地闡釋了禮在治國安邦中的價值。他說：「道德仁義，非禮不成，教訓正俗，非禮不備，分爭辯訟，非禮不決。君臣、上下、父子、兄弟，非禮不定。宦學事師，非禮不親。班朝治軍、蒞官行法，非禮威嚴不行。禱祠、祭祀、供給鬼神，非禮不誠不莊。」（《新書·禮》）因此，國家的安寧、制度合理性的確證、個體在社會中的職業和角色定位等等不能缺少禮。禮是君君、臣臣、父父、子子、夫婦等角色定位合法性的來源。

　　儒家主張「正名」，認為名不正，則言不順。那麼，名如何正？這需要通過一定的禮儀程序來確定。例如，君臣關係的確定就需要依據一定的禮儀來

確定。一個人要想從一般的平民成爲爲國家效力的人臣，不是自然形成的，而要實行「策名委質」的儀式。服虔注釋《左傳》時就說明了君臣關係確立的「策名委質」的儀式程序。他說：「古者始仕，必先書其名與策，委死之質於君，然後爲臣，示必死於其君也。」〔註 50〕稱臣的儀式大致是爲臣的向君主奉獻呈遞表策，然後臣的名字經君主的認定登記在「名籍」之中。這也是人們常說的「奉表稱臣」。《宋書》說：「一奉表疏，便爲彼臣，以臣伐君，於義不可。」（《宋書·袁顗傳》）經過這種「奉表稱臣」的儀式而締結的「君臣關係」才是合法的君臣關係。這個時候，臣應當向君主盡忠。如果「以臣伐君」那麼就是臣違背禮法，「於義不可」。

因此，禮確定的國家和社會的名分制度包括君臣關係在內是客觀的，個體無法改變。忠則更多是強調在「禮」這種名分制度中盡心盡力，盡職盡責。

由此可見，禮無論是確定國家秩序還是確定社會角色的身份都是十分重要的。所以《禮記·禮運》說：「治國不以禮，猶無耜而耕也。」

對社會來說，禮能夠協調人際關係，確定社會角色和身份。荀子說：「禮者，貴賤有等，長幼有差，貧富輕重皆有稱者也。」（《荀子·富國》）同時，每個社會角色都有相應的禮儀。荀子說：「衣服有制，宮室有度，人徒有數，喪祭械用皆有等宜。」（《荀子·王制》）例如，拿宮室來說，不同政治身份的人住的宮室有不同的規格標準，這是禮規定的，不能隨便改變。「天子之堂九尺，諸侯七尺，大夫五尺，士三尺。」（《禮記·禮器》）再如棺槨的規格也是如此。「天子棺槨九重」，「公侯五重」，「大夫有大棺三重」，「士無大棺二重」（《白虎通義·崩薨》）。

又例如，夫妻關係是傳統社會五倫之一，但是夫妻關係不是隨便可以締結的，而是要經過禮的程序，需要經過納采、問名、納吉、納徵、請期、親迎這「六禮」才能具有合法性。那種「不待父母之命、媒妁之言，鑽穴隙相窺，逾牆相從」的行爲，「則父母國人皆賤之」（《孟子·滕文公下》）。他們的夫妻關係是很難被社會承認的。所以，《禮記·昏義》說：「昏禮者，將合二姓之好，上以事宗廟，而下以繼後世也，故君子重之。是以昏禮納采，問名，納吉，納徵，請期，皆主人筵幾於廟，而拜迎於門外，入，揖讓而升，聽命於廟，所以敬慎重正昏禮也。」

〔註 50〕 轉引自甘懷眞，皇權、禮儀與經典詮釋：中國古代政治史研究〔M〕，上海：華東師範大學出版社，2008：173。

因此，禮是社會秩序的保證，禮崩樂壞，天下就會大亂。春秋戰國時期就是如此。所以，孔子爲了實現「君君、臣臣、父父、子子」的有序社會才提出「正名」的思想。

司馬光認爲，普天之下爲什麼能夠受制於皇帝一人呢？那是因爲有禮的緣故。他說：「天子之職莫大於禮，禮莫大於分，分莫大於名。何謂禮？紀綱是也；何謂分？君臣是也；何謂名？公、侯、卿、大夫是也。夫以四海之廣，兆民之眾，受制於一人，雖有絕倫之力，高世之智，莫敢不奔走而服役者，豈非以禮爲之綱紀哉！」（《資治通鑑‧周紀一》卷一）如果沒有禮，就算一個人有「絕倫之力」，「高世之智」，也不可能保證社會秩序的長治久安。因爲有禮，所以才能實現社會「上下想報而國家治安」。司馬光說：「是故，天子統三公，三公率諸侯，諸侯制卿大夫，卿大夫治士庶人。貴以臨賤，賤以承貴。上之使下，猶心腹之運手足，根本之制支葉；下之事上，猶手足之衛心腹，支葉之庇本根。然後能上下相保而國家治安。故曰：天子之職莫大於禮也。」（《資治通鑑‧周紀一》卷一）儘管這裡司馬光論述禮的作用是充滿了「貴以臨賤」的不平等性具有爲統治者代言說教的迂腐味，但是卻說明了禮對統治者治理國家和社會的重要作用。

對於個體來說，禮是一個人安身立命之本。孔子說：「不學禮，無以立。」（《論語‧季氏》）還說：「不知禮，無以立也。」（《論語‧堯曰》）一個人是不是社會意義上的人就是看其是否講禮、是否具備禮的修養。「禮，人之幹也。無禮，無以立。」（《左傳‧昭公七年》）一個人想要在社會上立身處世，就必須懂得禮，需要不斷加強禮的學習。《周禮》把禮分爲五大類別：吉禮、凶禮、軍禮、賓禮、嘉禮，而且對每種禮都做了詳細規定，以便使人更好地學習和踐行。一個人不懂得禮，就與動物沒有什麼區別。《禮記‧曲禮上》說：「今人而無禮，雖能言，不亦禽獸之心乎？」「無禮而非人類矣。」（石成金《傳家寶‧人事通》二集卷二）只有懂得禮的人才算是眞正社會意義上的文明人。荀子說：「宜於時通，利以處窮，禮信是也。凡用血氣、志意、知慮，由禮則治通，不由禮則勃亂提僈；食飮、衣服、居處、動靜，由禮則和節，不由禮則觸陷生疾；容貌、態度、進退、趨行，由禮則雅，不由禮則夷固僻違、庸眾而野。故人無禮則不生，事無禮則不成，國家無禮則不寧。」（《荀子‧修身》）《詩經‧相鼠》還諷刺那些無禮的人，認爲「人而無儀，不死何爲？」「人而無禮！胡不遄死？」這些都表明，一個人如果不懂得禮，就無法在社會上立足。

　　總之，無論是對國家、社會，還是個人，禮都是不可或缺的。但是這種禮不是以某個人的意志爲轉移的，它是客觀的，而且具有強制性。但是，忠則不具有禮的這種客觀性、制度性、秩序性和強制性的特點。忠相對於禮來說，更加強調主動性、能動性和自主性。一個人是否忠，首先是從自我的內心出發，而不是從外在的禮儀出發。

　　同時，忠行只能是在禮儀制度規定下行動，不能忽視禮的客觀存在的規定。否則，就很難達到忠行的預期的效果。禮爲忠的實踐做了具體的規定。一個人只有在禮規定的範圍內行忠，才是忠，才能被社會承認。一句話，越是在禮的範圍中盡忠，就越顯得忠。

　　著名思想家牟宗三先生說：「盡心盡性就要在禮樂的禮制中盡，而盡倫盡制亦就算盡了仁義內在之心性。」〔註51〕《中庸》講的「盡己之性」、「盡人之性」、「盡物之性」等等的實現，也只能在禮制之中才能成爲現實。

　　在這種情況下，禮和忠又是相通的。只有禮的客觀性，而如果沒有忠的內化和外在的實踐行動，禮的目的就無法兌現。只有盡心盡性的忠行而沒有禮的規定，忠行就會失去制度保障。

　　表面看來，禮和忠是完全對立的，因爲禮具有客觀性，注重秩序、典章制度、風俗習慣和禮儀節度；而忠具有主觀性。但是從另外一個角度來看，兩者之間具有內在的統一性。如果把內在主體性的忠看得過高，而無視禮的存在，那麼，忠就不知道如何實現。如果把禮看得過高，而無視忠的內在性，則禮就會流於形式，更顯得虛僞和欺詐。正是因爲有禮的規定性，又有忠的內在主體性，所以，盡忠才是可能的，也才是現實的。牟宗三說：「就在此『盡』字上，遂得延續民族，發揚文化，表現精神。你可以在此盡情盡理，盡才盡性；而且容納任何人的盡，容許任何人盡量地盡。（荀子曰：王者盡制者，聖人盡倫者也。孟子云：盡心知性知天。）在此『盡』上，各個個體取得了反省的自覺，表現了『主體自由』，而成就其爲『獨體』。」〔註52〕

四、忠與智

　　智，指智慧、聰明。《現代漢語詞典》認爲智慧，是「指人認識、理解客

〔註51〕牟宗三，歷史哲學〔M〕，桂林：廣西師範大學出版社，2007：151。
〔註52〕轉引自方朝暉，文明的毀滅與新生：儒學與中國現代性研究〔M〕，北京：中國人民大學出版社，2011：92。

觀事物並運用、經驗等解決問題的能力，包括記憶、觀察、想像、思考、判斷等。」〔註53〕在中古倫理思想史上，智和知往往是相通的，並且是「三達德」之一，也是「五常」之一。《禮記・中庸》說：「知、仁、勇三者，天下之達德也。」韋政通先生認為，智和知有時候是有細微的區別的。韋政通先生認為，認知的能力，叫做知；認知能力和外物相遇，所得的知識叫做智。〔註54〕他例舉了荀子的一段話來證明。荀子說：「所以知之在人者，謂之知；知有所合，謂之智。」

我們認為，一方面把「知」當作認知的層面來看待，這個時候「知」與「智」是相區別的；另外一方面，作為德性層面，知與智是相同的，尤其是作為「五常」之一的「智」。我們不把「知」和「智」作嚴格的區別，認為兩者是相通的。《釋名・釋言語》：「智，知也，無所不知也。」孔子說：「里仁為美，擇不處仁，焉得知。」（《論語・里仁》）這裡的「知」朱熹注釋為，「為是非之本心」。孟子說：「是非之心，智也。」（《孟子・告子上》）董仲舒也說：「不仁而有勇力材能，則狂而操利兵也；不智而辯慧狷給，則迷而乘良馬也。故不仁不智而有材能，將以其材能，以輔其邪狂之心，而贊其僻違之行，適足以大其非，而甚其惡耳。」（《春秋繁露・必仁且智》）董仲舒認為，不仁而只有勇氣，就會沒有約束地動用武力，不聰明但卻會詭辯而且急躁的，就如同騎著馬在迷失方向的道路上奔馳。不仁不智的而獨有能力的人只會增加其邪狂之心，幫助這樣的人只會增加這樣的人的罪惡。因此，智德是忠德行為實踐不可缺少的德性。

那麼，什麼是智德呢？智作為德性，是一種道德理性能力，他不僅僅是一種道德認知能力，也是一種選擇判斷能力。〔註55〕董仲舒說：「何謂智？先言而後當。凡人欲捨行為，皆以其智先規而後為之。其規是者，其所為得，其所事當，其行遂，其名榮，其身故利而無患，福及子孫，德加萬民。……故曰：莫急於智。」（《春秋繁露・必仁且智》）董仲舒認為，智就是要「先言而後當」，也就是說要先有理性認知、分析、判斷，然後才去行動。這樣才能「所為得」，「所事當」，「福集子孫，德加萬民」。又說：「智者見禍福

〔註53〕中國社會科學院語言研究所詞典編輯室，現代言語詞典〔M〕，北京：商務印書館，1983：1492。

〔註54〕韋政通，中國哲學辭典〔M〕，王冰校勘，長春：吉林出版集團有限責任公司，2009：412。

〔註55〕蕭羣忠，中國道德智慧十五講〔M〕，北京：北京大學出版社，2008：284。

遠，其知利害蚤，物動而知其化，事興而知其歸，見始而知其終，言之而無敢嘩，立之而不可廢，取之而不可捨，前後不相悖，終始有類，思之而有復，及之而不可厭，其言寡而足，約而喻，簡而達，省而具，少而不可益，多而不可損，其動中倫，其言當務，如是者，謂之智。」（《春秋繁露·必仁且智》）智慧的人能夠分析福禍、幸福，懂得事物的變化，知道事物的發展規律、方向和結果，當事物一開始時就能夠分析其結果，因為智慧的人具有理性的分析判斷能力，而且這樣的人不會嘩眾取寵，一心關注事物的發展，從事物開始到事物結束都會有條不紊地對待，做到做任何事都是有始有終，而且會持之以恒，不會厭棄。這樣的人才是具有智德的人。所以說，智德具有明斷是非、辨善惡、識利害、通變化、貴知己、善識人、明本末等的作用。

那麼，這樣的睿智的德性也就是忠德實踐所需要的。一種忠德行為要達到一種完滿的狀態，必須要有智德的參與。所以，真正的忠德又必須包含智德。智德不是全德，作為五常之一，它在忠德實踐中有兩點重要的價值。

第一，智德有助于忠德主體明辨是非，去惡行善。忠德的實踐如果缺少了智慧，那就會影響忠德的效度，嚴重的會損害忠德的信度，會產生相反的效果。孟子說：「是非之心，智也。」（《孟子·告子上》）還說：「是非之心，智之端也。」（《孟子·公孫丑上》）分辨是非是人之行忠重要的因素，一個不知道如何辨認是非兜惡的人，某種程度上無異於在縱惡。所以，孟子才說：「無是非之心，非人也。」（《孟子·公孫丑上》）

荀子也認為：「是是非非謂之知，非是，是非謂之愚。」（《荀子·修身》）能夠正確辨別是非的是智，不知是非，黑白不分，不明白事理的就是愚。朱熹說：「智便是分別是非之理」，「智為是非之本」（《朱子語類》卷二十）。陳淳說：「智是心中一個知覺處，知得是是非非恁地確定是智。」（《北溪字義·仁義禮智信》）

例如，孔子曾經對曾參說：「小棰則待過，大杖則逃走。」（《孔子家語·六本》）曾參在瓜地裏除草，誤傷瓜苗。他父親一氣之下拿起棍子把他打得不省人事，等了很久他才醒過來。孔子聽說了這件事，很生氣，認為曾參並沒有智慧地處理這件事。所以，才說「小棰則待過，大杖則逃走」。大棍打來，必須逃避，不然就有可能使一時盛怒的父親失手打傷自己，這樣自己吃虧，

也會讓父親陷入不義，因爲其實父親並不想打傷自己的孩子。所以，「小棰則待」，「大杖則逃」的原則是一種智慧的處理盛怒之下謹防父親打傷自己的方式。孔子雖然講的是孝子行孝的方法，但是也是適合忠德的行爲。有的人盡忠是盡私忠，不是公忠，如果不是智慧地理性地辨認是非善惡，而是一味地愚忠，自然違反忠德精神。

　　一個人只有具備智慧，其忠德才能很好的發揮，才不會一味地不分好壞地愚忠。所以，二程說：「智明而後能擇。」（《河南程氏遺書》卷一）忠德的行爲是正確的行爲，是善的行爲，是仁義的行爲。王符說：「德義之所成者，智也。」（《潛夫論‧贊學》）忠德的實踐如果不是智慧的理性的選擇，公私不分，邪惡不分，善惡不分，這就是僞忠和奸忠。王陽明說：「非其心之智焉，則又無以察其公私之異，識其邪正之歸，辨其善惡之分。」（《王陽明全集‧外集‧人君之心惟在所養》）

　　因此，智德有助于忠德行爲達到善的效果，缺少智德，忠德實踐的效果就會大打折扣。所以王陽明說：「養之以善，則進於高明，而心日以智；養之以惡，則流於污下，而心日以愚。」（《王陽明全集‧外集‧人君之心惟在所養》）

　　第二，智德有助于忠德主體處理好忠德行爲中的矛盾。忠德主體在忠德實踐中往往會遇見「進退維谷」的兩難選擇。處在忠德實踐的十字路口中，忠德主體往往陷入矛盾之中。但是，忠德主體如果具備智德，很多的問題往往就能遊刃有餘。

　　經和權的問題是智德經常面對的問題，也是智德經常思考的範疇。經，是常道、原則和規範；權，是變通。朱熹說：「經是萬世常行之道，權是不得已而用之，須是合義也。」（《朱子語類》卷三十七）例如，「男女授受不親」是經，「嫂溺，援之以手」（《孟子‧離婁上》），是權。嫂子掉進河裏，如果依照「男女授受不親」的原則是不能援手相救的，因爲救出了嫂子違反了這個原則。但是，不救就會一是使自己陷入不義，見死不救就是不義；二是人人都有惻隱之心，不救，見者的良心也不安。所以，必須援手相救。這雖然違反了「男女授受不親」的原則，但是這是一種「忠義」之舉，所以，援手相救是正義的，是「合義」的，自然，是一種忠德的行爲。這種選擇模式，是經和權的問題，更是一種智德的問題。

　　又例如伊尹。伊尹爲臣，但是伊尹放逐太甲到桐宮，依據君臣之忠義原

則，這是以下犯上，是不忠的表現。可是不這樣做，太甲就可能會使國家走向絕境。因爲「帝太甲既立三年，不明，暴虐，不遵湯法，亂德」（《史記·殷本紀》）等他對自己的行爲有所悔悟了，才被伊尹迎輝「授之政」。這些是伊尹的智慧選擇的結果。但是，這不能說伊尹不忠於君。所以孟子說：「有伊尹之志則可，無伊尹之志則篡也。」（《孟子·盡心上》）朱熹也說：「如湯放桀，武王伐紂，伊尹放太甲，此是權也。」（《朱子語類》卷三十七）

再例如周公。周成王年幼，周公攝政，依據傳統的禮制，這是臣謀君事，是不忠。但是周公不這樣做，西周的政局就無法穩定。周公攝政是暫時的，是權。但是符合大義，因而是忠的行爲。

唐代的馮用之作了一篇《權論》。他說：「夫權者，適一時之變，非悠久之用。……聖人知道德有不可爲之時，禮義有不可施之時，刑名有不可威之時，由是濟之以權也。」（《全唐文·權論》卷四百零四）權變是「一時之變」，不得已而爲之。但是權變也離不開「善」和「忠義」。不善、不忠不是權變，而是惡。朱熹對此作了充分的分析，他說：「且如周公誅管、蔡與唐太宗殺建成、元吉，其推刃於同氣者雖同，而所以殺之者則異。蓋管、蔡與商之遺民謀危王室，此是得罪於天下，得罪於宗廟，蓋不得不誅之也。若太宗則分明是爭天下，故周公可以謂之權，而太宗不可謂之權。」（《朱子語類》卷三十七）同樣是兄弟之間的廝殺，周公殺管叔、蔡叔，是權宜之計；唐太宗殺李建成、李元吉這不是權宜之計，而是爲了爭奪帝位。朱熹的分析是精闢的。經與權的判斷標準不是隨意的，是需要道義的支持。也就是說，權變也是一種道義，是一種臨時的「經」。所以，程頤批評漢儒時說：「漢儒以反經合道爲權，故有權變權術之論，皆非也。權只是經也。」（《論語集注·子罕》）

經與權關係的合理處理和合理運用，本身就是智德不可分割的部分。在忠德實踐過程中，忠孝不能兩全、家國不能兩全等情況隨處可見，這種兩難的忠德實踐的合理地處理不可能不需要智德的參與。

因此，智德有助于忠德主體處理忠德實踐行爲中遇見的衝突和矛盾，使忠德能更好地達到預期的效果。

第三，智德有助于忠德主體更好地認識自我和忠德客體。《論語》記載了樊遲問孔子關於仁的問題。孔子說：「愛人。」樊遲問知，孔子說：「知人。」（《論語·顏淵》）這就是說，智首先是要認識自己和他人。荀子說：「知者

知人。」（《荀子・子道》）《大戴禮記》也說：「智莫難於知人。」（《大戴禮記・衛將軍文子》）《淮南子》也說：「所謂知者，知人也。」（《淮南子・泰族訓》）

忠德主體如果在忠德實踐中不能認識自我，不能估量自己的能力，不能充分分析和判斷忠德實踐的各種因素，如忠的對象、忠的條件、忠的效果等因素，而是盲目地、衝動地、非理性地去行忠，那麼可能不僅不能達到忠的效果，實現忠的願望，甚至可能產生「好心辦壞事」的後果。愚忠就是典型的「不知人」，所以，愚忠的人往往被視爲「不智慧」的人。

能夠「知人」，本身就是忠的體現。《左傳・文公三年》：「子桑之忠也，其知人也，能舉善也。」《論語》中記載子夏讚美舜、湯之忠德，是因爲他們「知人」，是智慧的。子夏說：「富哉言乎！舜有天下，選於眾，舉皋陶，不仁者遠矣。湯有天下，選於眾，舉伊尹，不仁者遠矣。」（《論語・顏淵》）

那麼，怎樣「知人」？這就要做到辨識人之誠僞、善惡、賢肖等等。儒家認爲，知人最重要的是「知賢」。《大戴禮記》說：「知者莫大於知賢。」（《大戴禮記・主言》）知人，就要明賢，明人之是非。同時，還要善於處理忠德中的人和事。曾國藩說：「處人處事之所以不當者，以其知之不明也。若鉅細周知，表裏洞徹，則處之自有方術矣。」（《曾文正公文集・求闕齋日記・類鈔》卷上）

舉例子來說。諸葛亮北伐時命令馬謖守街亭。馬謖不知道變通，不懂得靈活運用，只是按照書本上的部隊「置之死地而後生」，起到以一當十的效果，本來應當把軍營紮在山下的，他卻把軍營紮在山上，「捨水上山，舉措煩擾」（《三國志・蜀書・王平傳》），結果司馬懿大軍一到，將其團團圍住斷水斷糧，馬謖自然戰敗。馬謖這樣做就是「不智」，但是就馬謖本人來說，他對國家是忠誠的，也是想爲蜀國早日取得北伐的勝利，爲了盡心做好這件事，他還在諸葛亮面前立下了「軍令狀」。因爲街亭失守，導致北伐失敗，諸葛亮只能按軍法揮淚斬馬謖。（《三國志・蜀書・王平傳》）

所以，如果不知人，不知賢，不具體問題具體分析，可能就很難達到忠德的實際效果。

由此可見，智德作爲五常之一，在忠德實踐中是不可缺少的。兩者在實踐中是相輔相成的，緊密聯繫在一起的。

五、忠與信

信是「五常」之一。在中國倫理思想史上，早期的「信」是可以用「允」來代替的。《尚書・舜典》有「惟明克允」這句話。《爾雅・釋詁》認爲：「允，孚信也。」信與誠也可以互訓。《說文解字》說：「誠，信也。」段玉裁注釋說：「言必由衷之意。」所以，誠信往往合用。墨子認爲：「信，言合於意也。」（《墨子・經上》）意思是說，信是表裏如一，言行一致，誠實無妄。

早期的「信」主要體現在宗教活動中。《左傳・桓公六年》說：「所謂道，忠於民而信於神也。上思利民，忠也；祝史正辭，信也。」

隨著社會的發展，信在先秦政治活動中被經常提起。閻步克教授認爲：「我國古代『信』觀念的發達始於政治盟約而非商業活動，這是一大特點。」〔註56〕這個論斷是正確的。《左傳》、《國語》就有很多關於這方面的文獻。例如，「盟以底信」（《左傳・昭公十三年》）；「棄信而壞其主，在國必亂，在家必亡」（《左傳・文公四年》）；「世有盟誓，以相信也」（《左傳昭公十六年》；「盟，所以周信也」（《左傳・襄公十二年》）；「夫爲四鄰之援，結諸侯之信，重之以婚姻，申之以盟誓，固國之艱急是爲」（《國語・魯語上》）等等。這些「信」都是用於政治活動的。

儒家創立之後，信不僅僅只用於宗教祭祀和政治活動之中了，而是成了一個人安身立命的德性，成爲與仁、義、禮、智並用的「五常」之一。《論語》說：「人而無信，不知其可也。」（《論語・爲政》）還說：「敬事而信」，「謹而信」（《論語・學而》），「上好信，則民莫敢不用情」（《論語・子路》）。這些都是從德性的角度說明「信」的重要性的。不過，信的體現更重要的是強調眞實，強調言與行的一致，也就是說，信比較重視行動，而且也往往是通過行動體現出來的。所以，朱熹說：「信是信實，表裏如一。」（《朱子語類》卷四十五）還說：「信是言行相顧之謂。」（《朱子語類》卷二十一）

那麼。信與忠是什麼關係？筆者認爲主要有兩點。

第一，從忠德實踐的角度來分析，忠是一種全德，信則是表現爲具體的德性，是對忠德的一種體現，所以，忠信往往是聯繫在一起的。

張錫勤先生認爲：「忠信二者密不可分，但忠是信的基礎，信則是忠的表

〔註56〕閻步克，春秋戰國時期「信」觀點的演變及其社會原因〔J〕，歷史教學，1981（6）：4。

現，忠更爲根本。」〔註57〕《國語・周語下》說：「言忠必及意，言信必及身。」
又說：「除暗以應外謂之忠，定身以行事謂之信。」（《國語・晉語二》）這些
也表明忠具有全德性質，信則是比較重視具體的行爲。《左傳》說：「信，國
之寶也，民之所庇也。」（《左傳・僖公二十五年》）還說：「信，德之固也。」
（《左傳・文公元年》）這裡的信體現爲忠。「君撫小民以信」（《左傳・桓公十
三年》）；「以信召人」（《左傳・襄公二十七年》）；「不信，民不從也」（《左傳・
昭公七年》）等，這些是從具體的行動中體現忠。

　　朱熹說：「忠信只是一事。……忠是信之體，信是忠之發。」（《朱子語類》
卷二十一）又說：「未有忠而不信，未有信而不忠者」，「信非忠不能，忠則必
信矣。」（《朱子語類》卷二十一）忠信從儒家倫理學的角度來說兩者本質上
是一致的，忠是體，信是用。沒有信無所謂忠，沒有忠無所謂信。所以，「信
非忠不能，忠則必信」。但是，信與忠在忠德實踐過程中還是有差別的。「有
於己爲忠，見於物爲信。」（《朱子語類》卷二十一）忠是全德，信是外在的；
忠是體，信是用。

　　陸九淵說：「忠者何？不欺之謂也；信者何？不妄之謂也。人而不欺，何
往而非忠；人而不妄，何往而非信。忠與信初非者二也。特由其不欺于忠而
言之，則名爲之以忠；由其不妄於外而言之，則名之以信。果且有忠而不信
者乎？果且有信而不忠者乎？名雖不同，總其實而言之，不過良心之存，誠
實無僞，斯可謂之忠信矣。」（《陸九淵集・主忠信》卷三十二）陸九淵從心
學的角度出發，認爲忠是人性內在的德性，是「不欺」，是一種「誠」，而信
則表現在外在行爲上是「不妄」。兩者「實」則是相同的，而「名」則無異。
也就是陸九淵說的，「特由其不欺於中而言之，則名之以忠；由其不妄於外言
之，則名之以信。」（《陸九淵集・主忠信》卷三十二）

　　陳淳說：「盡己是盡自家心裏面，以所存主者而言，須是無一毫不盡方是
忠」，而「以實是就言上說，有話只據此實物說，無便曰無，有便曰有。若以
無爲有，以有爲無，便是不以實，不得謂之信。」（《北溪字義・忠信》卷上）
還說：「從內面發出，無一不是忠、發出外來，皆以實是信。」這是說，忠是
內在的德性，信是忠的外在的體現。陳淳還舉例子來說明忠與信的區別。他
說：「如事君之忠，亦只是盡己之心事君；爲人謀之忠，亦只是盡己之心以爲

〔註57〕張錫勤，中國傳統道德舉要〔M〕，哈爾濱：黑龍江大學出版社，2009：199。

人謀耳。如與朋友交往之信，亦只是以實而與朋友交；與國人交之信，亦只是以實而與國人交耳。」（《北溪字義・忠信》）

「言而有信」（《論語・學而》）；「言非信不成」（劉書《劉子・履言》）；「信者，言之有實也」（《論語集注・學而》卷一）；「信有就言上說，是發言之實；有就事上說，是做事之實」（《北溪字義・忠信》）等等，這都是把信與具體的行動聯繫起來。這也說明，在實踐層面上，忠主要體現在內在的德性上，信則是更加強調忠德的具體行動。

無論是立身處世，還是從事政治活動都是信實踐應用的領域。《呂氏春秋・貴信》說：「君臣不信，則百姓誹謗，社稷不寧。處官不信，則少不畏長，貴賤相輕。賞罰不信，則民易犯法，不可使令。交友不信，則離散鬱怨，不能相親。百工不信，則器械苦僞，丹漆染色不貞。」（《呂氏春秋・離俗覽・貴信》）這是說，無論是「君臣」、「處官」，還是「賞罰」、「交友」等等都要做到「信」，而爲君爲臣、做官、賞罰、交友等等都是具體的行爲，信就是在這些具體的行爲中表現出來的。

總之，信是外在的，重在忠德的實踐層面，是對忠的體現，而忠則是內在的德性，是一種全德。所以，忠信就能組合成一個完整的道德行爲。

第二，從道德範疇上講，忠的範圍要比信寬廣。忠德包括內在的德性層面和外在的忠行層面，而信更多體現在外在的忠行層面，內在的德性卻很少被強調。所以，在這個角度上來說，忠行的層面也就是信的層面。《說文解字》說：「盡心曰忠。」「盡心曰忠」是說明忠德具寬廣的內涵，只要是道德主體做到盡心就可以說是忠。所以，忠在道德實踐中是具有「全德」的性質，而信則不具備「全德」的性質。信是分享了部分德性。從這個意義上說，忠是一般，信是特殊；忠是類別，信是個別。賈誼把忠和信定位德之「六美」之一。他說：「德有六美。何謂六美？有道、有仁、有義、有忠、有信、有密，此六者德之美也。道者，德之本也；仁者，德之出也；義者，德之理也；忠者，德之厚也；信者，德之固也；密者，德之高也。」（《新書・道德說》）這裡的，「信者，德之固也」的「固」是本來的意思，意思是信是德性本來就固有體現。

古代儒家在談論信時，也往往把信和具體的行動和人聯繫起來。西晉的傅玄專門撰文論述了信的具體實踐性的特點。他說：「天地著信，而四時不悖；日月著信，而昏明有常；王者體信，而萬國以安；諸侯秉信，而境內以和；

君子履信，而厥身以立。古之聖君賢佐，將化世美俗，去信須臾，而能岸上治民者，未之有也。」（《傅子・義信》）傅玄是通過自然界的運行、政治實踐和具體的聖君賢佐來論述信的外在實踐的作用和價值。

從爲政之忠方面來說。以君主爲首的統治來說，要忠於民，以民爲本。那麼如何忠？首先在行動上要取信於民。「周幽以詭烽滅國，襄王以爪時致殺」（《傅子・義信》）是因爲統治者失信於民。《貞觀政要・誠信》說：「上不信，則無以使下。」只有做到「誠信立」，才能使「下無二心」（《貞觀政要・誠信》）。《論語・顏淵》中子貢曾經和孔子有過一段精彩的對話，是討論政治領域中，最重要是忠德行爲應該是什麼。孔子認爲，「信」是最重要的忠德德性。《論語・顏淵》說：「子貢問政。子曰：『足食，足兵，民信之矣。』子貢曰：『必不得已而去，於斯三者何先？』曰：『去兵。』子貢曰：『必不得已而去，於斯二者何先？』曰：『去食。自古皆有死，民無信不立。』」所以說，在爲政之忠方面，信是最爲重要的政治道德和政治實踐。

從爲人之忠方面來說。孔子說：「人而無信，不知其可也。」（《論語・爲政》）交友之道中，信也是忠德的具體體現。《禮記》甚至認爲，忠信是禮的根本。《禮記・禮器》說：「忠信，禮之本也；義理，禮之文也；無本不立，無文不行。」《呂氏春秋・貴信》說：「凡人主必信。信而又信，誰人不親。」還說：「言非信則百事不滿。」在做人之忠方面，需要誠實，那種想通過欺騙來立身處世的人，必然會失去朋友，難以在社會上立足。不僅在政治上君臣之間需要信，父子、夫婦、兄弟和朋友之間也需要信。傅玄說：「若君不信以御臣，臣不信以奉君，父不信以教子，子不信以事父，夫不信以遇婦，婦不信以承夫，則君臣相疑於朝，父子相疑於家，夫婦相疑於室矣。大小混然而懷奸心，上下紛然而競相欺，人倫於是亡矣。」（《傅子・義信》）信缺失了，不僅君臣關係破裂了，就是天然的父子關係也會消亡。

要想維護和保持君臣、父子、夫婦、兄弟、朋友等關係，在行動上必須要做到「信」。所以，孔子說：「始吾於人也，聽其言而信其行；今吾於人也，聽其言而觀其行。」（《論語・公冶長》）因爲信首先是體現在行動上，最先給人以深刻的印象。所以孔子對人的認識，也是先從「聽其言而信其行」，上昇到「聽其言而觀其行」的層面。他還說：「狂而不直，侗而不願，悾悾而不信，吾不知之矣。」（《論語・泰伯》）

信主要體現在行動層面上，但是如果信的行爲不成功，也就是說不盡心，

就很難達到信的程度。因此，信的行爲要成功，就必須要盡心。這個盡心，也就是忠。孔子說的「聽其言而觀其行」大概也隱含了這個意思。美國著名漢學家郝大維說：「信不僅僅是願意或承諾恪守諾言」，而是要「擁有足夠的能力。智慧和資本去履行和實現諾言。」〔註 58〕信是要做到言行一致，只有語言上的承諾，而沒有在行動上盡心盡力去做就不是信，自然也不是忠。忠的行爲可能不一定是成功的，主要看是不是盡心盡力而爲，但是信的行爲如果不成功，就很容易失信於人。所以，我們說忠的範圍要比信的範圍廣。

當然，忠信通常是連用的，兩者共同構成道德行爲的實體。我們這樣區別忠與信，也只是爲了理論的說明，在實踐中兩者是很難區別開來的。

總之，忠與「五常」之間是有聯繫又有區別的。一個完整的忠德行爲常常離不開「五常」的參與，而「五常」的實現必然也離不開忠德，在一定程度上「五常」是分享了忠的德性。

〔註 58〕 〔美〕郝大維、安樂哲，通過孔子而思〔M〕，何金俐譯，北京：北京大學出版社，2005：61。

第四章　忠德價值審視

現代文明的構建、社會秩序的重構和現代價值觀的生成離開傳統就無所適從。因為傳統「它是現存的過去，但它又與任何新事物一樣，是現在的一部分。」〔註1〕作為儒家傳統重要組成部分的忠德曾經在傳統社會中發揮了十分重要的作用。審視它在傳統社會中的價值、作用及缺陷，有益於促進現代社會建設和發展。本章試圖全面審視忠德在傳統社會中的價值、作用、影響以及它在當代社會中的價值，在此基礎上回答如何培養新型的適應當代社會的忠德，以更好地為建設社會主義和諧社會服務。

第一節　忠德歷史影響

儒家忠德內容在傳統社會中對做人、做事和社會穩定等方面有深遠的影響。在一定意義上說，忠德幾乎是人們獲得「壽、富、貴、安樂」（《新論·辨惑第十三》）的手段，也是剪除「兵、病、水、火」〔註2〕的重要武器。

一、忠德與做人

中國傳統社會是倫理型的社會，一個人從搖籃到墳墓，都是在學做人。孔子自己也說：「吾十有五而志於學，三十而立，四十而不惑，五十而知天命，六十而耳順，七十而從心所欲，不逾矩。」（《論語·為政》）人出生時雖然具

〔註1〕〔美〕愛德華·希爾斯，論傳統〔M〕，傅鏗、呂樂譯，上海：上海人民出版社，2009：13。
〔註2〕王明，太平經合校〔M〕，北京：中華書局，1960：3。

備生物學意義上的「人」的各種自然特徵，但還不是社會意義或是倫理意義上的人。只有通過後天的學習，具備忠、孝、仁、義、禮、智、恭、寬、信、敏、惠等道德修養，才算是社會意義上的「人」。做人，也就是強調人自我道德修養。無疑忠德是做人修己的重要內容之一。傳統社會關係網絡中最基本也最廣泛的關係是「五倫」關係：君臣、父子、夫婦、兄弟、朋友。一個人是否具忠德德性，在「五倫」中就能有充分的體現。這「五倫」關係概括起來主要是政治道德、家庭道德和社會道德。如果在這三個方面盡忠了，那麼這個人也就是忠德之人了。

第一，在政治道德方面，忠德有利於穩定君臣關係和促進民本思想的實現。傳統社會的結構沒有現代社會複雜，在政治道德方面做人，主要體現爲「學而優則仕」。如何成爲一名官員，如何做一名優秀的官員，如何處理君臣關係是一個人做人的重要方面。一個人只有首先具備忠德修養，然後才能處理好各種關係。按照儒家忠德的看法，一個人要得君行道，首先要讀聖賢書，樹立忠德意識和修養，其次才是踐履忠德。

近年來出土的《郭店楚墓竹簡·六德》中提出了君、臣、父、子、夫、婦「六位」，也就是六種社會角色，相對於這「六位」的分別是聖、智、仁、義、忠、信「六德」，並說，「義者，君德也」，「忠者，臣德也」，「智也者，夫德也」，「信也者，婦德也」，「聖也者，父德也」，「仁者，子德也」。〔註 3〕忠是爲臣重要的道德，而忠臣是不會背叛君王。「忠不畔上，勇不畏死。」（《韓詩外傳》卷九）說的就是這個道理。

儒家忠德認爲，爲臣者要做到盡心盡力、爲君分憂。在其位要謀其政，君主有錯爲臣要及時訥諫。荀子認爲要「以禮待君，忠順而不懈」（《荀子·君道》），並且認爲爲臣要做到諫、爭、輔、拂，要做忠臣，不做奸臣、僞臣。「主暴不諫，非忠也。畏死不言，非勇也。見過即諫，不用即死，忠之至矣。」（《韓詩外傳》卷四）忠臣看見君王有過錯，一定要進諫，否則就是不忠。儒家認爲，「生以身諫，死以屍諫」（《韓詩外傳》卷七）是忠臣的職責所在。如果君主有過錯了，忠臣就應當代君受過。韓嬰說：「故善則稱君，過則稱己，臣下之義也。假使禹爲君，舜爲臣，亦如此而已矣。」（《韓詩外傳》卷三）唐代趙蕤引用司馬遷的話說：「吏不志諫，非吾吏也。」他甚至認同應當殺掉

〔註 3〕 李零，郭店楚簡校讀記（增訂本）〔M〕，北京：中國人民大學出版社，2007：171。

那些不納諫、尸位素餐的官員的觀點，「尸祿保位，無能往來，可斬也。」（《長短經‧臣行第十》卷二）

忠臣不僅要對君王進諫，而且要在自己的職位中，做出自己的成績。以民爲本是臣子忠君的重要內容，因爲在傳統社會中，國家的強大一個重要的因素是有大量人口的存在。人口多，則國家強大。人口眾多的國家，就會爲國家提供充足的軍隊兵源，也能爲政府提供充足的勞動力。在這個意義上說重視民本，也是忠君的一種重要體現。古代是農業社會，爲官的重要內容是重視農業生產和提高廣大百姓的生活水平。一般說來，忠臣往往也會愛民、敬民、惜民。唐代大臣魏徵說：「視人如傷，恤其勤勞，愛之如子。」（《貞觀政要‧愼終》）不重視民眾，也就是對君主的不忠。武則天也說：「爲臣不能慈惠於百姓，而曰忠正於其君者，斯非至忠也。」（《臣軌‧至忠章》）那種視民眾如「土芥」的行爲，就是最大的不忠。《左傳》說：「以民爲土芥，是其禍也。」（《左傳‧哀公二年》）

東漢荀悅說：「下有憂民，則上不盡樂；下有饑民，則上不備膳；下有寒民，則上不具服。徒跣而重旒，非禮也。故足寒傷心，民寒傷國。」（《申鑒‧政體》）這裡的「上」不僅僅指皇帝，而應當指所有的統治者包括在位王公大臣，都應當「以民爲重，愛民如子」，在思想觀念上，要有忠於民眾的意識，要有愛民、敬民的忠德意識，在行動上，無論是君主還是王公大臣都要做到安民、救民、富民、利民。

總之，忠臣要「遇君則修臣下之義；出鄉則修長幼之義；遇長老則修弟子之義；遇等夷則修朋友之義；遇少而賤者則修告道寬裕之義。……如是則老者安之，少者懷之，朋友信之。」（《韓詩外傳》卷六）因此，忠德對穩定君臣關係，促進儒家民本思想的實現有重要的作用。

第二，在家庭道德方面，忠德有利於穩定父子、夫婦、兄弟等家庭關係。通常情況下，許多研究者只是把「忠」作爲政治道德來看，這只是從忠德狹義的角度來分析。但如果從廣義的角度來看，忠不僅僅是政治道德，而且具有全德性質，它也可以體現在家庭道德方面。

每個家庭成員都有忠於自己的家庭道德責任。「出入相友，守望相助，疾病相扶持。」（《孟子‧騰文公上》），這是家庭忠德的總體原則。具體說就是：「父慈而教，子孝而箴；兄愛而友，弟敬而順；夫和而義，妻柔而正；姑慈而從，婦聽而婉。」（《左傳‧昭公二十六年》）這就要求不同的家庭角色都要承擔相應的家庭道德責任和義務。

父親是家庭的主心骨，是家庭的物質來源和精神支柱。荀子說：「君者，國之隆也；父者，家之隆也。」（《荀子·致士》）為父要慈，這是儒家對父親這個角色的基本要求。同時，還要教育子女做人做事，否則，「養子不教父之過」。

作為丈夫和兒子也要忠於自己的職責，要忠於家庭，要給家庭帶來榮耀。「有祿於國，有位於廷。」（《韓詩列傳》卷十）這是其中一個方面。另一個方面要愛護家庭成員，要「祿富其家，爵榮其親」（《列子·說符》）。作丈夫的如果沒有志氣，沒有上進心，沒有盡到自己的責任，妻子就有權離開他。《晏子春秋》記載了這樣一件事：「晏子為齊相，出，其御之妻從門間而窺，其夫為相御，擁大蓋，策駟馬，意氣揚揚，甚自得也。既而歸，其妻請去。夫問其故，妻曰：『晏子長滿六尺，身相齊國，名顯諸侯。今者妾觀其出，志念深矣，常有以自下者。今子長八尺，乃為人僕御；然子之意，自以為足，妾是以求去也。』」（《晏子春秋·內篇雜上》卷五）晏子的車夫身長八尺，胸無大志，為晏子駕車就感到心滿足，洋洋得意。車夫的妻子覺得他沒有志氣，甘居人下，自願做奴僕，覺得他沒有上進心，要求離開他。

《孟子·離婁下》也記載了一位齊人，有一妻一妾，其人每次外出「必饜酒肉而後反」，騙其妻妾說是「與飲食者，盡富貴也」。妻子不信，有一次跟蹤後發現丈夫是在向掃墓的人討剩菜剩飯，吃不飽，再向四周的人乞討。這一妻一妾感覺自己的丈夫沒有出息，不能盡到做丈夫的責任，兩個人傷心之極，「泣於中庭」。

再例如蘇秦。《戰國策·秦策一》記載，蘇秦游說秦國失敗，他「形容枯槁，面目犁黑」，「歸至家，妻不下紝，嫂不為炊，父母不與言」。這種「妻不以為夫，嫂不以我為叔，父母不以我為子」的慘狀是因為他沒有給家裏帶來榮耀，沒有盡到丈夫、叔叔和兒子的責任。等到他拜相封侯成功路過家鄉，情況大不一樣。「父母聞之，清宮除道，張樂設飲，郊迎三十里；妻側目而視，傾耳而聽；嫂蛇行匍伏，四拜自跪而謝。」（《戰國策·秦策一》卷三）前後相懸殊如此明顯，從一個側面也說明了一個人要承擔自己的家庭責任，為家庭盡心的重要性。

對於女性而言，儒家認為「未嫁從父，既嫁從夫，夫死從子」，強調要講究「婦德、婦容、婦貌」。為女要孝，為妻要順，為母要慈。同時，兄弟之間要講究孝悌。「兄愛而友，弟敬而順」（《左傳·昭公二十六年》），彼此之間要相謙讓。

　　以上這些都是要求家庭關係內各個成員要盡心，忠於自己的角色。儒家忠德對於穩定家庭關係，促進家庭和諧具有重要的作用，所以，『修身齊家』是儒家倫理十分重視的「八條目」之一。

　　第三，在社會道德方面，忠德有利於促進朋友關係的穩定和諧。朋友是「五倫」之一，是傳統社會重要的社會關係。朋友有益於提高自己德性，增加自己的見識，甚至在最危難的時候能夠及時給予自己幫助。古人說：「千金易得，知己難求」，曾子說：「以友輔仁」。（《論語・顏淵》）說的就是這個道理。《孝經》中說：「士有爭友，則身不離於令名。」（《孝經・諫諍章》）一個人一生有直言規勸的朋友，一生受用，不會使自己身敗名裂。

　　王通在《中論・貴驗》中也說：「居而得賢友，福之次也。」在生活中如果能結交一位賢德的朋友，那是一種幸福。明末清初大儒唐甄也說：「學貴得師，小貴得友。師也者，猶行路之有導也；友也者，猶陟險之有助也。得師得友，可以爲學矣。」（《潛書・講學》）朋友如此重要，所以，對朋友要忠，要誠心誠意交友，這是忠德的體現。

　　儒家認爲盡忠重信、以忠義交友是做人的基本準則。曾子說：「爲人謀而不忠乎？與朋友交而不信乎？」（《論語・學而》）歐陽修也說：「所守者道義，所行者忠信，所惜者名節。以之修身，則同道而相益，以之事國，則同心而共濟。始終如一，此君子之朋也。」（《歐陽修全集・居士卷・朋黨論》卷十七）朱熹也說：「友直，則聞其過。友諒，則進於誠。友多聞，則進於明。」（《論語集注・衛靈公》）朋友在困難的時候，要盡心幫忙。朋友不對，要及時進行勸諫。王陽明說：「責善，朋友之道，然須忠告而善道之。」（《王陽明全集・教條示龍物諸生・責善》卷二十六）交友要交心，而不是以「利」交友。荀子說：「非我而當者，吾師也；是我而當者，吾友也；諂諛我者，吾賊也」（《荀子・修身》）那種以「利」交友，諂諛之人必然不是眞正交友之道。《世說新語・忿狷》說：「勢利之交，古人羞之。」柳宗元說：「爲人友者，不以道而以利，舉世無友。」（《柳宗元集・師友箴》卷十九）

　　對朋友要忠心，以道輔友，以義交友，因此，交朋友要謹愼。荀子說：「匹夫不可以不愼取友。」（《荀子・大略》）與賢德之一人交友則可以提高自己，與惡人相友就會心生邪情。顏之推說：「與善人居，如入芝蘭之室，久而自芳也；與惡人居，如入鮑魚之肆，久而自臭也。……君子必愼交遊焉。」（《顏氏家訓・慕賢》）所以，儒家認爲一個人只有不斷提高自己的忠德修養，才能

處理好朋友關係，才能保持長久的朋友之誼，才能彼此提高。一個人對朋友不忠，交友不慎，言而無信，就很難在社會上立足，更不用說結交天下賢德的朋友了。

事實上，一個忠德的人在傳統社會中，無論是對穩定政治道德上的君臣關係，還是穩定家庭道德上的父子、夫婦、兄弟等關係，亦或是促進朋友關係的和諧都有重要作用。他們各自以對方爲重，把自己的角色義務內化爲自己的德性，形成盡心盡力的忠德人格。他們「屈己讓人」，「貴人而賤己」，「盡心而爲人」。

總之，中國傳統社會以倫理爲本位，忠德在維護倫理秩序中發揮著重要作用，同時，忠德之人又能在這種倫理秩序中彰顯自己的忠德德性。

二、忠德與做事

忠德不僅是道德品性和人格修養，它也爲人們做事成功提供了精神保障。一個具有忠德的人面對困難不會輕易放棄，會盡心盡力去做，有條件去做，沒有條件創造條件也會去做。《忠經》說：「君子盡忠，則盡其心；小人盡忠，則儘其力。盡力者則止其身，盡心者則洪於遠。」（《忠經‧盡忠章》）真正盡忠的人不僅僅儘其體力，更會儘其智力。《忠經》說：「天下盡忠，淳化行也。」普天之下人人都盡忠，那麼善的世界就會出現，「四海之內，有太平焉。」（《忠經‧盡忠章》）傳統儒家忠德精神，就其道德意義而言，在現實中，它應當是一種真誠地出於道德理念的獻身精神，是一種出於社會責任感的奮鬥精神，是一種真誠地爲了社會和人類進步而奉獻自身的精神。〔註4〕那麼，忠德在具體的實踐中有什麼價值呢？

第一，忠德促進人們爲廣大民眾的利益而做事。儒家忠德從來就沒有離開實踐。忠德有利于忠德主體爲民爲國而行忠。什麼是民呢？所謂民，在中國古代各個不同時期其內涵不一樣。一般說民是指與君、臣相對的處於社會等級最下層的廣大庶民。〔註5〕我們認爲，所謂民主要指被統治者，士、農、工、商是其主要代表。儒家認爲，民是社會穩定的基礎，也是創造國家財富的基礎。《國語‧周語上》說：「夫民之大事在農，上帝之粢盛於是乎出，民之蕃庶於是乎生，事之供給於是乎在，和協輯睦於是乎興，財用蕃殖於是乎

〔註4〕參閱李慶，中國文化中人的觀點〔M〕，北京：學林出版社，1996：505。
〔註5〕周桂鈿，中國傳統政治哲學〔M〕，石家莊：河北人民出版社，2007：297。

始，敦龐純固於是乎成」這是說統治者所需要的一切物質資料都來於民，所以，民富則國富。孔子說：「百姓足，君孰與不足？百姓不足，君孰與足？」（《論語・顏淵》）

民還是一個國家強大的保證。古代判斷一個國家是否強大，人口多是一個重要的標準。人口多，國家的軍隊兵源充足，國防力量就強，國家就強大。如果國家貧窮，很多人因飢餓而死，那麼國家就不可能強大。三國陸遜說：「國以民為本，強由民力，財由民出。夫民殷國弱，民瘠國強者，未之有也。」（《三國志・吳書・陸遜傳》）民眾富強就代表國家富強。賈誼也說：「古之人曰：一夫不耕，天下必受其饑者；一婦不織，天下必受其寒者。」（《新書・論積貯疏》）因此，教民、富民、安民就成為儒家盡忠做事的重要目的。

孔子曾經稱讚管仲是仁義之人，雖然管仲這個人有攀比之心，在個人道德修養上也並不是很出色。孔子說：「管仲之器小哉！」又說：「管氏有三歸」，還說：「邦君樹塞門，管氏亦樹塞門。邦君為兩君之好，有反坫，管氏亦有反坫。管氏而知禮，孰不知禮？」（《論語・八佾》）在孔子的眼中，管仲這個人的個人道德修養是欠缺的，他氣量狹小，又收取大量市租，而且還不懂得禮節。但是，因為他幫助齊桓公稱霸諸侯，為當時民眾帶來了實惠，所以，孔子對管仲還是稱讚的。當子貢說：「管仲非仁者與？桓公殺公子糾，不能死，又相之。」（《論語・憲問》）他認為主死臣活，懷疑管仲是不忠不仁。孔子卻明確說：「管仲相桓公，霸諸侯，一匡天下，民到於今受其賜。微管仲，吾其被髮左衽矣。豈若匹夫匹婦之為諒也，自經於溝瀆而莫之知也。」（《論語・憲問》）孔子肯定了管仲的功績，沒有他，齊桓公想「霸諸侯，一匡天下」就不可能，民眾也不會得到實惠。

孟子說：「無恆產而有恆心，惟士為能。若民，則無恆產，因無恆心。」所以，「故明君制民之產，必使仰足以事父母，俯足以畜妻子，樂歲終身飽，凶年免於死亡。然後驅而之善，故民之從之也輕。」（《孟子・梁惠王上》）民眾如果無恆產就無恆心，所以，明君要忠於民眾，以民為重，制民之產，使其「仰足以事父母，俯足以畜妻子，樂歲終身飽，凶年免於死亡」，這才是明君所應該做的事。那種虐民的暴政就不具有合理性，更說不上是以民為貴了，為民行忠了。

明成祖朱棣作為皇帝，也不得不接受儒家這種為民而行忠的觀點。他說：

「朕惟事天以誠敬爲本，愛民以實惠爲先。《書》曰：『惟天惠民』，又曰：『安民則惠』，然天之視聽皆因民，能愛人即以事天。」（《明太宗實錄》卷二十七）「愛民」、「惠民」、「安民」都是忠於民，是以民爲本的忠德體現。

第二，忠德促進人們爲了國家的安全和社會的穩定而奮鬥。國防鞏固和國家安全能爲民衆的生活提供了保障。因此，爲國而忠是行忠的一個重要方面。

三國時期諸葛亮受劉備託孤之重，爲了興復漢室，擴大蜀漢國家的生存空間，他六次北伐，「鞠躬盡瘁，死而後已」。他對國家的盡忠，把一生的心血都用在蜀國的建立、穩定和發展上，無論是其「五月渡瀘，深入不毛，並日而食」（《三國志·蜀書·諸葛亮傳》），還是上表出師，進行北伐，其目的都不是爲了他個人的榮華富貴，而是爲了興復漢室。

岳飛「盡忠報國」、忠於國家、忠於民族，其目的也不是爲了個人的衣錦玉食，而是爲了「使宋朝再振，中國安強」（《鄂國金佗稡編·廣德軍金沙卉壁題記》卷一十九）。他曾慷慨陳辭激勵部下：「以忠義報國，立功名，書竹帛，死且不朽。若降而爲虜，潰而爲盜，偷生苟活，身死名滅，豈計之得矣？建康，江左形勝之地，使胡虜盜據，何以立國？」（岳珂《鄂國金佗稡編》卷四《行實編年》卷一）

還有的像平定倭寇騷亂的戚繼光，收復臺灣的鄭成功，虎門銷煙的林則徐等民族英雄，他們的忠德行爲都是爲了國家統一和社會的穩定。

第三，忠德促使人們著書立說、弘揚文化。一些儒家士人無心仕途，醉心某種學說，雖苦猶樂。他們憑著自己的興趣和愛好，立志要「爲往聖繼絕學」，做思想文化上的傳承者和開拓者。他們忠於自己的志向，枯燈殘卷，秉燭夜讀，這也是一種忠行。

例如，司馬遷要繼承父志，立志要「窮天人之際，通古今之變，成一家之言」。雖然受宮刑，依然忍辱而生，發憤著書，終於寫成一代巨著《史記》，成爲「史家之絕唱，無韻之離騷」。只有那種具備忠德的人，才能在面對困難時，堅持到底，不動搖，不放棄。司馬遷說：「昔西伯拘羑里，演《周易》；孔子厄陳蔡，作《春秋》；屈原放逐，著《離騷》；左丘失明，厥有《國語》；孫子臏腳，而論《兵法》；不韋遷蜀，世傳《呂覽》；韓非囚秦，《說難》、《孤憤》；詩三百篇，大抵賢聖發憤之所爲作也。」（《史記·太史公自序》）司馬

遷雖然在這裡有誇飾和不符合歷史事實之嫌，〔註6〕但他說明了一個事實：一個人如果忠於某種志向，忠於某種學說或者為了一個預定的目標，雖在困境之中也不會放棄，會盡心盡力去做。

再如，蘇秦連橫秦國失敗之後，回到家中，勤踰刺股，發奮苦讀，這也是一種忠。他「乃夜發書，陳篋數十，得《太公陰符》之謀，伏而誦之，簡練以為揣、摩。讀書欲睡，引錐自刺其股，血流至足。」（《戰國策·秦策一》）這種殘忍的帶有自殘自虐的「引錐自刺其股」的讀書行為，如果不是蘇秦抱著一顆忠於自己信念的心，恐怕就很難做到。通過自己的努力，最終他實現了自己的社會價值。他「封為武安君，受相印。革車百乘，綿繡千純，白璧百雙，黃金萬溢，以隨其後，約從散橫，以抑強秦。」（《戰國策·秦策一》）司馬遷、蘇秦之忠行，是為了實現自己的學說和價值理念，這本身也是一種忠德德行體現。

第四，忠德有利於增強人們的社會責任感。儒家強調人的社會責任，看重人的擔當精神和責任意義。孔子說：「士志於道，而恥惡衣惡食者，未足與議也。」（《論語·里仁》）還說：「修己以安人，修己以安百姓。」（《論語·憲問》）儒家還十分重視「知其不可而為之」的社會責任意識和憂患意識。孔子說：「德之不修，學之不講，聞義不能徙，不善不能改，是吾憂也。」（《論語·述而》）

孔子本人就是一個很好的具有社會責任意識的例子。在面對春秋末期禮崩樂壞的現實，他奔走呼號於各國宣傳自己的學說，以便尋找可以利用自己學說的政治環境。他這樣做不是為了為自己尋找陞官發財的機會，而是盡到自己作為一個人的責任和義務。他說：「君子謀道不謀食」，「君子憂道不憂貧」（《論語·衛靈公》）。孔子還提出「正名」學說，以規範社會角色中每個人的行為，使社會的發展有序化。他說：「名不正，則言不順；言不順，則事不成；事不成，則禮樂不興；禮樂不興，則刑罰不中；刑罰不中，則民無所措手足。」（《論語·子路》）他的「正名」學說是強調人的社會和職業責任，強調在位者要謀其政，要勇於承擔自己的社會責任。君主要承擔君主的責任，臣子要

〔註6〕 例如呂不韋遷蜀國時，《呂氏春秋》已經成書了；韓非子寫《說難》、《孤憤》也在入獄之前等等。司馬遷這裡重在意義的表達，是一種真實憤懣之情的宣泄，可能是受當時漢代的一種文風的影響，也是內心痛苦的一種症候，因而在這種情況下不一定是強調實錄。但是在《史記》中對上述作者的傳記，司馬遷是採用實錄的精神，這與《太史公自序》精神是一致的。

承擔臣子的責任，士人要承擔士人的責任。方朝暉教授說：「『正名』的表面意思，用今天的話來說，就是擁有與自己的職位、角色相符的品質，包括個人的主觀素質、職業道德、責任感和能力等。易言之，當官要像當官的樣子，當老師要像當老師的樣子，當學者要像當學者的樣子，當政治家要像當政治家的樣子，當法官的要像當法官的樣子，等等。」〔註7〕按照同樣的邏輯可以說，做人要像做人的樣子。曾子說：「君子思不出其位。」（《論語・憲問》）說的也是這個道理。所以，在其位就要謀其政，同樣的，「不在其位，不謀其政」（《論語・憲問》），是說不在這個職位上就不需要承擔這個職位上的責任，這對職業的發展是有幫助的。但是，這並不是說，一個人不需要承擔做人的責任。一個忠德之人需要承擔自己應盡的社會責任和道德責任。

孟子說：「生於憂患而死於安樂。」（《孟子・告子下》）一個人只圖自己享受，只圖自己索取，沒有憂患意識和責任感，這是一種人性的自我毀滅。陸游在《病起抒懷》這首詩中說：「位卑未敢忘憂國。」葉適也說：「篤行而不合於大義，雖高無益也。立志不存於憂世，雖仁無益也。」（《葉適集・雜著・贈薛子長》）這是強調了人的責任。

明清之際著名思想家顧炎武說：「保國者，其君其臣肉食者謀之；保天下者，匹夫之賤而與有責焉耳矣。」（《日知錄・正始》卷十三）如果說「保國」是君與臣這些在位者的職業責任，那麼保天下這是所有人的責任。

當然，因為人的職業責任與做人的責任往往交織在一起，有時候很難分清楚哪些是職業責任，哪些是做人的責任，尤其是在傳統社會中。但是，有一點是共同的，那就是無論是職業責任還是做人的責任，都必須忠於各人自己所在的崗位和自己做人的責任。現代社會的分工越來越細，人們往往是以職業責任為載體來承擔自己對社會的責任。職業是現代人安身立命的價值確證，因而現代社會更加強調人的職業道德和職業責任，也更加強調人對職業的忠誠和對他人的誠信。

總之，儒家這種責任意識使得古往今來的英雄豪傑、志士仁人，忠心謀事，踏實做人，有的為了國家和民族的大義殺身成仁，捨生取義。「我們從古以來，就有埋頭苦幹的人，有拼命硬幹的人，有為民請命的人，有捨身求法的人」（《魯迅全集・且介亭雜文・中國人失掉自信心了嗎？》），這些人中就

〔註7〕方朝暉，文明的毀滅與新生：儒學與中國現代性研究〔M〕，北京：中國人民大學出版社，2011：193。

包括儒家這樣的志士仁人。如果人類沒有責任意識，沒有擔當精神，人類就無法發展和進步，正是因為人們忠於職守、忠於職責、忠於做人的操守，歷史才會進步，社會才會發展。

三、忠德與社會穩定

儒家為傳統社會的發展提供一個價值秩序體系，規範了人們的行為，促進了社會有序發展和進步。忠德是儒家「道統」鎖鏈上不可分割的組成部分。它對穩定社會秩序、協調社會關係、淨化社會風氣具有不可替代的作用和價值。

第一，忠德有利於穩定社會秩序。我國傳統社會是禮法社會，有一系列的社會制度規範。忠德對穩定這種社會制度規範具有重要作用。先秦主要是實行分封制，尤其在西周時期，分封制大盛。周武王推翻商朝統治之後，為了鞏固其統治，把王室親屬子弟和有功之臣分封到各地。如封周公旦到魯；封呂尚於齊等。每個分封的諸侯國要忠於中央政府，對周王負責，要向周王室按期納貢朝覲、出兵幫助周王室征戰或賑災、有義務為周王室戍邊等。周王是諸侯國的共主，禮樂征伐自周天子出。這也正如《詩經・小雅・北山》所說的「溥天之下，莫非王土；率土之濱，莫非王臣。」從西周時期，因為周王室被認為是天下諸侯的共主，諸侯國都忠於王室，所以這個時期國家統一，社會秩序相對安定。

但是，到春秋戰國時期，由於周王室的衰落，各個諸侯國力量的逐漸強大，他們為了各自的利益不斷發動戰爭。周王室只是名義上的共主，實際權力已經為諸侯國自己掌握。「禮樂征伐自天子出」，變成「禮樂征伐自諸侯出」。忠於周王室的德性已經衰落，各諸侯國各自為政，社會動亂。各國之間多次進行吞併戰爭，傷亡慘重。著名歷史學家雷海宗以齊國為例做了一個大致的估算。齊桓公時期，基本上是每四十五人有一人當兵。[註8] 戰國時期的戰爭較為慘烈，死亡數字驚人。雷海宗先生根據《史記・秦本紀》和《史記・秦始皇本紀》統計：從秦獻公（公元前 384～前 362 年在位）二十一年開始至秦王政十三年（公元前 246 年～前 221 年在位）一百多年時間，秦國與其他國家在戰爭中死亡的人數超過了一百五十萬。其中死亡最多的是秦昭襄王十四

〔註 8〕雷海宗，中國文化與中國的兵〔M〕，長沙：嶽麓書社，2010：7。

年，白起攻打韓魏，一次斬首就達二十四萬。秦昭襄王五十年，白起攻破趙國長平，一次就埋掉降兵四十萬之多。〔註9〕而當時的人口，儘管缺乏客觀的數據，但是估計應該不是很多，因爲衛國作爲一個不大不小的國家，繁榮時人口才五萬多人。春秋戰國時期，人口不會超過二百多萬。〔註10〕這種戰亂，無疑對周王室的忠德衰敗有關。

秦漢以後實行皇帝制度和郡縣制，皇帝的權威是至高無上的。統治者強調忠君是最高的政治道德。可以這樣說，凡是忠德思想盛行的時代，國家就趨於穩定，凡是忠德思想鬆散的時代，國家就趨於動亂。我國歷史上出現的「文景之治」、「貞觀之治」、「開元盛世」、「康乾盛世」都是出現在國家統一的時期。儘管這種繁榮是多種因素促成的，其中一個重要的因素是因爲國家統一，社會相對穩定，而這種統一和穩定忠德無疑起到了重要的精神凝聚作用。忠德作爲人們發自內心的一種盡己利人的道德情感和道德義務，自然在行動上就體現爲對社會道德規範和社會規章制度的遵守，這種忠德意識和忠德行爲，對社會穩定自然具有重要作用。例如，唐太宗貞觀四年（公元 630年），因爲國家政治穩定，社會安定，「外不閉戶」。這年全國被判刑的只有二十九人，而當時全國的人口大約在三百萬戶（《通典·食貨七》卷七）。通常情況下，在傳統社會中，君國一體，國君不分，忠君即忠國，忠國必忠君。〔註11〕這種忠君和忠國一體化，對國家的發展和社會穩定無疑具有重要意義。

第二，忠德有利於協調社會關係。忠德是忠德主體發自自己內心的一種道德情感，也是道德主體心甘情願地爲他人和社會盡心盡力的行爲。如《論語》說：「爲人謀而不忠乎」（《論語·學而》）；「居處恭，執事敬，與人忠」（《論語·子路》）；「忠告而善道之」（《論語·顏淵》）等。所以，在人際交往中，一個具備忠德德性的人，很自然地就會產生盡己利他的行爲，盡心爲人謀事。這對協調人際關係是有益的。人際交往中產生的矛盾是有多重因素引起的，

〔註9〕 參閱雷海宗，中國文化與中國的兵〔M〕，長沙：嶽麓書社，2010：13～14。

〔註10〕 童書業先生在《春秋左傳研究》一書中認爲，西周時期周邦的人口大概在十萬左右，全國人口，「掃計之恐亦不過一二百萬而已。」（童書業，春秋左傳研究〔M〕，童教英校訂，北京：中華書局，2006：277。）春秋戰國時期，因爲戰爭人口可能會更少。童書業先生認爲：「春秋時人口仍不甚多，有所謂『十室之邑』、『百室之邑』者、若『千室之邑』已爲大邑，即一般國都亦未必過三千家也。」（童書業，春秋左傳研究〔M〕，童教英校訂，北京：中華書局，2006：307。）

〔註11〕 蔣慶，再論政治儒學〔M〕，上海：華東師範大學出版社，2011：223。

但是最根本的一條是利益的驅動。正是因爲利益的驅動，導致一些人爲了自身的利益，而不惜損害他人的利益。這樣矛盾就自然會產生，人際關係就會緊張。忠德作爲一種德性，一種道義，不是建立在忠德主體對利益訴求和理性的算計之上，而是建立在盡己利人道義基礎之上的。因此，在面對利益衝突的情況下，忠德主體就會選擇自動放棄自己的利益而替他人著想。這種忠德的情感和行爲是出於道義，能夠超越自我，成就他人。這也正如孔子說的那樣，「居處恭，執事敬，與人忠。雖之夷狄，不可棄也。」（《論語·子路》）

《晏子春秋·內篇諫下》曾經記載了這樣一件事。公孫接、田開疆、古冶子三人都是齊景公的勇士。他們三人論功食桃。公孫接認爲，自己曾經有一次搏殺大公豬、兩次搏殺母老虎的戰功，自己最有資格吃桃子。田開疆認爲，自己手持兵器曾經兩次打敗了敵人，立了戰功，自己最有資格吃桃子。古冶子說，自己曾經追隨齊景公過黃河，一個怪物把齊景公和拉車的馬一起拖入河中，是他「潛行逆流百步，順流九里，得黿而殺之」，這才救出君主，他認爲自己有救駕、護駕之功，最有資格吃桃子。最後公孫接、田開疆把桃子讓給了古冶子，他們認爲古冶子的功勞最大，最有資格吃桃子。況且他們認爲和功勞最大的人爭桃子，不知道謙讓，這是貪婪和無勇的表現。他們說：「吾勇不子若，功不子逮，取桃不讓，是貪也，然而不死，無勇也。」於是自刎而死。古冶子覺得公孫接、田開疆都死了，自己獨活是不仁、不義、無勇、不忠，也挈領而死了。這就說明一個忠德的人，是懂得如何尊重他人，在面對利益衝突的時候懂得如何尊重自己，禮讓他人。這對協調人際關係無疑是有益的。

忠德的人能夠把忠德作爲約束自我、克制自己、協調人際一個重要的道德原則。他們在面對利益衝突時是沒有私心的。所以《左傳》說：「無私，忠也。」（《左傳·成公九年》）一個人只要具備無私、忠德之心，懂得理性的放棄，就很容易處理好人際關係。所以，《忠經·天地神明章》說：「忠者，中也，至公無私。……忠也者，一其心之謂矣。爲國之本，何莫由忠。忠能固君臣，安社稷。」

第三，忠德有利於淨化社會風氣。忠德有利於淨化社會風氣，是把忠德作爲一種價值判斷標準，即是判斷一個人是否忠誠、是否盡己利他的標準。在傳統社會中，人們在判斷一個人是不是好人、是不是可以託付大事，往往是以這個人是否忠誠爲標準。一個具備忠誠、忠義、忠厚的人往往能夠得到別人的信任和尊重，反之就會遭到別人的疏遠或唾棄。

在婚姻家庭關係中，忠於婚姻和夫妻雙方的感情是忠德一個重要的內容。古代婚姻中有「七出」:「不順父母去，無子去，淫去，妒去，有惡疾去，多言去，竊盜去。」(《大戴禮記·本命》)其中，「淫」是休妻一個重要的理由。因為在古人看來，淫是「亂族」的重要表現，會紊亂宗法血緣社會秩序，是不忠的重要體現。所以，構成不可赦免的離婚罪。雖然唐、宋、元、明、清律對判定離婚罪有重要的前提條件，但因為「淫亂」而犯下的離婚罪卻不需要前提條件，因為忠於婚姻是最基本的道德操守。傳統社會這種對婚姻忠誠的重視，對淨化社會道德風氣具重要作用。在古代婚姻制度中，只承認丈夫有一個妻子，即一夫一妻制度，如果丈夫再娶其他女子，只能為妾，除非原配妻子死亡或者離異。如果有的男子不忠於這種婚姻制度，有妻子而再娶妻，或者有妻子而欺騙別人，即「有妻更娶」(《唐律疏義·戶婚》)或者「婚嫁妄冒」(《宋刑統·戶婚律》)那麼政府不僅不承認這種婚姻的合法性，而且男子需要被判刑一年或一年半(明、清律則規定對男子杖八十。)男子「有妻更娶」或者「婚嫁妄冒」本身就是對婚姻的不忠，也是自己做人不忠，因而要受到懲罰。因此，忠於婚姻是忠的一個重要的方面，這對穩定社會，淨化社會道德風氣也是有作用的。

在社會上，對那些忠義的人，政府和社會往往給予重用和獎勵。例如，西漢的霍光因為忠謹而為漢武帝賞識，他死的時候把霍光定為自己的託孤大臣之一。劉備死的時候，也是因為諸葛亮忠於蜀漢，把他也定位蜀漢的託孤重臣。甚至允許諸葛亮可以取代後主劉禪。這些忠臣，無論是當時還是現在都受到人們的敬仰。最典型的是關羽，他幾乎成為忠義的化身。他生前，忠於劉備，忠於蜀漢。曹操想用重金收買他，他不為所動。萬曆年間他被尊為「協天護國忠義大帝」，[註12]成為人們頂禮膜拜的忠義偶像。

對於那些不忠的人，傳統社會是用重典來懲罰。十惡不赦之罪中有「謀反」、「謀大逆」、「謀叛」等罪就是明證。例如漢武帝晚年發生的「巫蠱事件」就是由於漢武帝懷疑有人不忠引起的。公元前91年，漢武帝身體不適，他聽信江充的讒言，認為自己的病是有人設木偶(即所謂的「蠱」)詛咒引起的。這件事儘管是江充一手煽動的，但是他卻是以不忠的名義來欺騙漢武帝，結果數萬人死於非命，就連太子也被殺。由此可見，封建社會對不忠行為嚴厲

〔註12〕臧勵龢，中國人名大辭典〔M〕，上海：上海書店，1980：1761。

懲處的程度。還如,西漢呂后黨羽被劉除是以「欲爲亂」的不忠名義進行的。三國時期的吳國諸葛恪被害是因爲孫俊誣告他不忠,欲發動兵變引起的,這導致諸葛恪在宴會上被殺。

一般地說,凡是忠德的人和行爲就受到人的擁護和表揚,不忠的人和行爲就受到人們的貶斥。所以說,忠德對穩定社會秩序,協調人際關係,淨化社會風氣等方面具有重要作用。當然,社會的穩定是多種因素的結合,忠德不是唯一的因素,但是確實是不可缺少的精神力量。

總之,傳統社會中雖然也出現了「愚忠」、「僞忠」、「私忠」這樣的封建糟粕,但是它的優秀的精神資源應值得現代人繼承和發展。事實上,忠德作爲儒家不可分割的組成部分,在過去的幾千年的歷史長河中,有不同的表現形式,對社會和人心的穩定起到了重要作用,其精神價值已經成爲民族文化精神的一部分,不應當爲現代人所拋棄。

第二節 忠德當代價值

在中國,一些學者對儒家文化的批判更多來自想當然的假設,或者來自一些帶有成見學者的介紹,而沒能夠自己眞正深入經典,認眞地看看儒家的《四書》究竟講了些什麼,這是令人深感遺憾的。〔註13〕一些學者對儒家忠德的認識也是如此,認爲儒家忠德只是爲維護封建皇帝制度服務的,是過時的東西,在當代沒有多大的價值。這種看法其實是沒有眞正理解儒家忠德價值。儒家忠德是和其它文化價值一樣,參與了現代化的進程,它也是現代文化的重要組成部分。英國19世紀著名的倫理學塞繆爾·家斯邁爾斯說:「哪一個民族如果不再崇尙和奉行忠誠、誠實、正直和公正的美德,它就失去了生存的理由。一旦一個國家的人民如此熱衷於對財富的追求,對感官快樂的追求和如此熱衷於宗派活動,以至於榮譽、秩序、忠誠、美德和服從都已經成爲了過去的東西,那麼,在這種墮落的社會風氣之中,就只有等到那些誠實的人——如果幸運的話,還會剩下一些這樣的人——到處摸索並讓每個人都有了深刻的認識之後,這個民族僅存的希望還只在於使失去的品格得以恢復,使每個個體的品格得到昇

〔註13〕劉餘莉,儒家倫理學:規則與美德的統一〔M〕,北京:中國社會科學出版社,2011:250。

華，只有這樣，這個民族才能得到拯救。」〔註14〕這就表明了忠德對現代社會、民族和國家的重要性。

一、忠德與愛國精神

愛國精神屬於民族精神的核心部分，強調增強人們的國家意識、團結意識，強調激發民族志氣，用奮斗目標激勵人心，增強民族凝聚力。〔註15〕忠德對促進天下爲公的愛國精神的形成、對維護和促進國家的團結和統一、對協調個人、集體和國家之間的關係都具有重要作用。

第一，有利於促進「天下爲公」的愛國精神的形成。傳統儒家忠德被認爲是「民之望也」（《左傳‧襄公二十五年》），同時，忠本身就具有「公」的內涵。《左傳‧僖公九年》中說：「公家之利，知無不爲，忠也。」儒家忠德強調「天下爲公」的道德責任意識和行爲，不論是王公大臣還是庶民百姓都應當忠於國家、忠於社稷、忠於集體，而不是僅僅強調忠於上級、忠於君主。《左傳‧襄公二十五年》說：「君民者，豈以陵民？社稷是主。臣君者，豈爲其口實？社稷是養。故君爲社稷死則死之；爲社稷亡，而亡之。若爲己死，而爲己亡，非其私暱，誰敢任之。」也就是說，無論是君主還是臣民都應當以公爲忠，而不是傚忠某個人的私忠。《左傳》說：「將死不忘衛社稷」（《左傳‧襄公十四年》），還說「臨患不忘國」（《左傳‧昭公元年》）。這些都體現了天下爲公的愛國精神。

孔子認爲，君主是國家公利的代表，所以君主的命令必須是符合國家的普遍意志和民眾的利益，只有在這種情況下君主發出的命令才具有合法性、合理性和權威性，廣大臣民才心甘情願地執行君主的命令。儒家的忠君本質是忠於國家，所以儒家忠君愛國精神是一種理性主義和道德理想主義，是「道統」意義上的公忠愛國，與愚忠和絕對服從君主的一家一姓的私忠是不同的。孔子說：「所謂大臣者，以道事君，不可則止。」（《論語‧先進》）大臣事君採取的是「以道事君」的原則。這個「道」也就是社會公意，是集體和國家的意志，具有普遍性，代表民眾的意志。言下之意，大臣事君也應當是出於以「天下爲公」的公忠理念而出仕爲官，他們是爲公意公道做官，不是君王

〔註14〕〔英〕塞繆爾‧斯邁爾斯，品格的力量〔M〕，劉曙光、宋景堂、李柏光譯，北京：北京圖書館出版社，1999：29～30。

〔註15〕吳潛濤，愛國主義精神及其在公民道德建設體系中的地位〔J〕，學校黨建與思想教育，2004（11）：12。

一家的家奴。所以，孔子反覆強調：「君子之於天下也，無適也，無莫也，義與之比。」（《論語・里仁》）君子對天下的事，沒有必要按照君主的意志這樣或那樣做，唯有按照道義和正義的標準行動才是公正合理的。

孟子認爲君主如果用公共權力爲自己謀私，人民就算是殺死這樣的君主，也不算是弒君，只不過是殺死一個「獨夫」而已。他也認爲公共意志和國家精神才是權威的來源，才是忠德的行爲標準，所以，君子要以天下爲公，「居天下之廣居，立天下之正位，行天下之大道」（《孟子・滕文公下》）。這個「行天下之大道」，就要以天下爲公。在位的君王也應當如此。君主要做到因得不到天下爲公的人才而感到擔憂，而不是整天想到去尋找那種對自己拍馬屁的人。他說：「堯以不得舜爲己憂，舜以不得禹、皋陶爲己憂。」（《孟子・滕文公上》）孟子還認爲，爲天下行忠是人的內在的本質，是「天爵」。他說：「仁義忠信，樂善不倦，此天爵也。」（《孟子・告子上》）西漢賈誼提出的「國而忘家，公而忘私」、諸葛亮的「鞠躬盡瘁，死而後已」、范仲淹的「先天下之憂而憂，後天下之樂而樂」等等，這些無不體現出傳統儒家士人的愛國情懷，他們的愛國精神激勵了一代又一代中國人。

明末清初的著名思想家顧炎武又分別提出，「國」與「天下」的區別。他認爲「國」是王權體制中的一家一姓，是相對於政權而言。「天下」這是指現代意義上的國家，是代表人民的利益。所以，他說：「有亡國，有亡天下，亡國與亡天下奚辨？曰：異姓改號，謂之亡國；仁義充塞，而至於率獸食人，人將相食，謂之亡天下。」（《日知錄・正始》）天下是所有人共有的，保天下是每個人的責任，顧炎武說：「保天下，匹夫之賤，與有責焉。」（《日知錄・正始》）這些忠德觀點對促進人們形成愛國主義精神具有重要作用。

儒家這種「天下爲公」的愛國主義精神傳統源遠流長，並隨著社會的發展而不斷滲透到社會的各個角落，使人們逐漸形成「天下爲公」的愛國主義精神。這種「天下爲公」的愛國主義精神強調了個體對社會責任，爲了國家的繁榮和發展，每個人都要盡自己的努力爲國家的建設而奮鬥不息。

現代的天下爲公的愛國精神，主要在於爲社會主義現代化建設貢獻自己的才智，全心全意爲人民服務。現代的「天下爲公」的愛國主義精神，不是形式主義，而是「要自覺地把愛黨、愛祖國、愛社會主義與愛集體、愛崗位、愛本職工作結合起來，在工作中努力創造一流成績，紮紮實實地爲人民謀利益。」〔註16〕

〔註16〕 胡錦濤，發揚偉大的愛國主義精神爲建設有中國特色社會主義努力奮鬥——在五四運動八十週年紀念大會上的講話〔J〕，求是，1999（10）：6。

　　第二，有利於促進人們維護國家團結和統一。我國是一個多民族統一的社會主義國家，任何分裂國家的思想和行爲都是錯誤的。忠德對維護國家的團結和統一具有重要的意義和價值。古代的忠君觀點自然是有其歷史局限性，但是如果我們把忠君改成忠於國家，把忠於一人一家一姓轉換成忠於社會主義國家和社會主義制度，那麼忠德精神就具有時代意義。

　　維護國家統一和團結，在忠德發展史上早就出現。《春秋公羊傳‧隱公元年》說：「春王正月，元年者何？君之始年也。春者何？歲之始也。王者孰謂？謂文王也。曷爲先言王而後言正月？王正月也。何言乎王正月？大一統也。」尊重天下統一與周天子，維護周代國家的統一，是先民們早就有的忠德觀點。《史記》也爲構建天下一家、國家統一的忠誠愛國精神產生了巨大影響，爲人們促進和維護國家的團結和統一作出了開拓性的貢獻。《史記‧五帝本紀》是《史記》的首篇，開篇就寄託著作者統一始祖、統一道德、統一制度、統一國家的理想。作者認爲黃帝是中華民族的共同祖先。儘管這種說法未必符合歷史的眞相，但是這種忠於一個統一的原始祖先的歷史理想設計的價值遠遠大於歷史眞相的實際價值。作者爲我國各族人們塑造了一個共同的精神偶像，成爲世界各地華人認祖歸宗的精神支柱和價值來源。

　　如果說司馬遷是從史學的角度確立了天下一家的忠德觀，那麼董仲舒是從理論上對天下一家、國家統一的忠德理論進行了深刻地論述。他認爲，「一中者，謂之『忠』，持二中者謂之『患』。」他說：「五帝三王之治天下，不敢有君民之心，什一而稅，教以愛，使以忠，敬長老，親親而尊尊，不奪民時，使民不過歲三日，民家給人足，無怨望忿怒之患、強弱之難，無讒賊妒疾之人，民修德而美好，被髮銜哺而遊，不慕富貴，恥惡不犯，父不哭子，兄不哭弟，毒蟲不螫，猛獸不搏，抵蟲不觸。」（《春秋繁露‧王道》）五帝三王時代是國家統一、道德高尙、人民安居樂業的時代，這爲國家統一、天下團結提供了理想的藍圖。同時，董仲舒又從五行的角度對天下「名一歸於天」的忠德觀的合理性進行了解釋和論述。他說：「故下事上，如地事天也，可謂大忠矣。……忠臣之義，孝子之行，取之土；土者，五行最貴者也，其義不可以加矣。」（《春秋繁露‧五行對》）董仲舒認爲，下事上、民忠於國是最大的忠誠。忠臣的道義、孝子的忠行，都源於可貴的「土德」。儘管董仲舒對愛國統一的忠德觀的論述帶著神秘主義色彩，也缺乏科學證據，帶有時代局限性，但這對維護國家的團結和統一卻具有重要意義。

　　總之，維護大一統的國家和民族團結的忠德觀是中華民族精神一個重要傳統。無論在過去、現在或將來，誰要是分裂祖國，誰要製造民族歧視，誰就是不忠之人，誰就是國家和民族的罪人。

　　在歷史上來看，任何一次分裂國家、製造混亂的政治運動，都被視為不忠。例如，唐代的安史之亂，長達八年之久，叛軍所到之處燒殺搶掠，無惡不作。從天寶十四年（公元 755 年）安史之亂爆發，到乾元三年（公元 760 年）這五年間，唐代的全國人口由 5288 萬迅速銳減到 1699 萬，可見這場戰爭給唐代社會帶來了巨大的破壞和損失。落入叛軍手中的杜甫，用詩歌的形式記下了這一歷史動亂情景。他寫下了「三吏」（《石壕吏》、《新安吏》、《潼關吏》）「三別」（《新婚別》、《垂老別》、《無家別》），藝術的記錄了這段使國家和人民遭受巨大損失的悲慘歷史。安史之亂也因此永遠被釘在歷史恥辱柱上。姑息這次叛亂發生的唐代皇帝具有不可推卸的責任，因而也受到人們的批評。當時就有一位叫郭從瑾的老人，當面就批評了唐玄宗，說他：「祿山包藏禍心，固非一日，亦有詣闕告其謀者，陛下往往誅之，使得逞其奸逆，致陛下播越。」（《資治通鑒・至德元年》卷二一八）這說明任何分裂和慫恿分裂國家的行為都是不允許的。

　　總之，製造分裂、製造內亂、出賣國家等行為都是與儒家忠德不相容的。儒家忠德主張忠於國家和民族團結，主張以民為貴、反對分裂和內亂。因此，儒家的這種忠德思想對促進人們維護國家團結和統一具有重要價值。

　　第三，有利於協調個人、集體和國家之間的關係。個人、集體和國家關係的協調發展有利於促進國家的穩定和團結，有利於促進社會進步，有利於人們生活水平的提高。

　　儒家認為：「以私害公，非忠也。」（《左傳・文公六年》）「公家之利，知無不為也，忠也。」（《左傳・僖公九年》）「無私，忠也。」（《左傳・成公九年》）這些忠德思想強調的不是個人的利益，而是強調「公」的重要性。當國家和社會出現危機時，這些人就會挺身而出，為國家效力。孔子說：「志士仁人，無求生以害仁，有殺身成仁。」（《論語・衛靈公》）這裡的仁，自然也是一種忠，代表正義、公正和善意。「殺身成仁」也就是犧牲個人利益，以維護集體和國家利益。孟子說：「生亦我所欲也，義亦我所欲也；二者不可得兼，舍生而取義者也。」（《孟子・告子上》）說的就是這個道理。當然，儒家講的「殺身成仁」不是強調無謂的犧牲，或者視自己的生命如草芥，而是在國家

和集體利益面對威脅的緊要關頭以國家利益爲重。荀子說:「義之所在,不傾於權,不顧其利,舉國而與之不爲改視,重死持義而不橈,是士君子之勇也。」(《荀子‧榮辱》)韓愈也說:「自古聖人賢士,皆非有求於聞用也。閔其時之不平,人之不乂,得其道,不敢獨善其身,而必以兼濟天下也。」(《韓愈文集‧爭臣論》)一個忠義的人不是僅僅爲了個人而活著,而是要爲社會和國家出力。對於出仕爲官的儒生來說更是如此。韓愈說:「君子居其位,則思死其官;未得位,則思修其辭,以明其道。」(《韓愈文集‧爭臣論》)當官的要忠於職守,不當官要修德明道,以仁救世。宋代大儒程頤說:「君子不輕天下而重其身,不輕其身而重天下。凡爲其所當爲,不爲其不可爲者也。」(《河南程氏粹言‧聖賢篇》卷二)他認爲,君子志在匡世救民,經邦濟世,以天下爲己任,故不能輕天下而重身。同時,又不枉道從事,作無謂的犧牲,而是「爲其所當爲,不爲其不可爲者也」。王夫之也說:「將貴其生,生非不可貴也;將捨其生,生非不可捨也。……生以載義,生可貴;義以立生,生可捨。」(《尚書引義‧大誥》)王夫之認爲,生命是可貴的,但是當生命與國家和集體之大義發生衝突的時候,爲了大義,則「生可捨」。

無論是韓愈、程頤還是王夫之,都表明了忠德不是爲了個人利益精打細算,而是要爲他人、社會和國家付出,也就是要做到「以公滅私」(《尚書‧周官》)。在國家利益、集體利益與個人利益發生衝突時,儒家公忠認爲,爲了國家和集體利益不應當顧及自己的個人利益。《忠經‧百工章》說:「苟利社稷,則不顧其身」(《忠經‧百工章》),「不私,而天下自公」(《忠經‧廣至理章》)。同時,在面對外在誘惑的時候,忠德之人不會爲了自身的利益而出賣國家和集體利益,能夠做到「富貴不能淫,貧賤不能移,威武不能屈」(《孟子‧滕文公下》)。

儒家這種忠德思想對協調個人、集體和國家之間的利益關係具有重要的意義和價值。古往今來,凡是在國家和集體利益處於危機的關頭,先進的中國人,總會不顧個人的身家性命,爲了公義,挺身而出。文天祥的「人生自古誰無死,留取丹心照汗青」、李清照的「生當作人傑,死亦爲鬼雄」、顧炎武的「天下興亡,匹夫有責」等,就是儒家忠德思想的真實寫照。

總之,儒家的忠德是以公義爲重,強調在危機的時候,集體和國家的利益高於個人的利益。一個人要實現自我價值,往往需要超越個人利益,走向集體和國家利益。

二、忠德與敬業精神

忠德與敬業精神是分不開的，傳統忠德對敬業精神的形成產生了巨大的影響。

第一，忠德有利於培養敬業精神。忠誠是一種敬業精神，是一個人道德品質的重要組成部分，也是一個行業最基本的道德原則。忠德要求敬業主體在自己的崗位上一心一意，精益求精，腳踏實地的工作。

政治上，一個人如果缺乏起碼的忠德，就可能會出賣國家秘密，玩忽職守，以權謀私，生活腐化墮落，最終會淪為人民的罪犯。近年來我國出現的權力尋租性腐敗、金錢腐敗、美色腐敗，嚴重地影響了我國公職人員的形象，究其原因是一些公職人員放棄自我教育，放棄了自己對國家和社會的責任和義務，放棄了為國家敬業的精神所引起的。

《論語‧公冶長》記載：「子張問曰：『令尹子文三仕為令尹，無喜色；三已之，無慍色。舊令尹之政，必以告新令尹。何如？』子曰：『忠矣。』」令尹子文擔任令尹，不敢沾沾自喜，多次被罷免，也沒有表現出怨恨的聲色，孔子稱讚這樣的人就是「忠」。《論語‧顏淵》說：「子張問政。子曰：『居之無倦，行之以忠。』」孔子說要忠於自己的職位，不厭倦懈怠，實行政令要忠實地執行，只有這樣才能治理好政事，才是算是忠。有的幹部為了出政績，盲目決策，大搞脫離實際的「形象工程」，結果導致「一任政績，幾代包袱」。有的甚至還大搞「豆腐渣工程」，勞民傷財，禍國殃民。這些都是沒有敬業精神的表現。公務員要忠，要忠於黨、國家和人民，要一心一意為人民服務，這是職業忠誠的要求。

在企業中，從業人員也應當要忠，忠於自己的企業，保守商業秘密，恪守職業道德，遵守國家法律法規。美國最大的租賃企業美國 Enterprise 汽車租賃公司首席執行官安迪‧泰勒說，在企業裏，「忠誠就是一切。如果我們不能通過滿足顧客的需求而使他們再度光臨，那麼我們就無法發展我們的企業。如果我們沒有心情愉快、見識廣博和同本企業共命運的雇員，那我們也不可能為顧客提供滿意優質服務。一句話，忠誠是企業成功的關鍵。」〔註17〕同時，對企業來說，誠實也是最好的政策。〔註18〕

〔註17〕　〔美〕雷德里克‧萊希赫爾德，忠誠法則〔M〕，陳紹鋒、陳瑋、蔣攀譯，北京：中信出版社，2002：29。
〔註18〕　〔德〕馬克斯‧韋伯，經濟與社會（上卷）〔M〕，林榮遠譯，北京：商務印書館，1997：708。

　　我國明清時期的徽商之所以能夠在商界的樹立起一座豐碑，靠的不是別的，而是他們的忠德品格。徽商人靠忠德來做人做事，靠自己對職業的執著給自己帶來名譽和利潤。他們往往十五六歲就在外學習經商，常年不歸，有的二三十年都不回家。民諺說：「前世不修，生在徽州。十五六歲，往外一丟。」這是一種對商業的執著和忠誠，這爲他們在中國商業史上樹立了一座商業忠德的高山。

　　曾子說：「爲人謀而不忠乎？」（《論語‧學而》）孔子說：「忠信，行篤敬，雖蠻貊之邦行矣。言不忠信，行不篤敬，雖州里行乎哉？」（《論語‧衛靈公》）徽商的敬業精神無疑是對儒家這種忠德精神的踐履。

　　程頤說：「盡己之謂忠。」只要做到盡心盡力就是忠。無論是在政治上還是在商業上或者其它領域也都是如此。因此，儒家忠德對培養現代敬業主體形成忠誠品質無疑是有價值的。

　　第二，忠德有利於增強職業責任意識。儒家講的忠德就是要努力盡自己的義務，盡職盡責做好自己的本職工作。無論是做官、經商、爲師、行醫，還是從事百工都應當忠於自己的職業。因此，忠就成了敬業精神的核心和靈魂。忠德體現了職業的神聖感和尊嚴感。儘管在傳統社會是以農業經濟爲主導的社會，現代社會是多種職業共存的市民社會，但是其職業責任感是一脈相承的。王陽明說：「古者四民異業而同道，其盡心焉，一也。士以修治，農以具養，工以利器，商以通貨，各就其資之所近，力之所及者而業焉，以求盡其心。」（《王陽明全集‧節庵方公墓表》）在傳統社會中，雖然有士、農、工、商等職業的分工，但是他們「異業而同道」，這個「同道」就是「以求盡其心」，也就是說忠德之心和以忠爲核心的職業責任是相通的。

　　在政治上，官員也要具備職業責任。孔子在回答季康子的「使民敬，忠以勸，如之何？」這個問題時就說：「臨之以莊，則敬；孝慈，則忠；舉善而教不能，則勸。」（《論語‧爲政》）孔子是針對統治者的職業精神來說，意思是說作爲統治者如果在自己的職位中，莊重地對待自己的所管轄的百姓，百姓也會對統治者恭敬順從，如果統治能夠做到孝敬老者，慈愛幼者，百姓就會忠於其統治。統治者能夠選用百姓中的善人，並能夠教導百姓中不善的人，那麼百姓就會更加互相勸勉。

　　例如，唐太宗認爲，君主作爲官員的一種職位，就要做到心存百姓。他說：「爲君之道，必須先存百姓，若損百姓以奉其身，猶割股以啖腹，腹飽而

身斃。若安天下，必須先正其身，未有身正而影曲，上治而下亂者。朕每思傷其身者不在外物，皆由嗜欲以成其禍。」（《貞觀政要‧君道》）如果爲了自己的私利而損害百姓的利益，這無異於是割掉自己大腿的肉來填飽自己的肚子，這種自虐、自殺式的方式是偏離了爲君之道的。

如果是經商，就要講究商業的職業責任。忠於顧客是經商之道的基本道德原則。《左傳‧僖公二十七年》中說：「德義，利之本也。」經商不僅僅是賺錢，而是通過賺錢爲社會服務。因此，要想做到這點，就要忠於顧客。要提供質量可靠的產品，杜絕一切僞劣產品。價格要公道，而不是進行壟斷性經營，或者訂立霸王條款，賤買貴賣，謀取暴利。

行醫也要講究職業責任。要認眞研究業務。《黃帝內經》要求醫生做到：「上知天文，下知地理，中知人事。」不誤診、錯診，要保守病人的隱私，對病人一視同仁，不能因爲病人貧窮就置之不理，見死不救。明代龔信在《明醫箴》中說：「今之明醫，心存仁義……不計功利，不謀其功，不論貧富，藥施一例。」這種精神體現是醫生的敬業精神。

現代社會的職業分工比傳統社會要精細得多。一個產品從生產、組裝到驗收出廠，要經過多種程序，現代的工業是數量化、標準化、工業化和程序化的生產，任何一個環節出了問題，產品的質量就難以保證。因此，這就要求每個環節的員工都要具有高度的職業責任感。因此，敬業主體的責任意識與忠德是分不開的。

第三，忠德有利於激勵奉獻精神。奉獻精神是一種美德，也是敬業精神的重要體現。奉獻精神是對敬業精神和責任意識的超越。奉獻是體現了敬業主體爲他人、社會、集體和國家傾其所能所做的最大努力而體現出來的忠德品質。奉獻精神是忠德的重要表現形式，是中華民族傳統文化重要的品質。奉獻是那種「發憤忘食，樂以忘憂，不知老之將至」（《論語‧述而》）的快樂行爲，是那種「鍥而舍之，朽木不折；鍥而不捨，金石可鏤」（《荀子‧勸學》）的堅韌的品質。

中國歷史上出現的許多英雄豪傑爲了某種正義而發自內心地去完成某種使命，他們爲國家和社會的進步甚至不惜犧牲自己的生命。這種奉獻精神不是金錢所能衡量的。南宋文天祥被蒙古軍捕獲後，蒙古皇帝曾經許以宰相的高官勸他投降，但他寧死不降。這是傳統社會一位政府官員的奉獻精神的典範，如果是出於對金錢的考慮，他完全可以投降，因爲那個時候南宋政府已

經不存在了。還有像司馬遷、諸葛亮、史可法、孫中山等等無不體現出對國家和社會的奉獻精神。

我國共產黨人在革命戰爭年代，無數的革命先烈爲新中國的誕生，而體現出了「井岡山精神」、「長征精神」、「延安精神」；改革開放以來我國人民表現出來的「抗震救災精神」、「抗洪搶險精神」、「抗擊非典精神」，「奧運精神」，等等，都是一種奉獻精神。這些是對傳統忠德公忠精神的繼承和發揚，具有時代內涵和鮮活的現代氣息。我國當前正在建設社會主義市場經濟，各行各業都需要弘揚奉獻精神，都需要各行各業的從業人員發揚傳統儒家忠德精神，爲國家和社會貢獻自己的青春和才華。

當然，奉獻精神並不等於義務勞動，也不等於無償勞動，更不等於無謂的獻身，而是對正義的執著追求，是對名譽、金錢、地位等方面的超越。鄧小平說：「革命精神是非常寶貴的，沒有革命精神就沒有革命的行動。但是，革命是在物質利益的基礎上產生的，如果只講犧牲精神，不講物質利益，那就是唯心論。」〔註 19〕所以，講奉獻精神也是如此，它是對物質利益的超越和昇華，是一種高層次的精神境界。

一個具有奉獻精神的人，不是那種給多少錢就做多少事，不給錢就不做事的人，而是在恪守國家法律法規和職業道德規範的基礎上的一種忘我的工作精神和實踐精神。這種公而忘私、國而忘家的奉獻精神正是儒家忠德的精神體現。

現代國民敬業精神的培養不是平地而起的，它必然要從傳統文化中汲取最重要的理論資源。作爲儒家文化中重要的組成部分，忠德無疑是現代敬業精神的重要的理論來源。它和其它傳統的德目一樣，一起參與社會現代化，在現代社會建設中發揮著重要的作用。所以，弘揚儒家忠德精神對培養敬業主體的奉獻精神，具有重要的價值和意義。

當然，對傳統忠德資源的汲取，不是全盤吞併，也不是全盤否定，而是要採取「拿來主義」的方式，辯證地分析、繼承和發展並賦予新時代的內涵。只有這樣才能使忠德在現代社會中發揮更大的作用，才能使奉獻精神更具有時代氣息。

〔註19〕鄧小平，鄧小平文選（第 2 卷）〔M〕，北京：人民出版社，1994：146。

三、忠德與國民人格

國民人格的形成與忠德息息相關。它對形成國民自強不息、積極進取、修己安人、忠恕仁愛、崇尚正義等國民人格具有重要的影響。

第一，忠德有利於形成自強不息、積極進取的國民人格。著名學者張岱年認為，《周易》的兩句話「自強不息」、「厚德載物」是民族精神的集中表達。他說：「自強不息的哲學基礎是重視人格的以人為本的思想。厚德載物的哲學基礎是重視整體的以和為貴的理論。」〔註20〕孔子說：「三軍可奪帥，匹夫不可奪志也。」（《論語·子罕》）這也是一種自強不息的精神。

自強不息、積極進取精神是中國國民人格的一種體現，這種精神不是一種盲目的、不顧現實條件的非理性的衝動，而是一種理性精神，是中華民族共有的集體意志。世界上有古埃及、古巴比倫、古印度和古中國四大文明古國，但是在文化上綿延至今的只有中國文化。從歷史學的角度來說，春秋前的歷史可以追溯到每個諸侯國發生的事，秦漢至宋代的歷史幾乎可以追溯到每一年發生的事，宋代至今幾乎可以追溯到每一天發生的事。這是文化延綿的結果，也是眾多歷史學家「不隱言，不虛美」，採取實錄精神的結果。這種歷史文化綿延的結果也是忠德參與的結果。沒有忠德參與，沒有一大批記錄歷史真相、不畏權勢的史官的參與，要想綿延幾千年的歷史文化傳統是不可能的。這是一種自強不息的精神，是中國國民人格的體現。中國國民人格這種自強不息的精神在國家和民族處於危難關頭表現得更為明顯。如：明代以戚繼光為首的中國人在抗擊倭寇燒殺搶掠鬥爭中的勝利；近代中華民族前仆後繼抵抗西方列強的侵略；現代歷史上中華民族為了打敗日本帝國主義進行的艱苦卓絕的鬥爭；中國改革開放以來，我國各族人民為了實現社會主義現代化而進行的各種努力等等，這些都是中國國民人格自強不息精神的體現。

忠德塑造了中國國民人格自強不息積極進取的精神。曾子曾經概括孔子的學說為：「夫子之道，忠恕而已矣。」（《論語·里仁》）王弼的解釋是：「忠者，情之盡者也。」（《王弼集校釋·論語釋疑》）唐代孔穎達在《禮記正義》中說：「忠者，內盡於心也，信者，外不欺於物也。」〔註21〕大理學家朱熹解釋說：「盡己之謂忠。」（《論語集注·學而》）真德秀更加明確地說：「忠者，

〔註20〕張岱年，張岱年全集（第7卷）〔M〕，石家莊：河北人民出版社，1996：221。
〔註21〕李學勤，十三經注疏·禮記正義（標點本）〔M〕，北京：北京大學出版社，1999：718。

盡己之心也。」（《西山先生眞文忠公文集・問忠恕》）這種「情之盡」、「內盡於己」、「盡己」、「盡己之心」等就是體現爲行爲主體毫無保留地付出，這種付出在歷史長河中逐漸發展成了中國國民人格自強不息的進取精神。

自強不息的精神正是這種「情之盡」、「盡己」等忠德的體現。張岱年先生說：「自強不息就是堅持自己的主體性，努力上進，決不休止。」〔註22〕而忠德正是包括了這種自強不息積極進取的精神。

第二，有利於培養修己安人、堅韌仁愛的國民人格。孔子說：「修己以安人」，「修己以安百姓。」（《論語・憲問》）這是中國國民人格的體現。修己安人是內聖外王的集合，是體現儒家對社會的責任。修己，就是內聖，是自我修養的提高。要做到「躬自厚而薄責於人」（《論語・衛靈公》），要「求諸己」，而不是「求諸人」。只有自己身正、心正，才能「安人」，也才能影響他人。孔子說：「苟正其身矣，於從政乎何有？不能正其身，如正人何？」（《論語・子路》）所以，當子路問什麼是君子時，孔子回答：「修己以敬。」（《論語・憲問》）修己，不是偶然的心血來潮，而是長時間的堅持。孔子認爲只有終生修己，才能達到「不逾矩」的境界。他說：「吾十有五而志於學，三十而立，四十而不惑，五十而知天命，六十而耳順，七十而從心所欲，不逾矩。」（《論語・爲政》）這種「三十而立」、「四十不惑」、「五十知天命」、「六十而耳順」、「七十而從心所欲，不逾矩」的實現，不是隨著人的自然的生命成長而自然形成的，而是學習的結果。

因此，一個人要終生堅持學習，要做到「篤信好學，守死善道」，只有這樣最終達到「不逾矩」的道德自由境界，言行舉止透露出「聖賢氣象」，才能做到「非禮勿視，非禮勿聽，非禮勿言，非禮勿動。」（《論語・顏淵》）

修己只是一個人或一個民族的一個方面，另一個方面則需要「安人」，需要經邦濟世，做到治國、平天下，剷除社會不平等、不正義的現象，對危害國家和民族的無恥的行爲，採取「鳴鼓而攻之」的毫不妥協的態度。這種修己、安人，也就是忠恕之道，體現的是儒家的忠德精神。孔子說：「唯仁者能好人，能惡人。」（《論語・里仁》），也就是「己欲立而立人，己欲達而達人」（《論語・雍也》）；「己所不欲，勿施於人。」（《論語・衛靈公》）

因此，作爲個體來說，一個人具備了這種修己安人的德性，也就具備了仁愛的德性，對一個民族來說也是如此。所以，忠德的這種精神有利於培養

〔註22〕張岱年，張岱年全集（第7卷）〔M〕，石家莊：河北人民出版社，1996：222。

國民的仁愛國民人格。這種國民人格對促進社會和諧發展，淨化道德環境，追求個體人格完善，增強民族凝聚力具有積極的意義。

第三，有利於培養崇尚正義、愛好和平的國民人格。中華民族是個崇尚正義、愛好和平的民族，忠德有利於促進這種國民人格的形成。因爲忠德的價值精神主要體現在追求正義、愛好和平、同一切邪惡做鬥爭等方面。《左傳》說：「外內倡和爲忠」。（《左傳・昭公十二年》）還說：「外強內溫，忠也。」（《左傳・昭公十二年》）《國語・周語上》也說：「非忠不立，非禮不順，非信不行。」這些文獻也都表明了崇尚正義、愛好和平是忠德本身固有的內涵。《左傳》還說：「臨患不忘國，忠也。」（《左傳・昭公元年》）荀子也說：「出死無私，致忠而公。」（《荀子・臣道》）這是表明忠德是爲「公」或「國家」而忠，表達了忠德對正義的追求。

這種對「公」和「國家」而忠的精神直接進入了中華民族的血液之中，在長期的歷史實踐中慢慢使中華民族成了一個崇尚正義、愛好和平的民族。這種公忠強調人們爲了社會應當盡職盡責，要求人們應當具有擔當精神。忠不是爲了個人利益著想，患得患失，而是要爲他人、社會和國家付出。也就是孫中山所說的，「要忠於國，要忠於民，要爲四萬萬人去效忠。爲四萬萬人效忠，比較爲一人效忠自然是高尚得多。」〔註23〕

如今，中國經過三十多年的改革開放和市場經濟建設，社會的各項事業都取得了舉世矚目的成就，「中國模式」越來越得到國際社會的認同，中國的國際地位日益提高。處在經濟全球化的今天，中國人民是世界和平的重要的力量。中國人提出「和平共處五項基本原則」來解決國際爭端，主張通過政治的手段、外交手段來化解國際危機，反對使用武力和干涉他國主權的行徑。這種和平的外交戰略是中國人民智慧的結晶，是對傳統崇尚和平和正義的儒家忠德思想的繼承和發展。

總之，忠德思想對培養國民人格自強不息、積極進取、修己安人、忠恕仁愛、崇尚正義等國民人格具有重要的作用，是現代國民人格培養不可忽視的存在。

〔註23〕孫中山，孫中山選集〔M〕，北京：人民出版社，1981：650。

第三節　忠德當代養成

德國著名哲學家黑格爾說：「為了使大公無私、奉公守法及溫和敦厚成為一種習慣，就需要進行直接的倫理教育和思想教育，以便從精神上抵消因研究本部門行政業務的所謂科學、掌握必要的業務技能和進行實際工作等等而造成的機械性部分。」〔註24〕大公無私、奉公守法的人不是天生的，而是教育的成果，忠德的養成也是如此。宋代司馬光在《資治通鑑·周紀一》說：「才德全盡謂之聖人，才德兼亡謂之愚人，德勝才謂之君子，才勝德謂之小人。」培養「才德全盡」的忠德之人，只能靠教育。那麼，如何培養人的忠德品質？筆者認為，應當從文化教育、個體修養、制度保障等幾個方面來努力。

一、文化教育

人是文化教育的產品，文化決定了人成之為人的可能性。康德說過一句名言：「人只有靠教育才能成為人，人完全是教育的結果。」忠德之人的養成自然也離不開文化教育。具體說來主要是家庭教育、學校教育和社會教育。

第一，家庭教育。家庭是人生的第一所學校，父母是人生的第一位老師。古代的用人制度一個重要的原則是「求忠必於孝子之門」，《大戴禮記》說：「孝子善事君。」（《大戴禮記·曾子主孝》）這從某種程度上肯定了家庭教育的價值。忠德的家庭教育亦是如此。

在傳統家庭教育中，忠孝仁義是家庭教育主要的內容，其載體主要是四書五經。顏之推說：「古者，聖王有胎教之法：懷子三月，出居別宮，目不邪視，耳不妄聽，音聲滋味，以禮節之。……當及嬰稚，識人顏色，知人喜怒，便加教誨，使為則為，使止則止。比及數歲，可省笞罰。父母威嚴而有慈，則子女畏慎而生孝矣。」（《顏氏家訓·教子》）可見古代的教育是從胎教就開始了。南宋學者袁採說：「今人之於子，喜者其愛厚，而惡者其愛薄。初不均平，何以保其他日無爭？少或犯長，而長或陵少，初不訓責，何以保其他日不悖？賢者或見惡，而不肖者或見愛，初不允當，何以保其他日不為惡？」（《袁氏世範·睦親·教子當在幼》卷上）小孩從小不教育，長大後就難免犯錯誤。那麼，教小孩什麼呢？無疑忠德教育是個重要的內容。袁採說：「兄弟子侄有

〔註24〕〔德〕黑格爾，法哲學原理〔M〕，范揚、張企泰譯，北京：商務印書館，1961：314。

同異戶而居者，於眾事宜各盡心。」（《袁氏世範・睦親・眾事宜各盡心》卷上）也就是要教育家中的「於眾事宜各盡心」，這種「盡心」也就是忠心，是忠德的重要內容。具體地說也就是要「言忠信，行篤敬，乃聖人教人取重於鄉曲之術。蓋財交加，不損人而益己，患難之際，不防人而利己，所謂『忠』也。」（《袁氏世範・處己・人貴忠信篤敬》卷中）也就是說在家庭教育中，要進行「不損人而益己」、「不防人而利己」的忠德教育。無疑傳統忠德教育對現代多元化的家庭教育具有重要借鑒價值。

父母的言傳身教是家庭教育的重要方式。孔子說：「其身正，不令而行，其身不正，雖令不從。」（《論語・子路》）父母僅僅是口頭上的教育，自己如果沒有做好，就很難湊效。如果以言教與身教的方式相結合，就能取得很好的教育效果。例如，可以帶孩子去捐物捐款現場，讓孩子親自感受捐物捐款助人的樂趣；或者父母幫助朋友的時候讓孩子親眼看見和參與整個事情的過程，在潛移默化中教育孩子。

有的父母藉口孩子太小，往往只注重孩子識字、學習英語、數學或藝術等知識和藝術教育，而往往忽視孩子的忠德、情感、意志力等方面的道德教育，這是不合理的，忠德的教育應當從小開始。道德心理學研究表明：對於年幼（4 歲）兒童來說，只要行為者受損，他們都會作出難過的情緒推斷。對於年齡大些（6 歲以上）的兒童來說，不論是助人的行為還是分享行為，大部分行為者都會為自己做了好事而感到高興，並且有相當一部分兒童開始體驗衝突性的情緒，而且情緒歸因定向也日益複雜化。〔註25〕同時，研究還表明，3 歲的小孩就能夠理解打人是不對的。美國著名道德發展心理學家科爾伯格（Lawrence Kohlberg）甚至假定兒童既是道德哲學家，又是社會活動家。當然，兒童是道德哲學家並不是指兒童像專業道德學家一樣思考道德原則，這種假設是表達了這樣一種思想：即認為兒童可以採取道德哲學家面對道德問題的那種姿態來思考道德問題。在道德事件中，兒童自己會在「應不應該」的維度上作出自己的思考，並進行相應的自主推理和判斷。推理和判斷的過程在兒童身上體現為一種理性的道德結構。這種結構是自發形成的，當受到外界的影響後就不斷發展，產生新的道德結構，從而相應地體現出新的判斷和推理方式。〔註26〕這種道德發展心理學理論為教育者和父母給小孩提供早期忠

〔註25〕楊韶剛，西方道德心理學的新發展〔M〕，上海：上海教育出版社，2007：103。
〔註26〕楊韶剛，西方道德心理學的新發展〔M〕，上海：上海教育出版社，2007：210。

德教育提供了理論基礎。這也表明了從小進行忠德教育的必要性和可能性。家庭忠德教育作為人接受教育的第一站，顯得尤為重要，所以，現代家庭教育除了給孩子知識教育、藝術教育的同時，也應當給孩子合理的忠德教育。

第二，學校教育。學校是忠德教育重要的基地。在古代，培養忠德品質的主要場所是學校或者書院。孟子說：「庠者，養也。校者，教也。序者，射也。夏曰校，殷曰序，周曰庠；學則三代共之，皆所以明人倫也。」（《孟子‧滕文公上》）《禮記‧學記》說：「古之教者，家有塾，黨有庠，術有序，國有學。」傳授的教材主要是《詩》、《書》、《禮》、《易》、《樂》、《春秋》等六經。這些經典具有豐富的忠德思想。西周至明清的忠德教育，無論是中央的太學、國子監，還是地方郡學、州學、縣學等，都是以此為教材。隋唐實行科舉考試制度，也是把這些經典作為考試用書。這對忠德教育自然是有幫助。到了宋代，還出現了發達的書院教育，書院對忠德教育也起到了舉足輕重的作用。朱熹在制訂的《白鹿洞書院學規》（有名《白鹿洞書院揭示》）指明了忠德教育是教育的重要內容。該書院規定：修身主要是「言忠信，行篤敬。懲忿窒欲，遷善改過」，接人待物要做到「己所不欲，勿施於人。行有不得，反求諸己」，等等。這些就是忠德內容的重要體現。這個包括忠德教育在內的《學規》，於淳祐元年（公元 1241 年）由宋理宗皇帝視察太學時候親手撰寫而成為天下共同遵守的學規。對現代忠德的養成，我們可以參考借鑒古代優秀的忠德教育方法、教育原則和教育內容，剔除其糟粕，吸取其精華，並且依據時代的需要和中國實際的需要，運用辯證唯物主義和歷史唯物主義方法，進行創造性的轉化。例如，可以把古代的「忠君」轉化成「忠國」、把忠於皇帝制度轉化成忠於社會主義制度、把忠於皇室一家一姓轉化為忠於中國共產黨，等等。

在現階段，我國的忠德教育在方法上不是教化、奴化教育，而是在尊重忠德教育規律、尊重受教育者的實際情況下，進行的多樣化、人性化、個性化的教育。它是在教師的言傳身教和理論闡釋中，在道德榜樣的潛移默化中，在理論與實踐相結合的基礎上進行的教育，是在知識教育、藝術教育和道德教育相結合的教育環境下進行的全面的教育。教師本人也要提高自己忠德品質，孟子講「教者必以正」（《孟子‧離婁上》），說的也是這個道理。同時，教師還要發揚敬業精神，鑽研業務，開發多種教育方法，以便更好地達到忠德教育的效果，做到「以其昭昭，使人昭昭」，而不是「以其昏昏，使人昭昭」（《孟子‧盡心下》）。對同一內容，不同的教師會產生出不同的教學效果，這

決定於教師個人的精神氣質、業務能力、道德修養等方面的因素。前蘇聯教育家蘇霍姆林斯基說：「同樣的知識內容，在一個教師手裏能夠起到教育作用，在另一個教師手裏卻起不到教育作用。知識的教育在很大程度上取決於，知識究竟跟教師個人的精神世界（他的信念、他生活的整個道德方向性和智力方向性、他對自己的教育對象即年輕一代的未來的觀點）是否緊密地融合爲一體。」〔註27〕對忠德的教育也是如此，同一個忠德教育主題，業務能力強的教師取得的效果自然要比平時不鑽研忠德教育理論的老師效果要好。忠德教育成功的一個重要因素與教師的素養和業務能力息息相關。

在忠德教育原則上，要堅持社會主義核心價值觀教育：即必須堅持馬克思主義的指導地位，堅持社會主義共同理想，堅持以愛國主義爲核心的民族精神和以改革創新爲核心的時代精神，堅持以「八榮八恥」爲主要內容的社會主義榮辱觀教育。在忠德教育內容上，必須摒棄封建社會的「愚忠」、「私忠」的迂腐教育，那種「君要臣死，臣不得不死；君要臣亡，臣不得不亡」的奴化教育必須從現代忠德教育中剔除出去。

在教育內容上，要使忠德教育和社會主義現代化建設相適應，與時俱進，應具有時代特色和中國特色。要進行忠於祖國、忠於社會主義、忠於勞動、忠於科學、忠於人民的公忠教育。在忠德教育的培養目標上，要培養德、智、體、美、勞等全面發展的具有忠德精神的社會主義建設者和接班人。

第三，社會教育。也可以叫做社會評價教育。馬克思說，人的本質是社會關係的產物。忠德教育自然離不開社會關係。成功的忠德教育，必須尊重人性的規律，不能離開社會實踐，不能脫離時代。良好的社會環境或道德環境對提高忠德的修養具有重要的作用。古人說：「近朱者赤，近墨者黑。」王充說：「逢生麻間，不扶自直；白紗入緇，不染自黑。」（《論衡·程材》）說的也是社會對個體的影響。現代社會是個信息多元社會，因此忠德教育的途徑也多種多樣，如良好的傳統習慣、輿論、影視、報紙、互聯網等都是進行忠德教育的手段。

社會是無數人群組成的社會，而且社會代表正義，能夠辨別忠奸、善惡、美醜。隨著網絡時代的來臨，整個社會變成了一個地球村。東方社會發生的事，瞬間就會傳遍西方。一個人做了壞事，做了不忠不孝的事，自然也會在

〔註27〕〔蘇〕蘇霍姆林斯基，給教師的建議（下冊）〔M〕，杜殿坤編譯，北京：教育科學出版社，1980：294～295。

頃刻之間通過互聯網傳遍全世界。這對那些不忠之人會造成極大的震撼力和威脅力。使得這些人不敢在眾目睽睽之下行不忠之事，因此，合理地運用社會媒體的力量，這對提高人的忠德修養和培養人的忠德品質是有幫助的。

社會教育能夠對忠德事迹進行表揚，對邪惡和虛僞進行譴責，具有權威性。因此，社會教育對忠德主體的認知、忠德之人的情感意志和忠德行爲的發生起到了很好的引導作用。前蘇聯倫理學家季塔連柯說：「從某種意義上說，教育是一種正確利用道德表揚和道德譴責的藝術，是引導社會輿論的積極的本領。」〔註28〕

本來道德就是通過社會輿論、傳統習慣和內心信念來形成的，忠德教育也是如此。所以，社會教育對培養忠德具有重要作用。

當然，無論是家庭教育、學校教育還是社會教育，忠德的培養不是速成的，而是一個長期教育的過程。所謂「十年樹木，百年樹人」說的也就是這個道理。

二、個體修養

個體忠德修養是終生的。《大學》說：「自天子以至庶人，壹是皆以修身爲本。」這強調了終生的修養和學習的重要性。個體忠德修養主要體現在兩個方面：一方面是對傳統忠德的認識，另一方面是實踐修養。

第一，需要加強對傳統忠德的認識。高爾基說：「書籍是人類進步的階梯。」我們可以套用這句話說：書籍也是人類忠德進步的階梯。古代優秀的經典著作記載著豐富的忠德思想。如《論語》、《孟子》、《周易》、《左傳》、《忠經》等等，這些都是記載忠德修養重要的文獻。這些經典對爲人之忠、爲政之忠、做事之忠、爲國盡忠等等都有深刻的闡釋。這些是對人們忠德歷史實踐的理論總結，在忠德發展史上，具有永恒的價值。

現代忠德教育的養成不是從天而降的，必然要從傳統經典忠汲取精神營養。但是，現在很多人對傳統經典帶有深刻的偏見，這是令人遺憾的。傳統經典的解釋，我們要擺脫先入爲主的閱讀態度，要在認眞閱讀經典中來體會其眞正的內涵。只有「消融門戶之見而各取所長，則私心祛而公理出，公理出而經義明矣。」（《四庫全書總目提高·經部總敘》卷一）朱熹說：「讀書以

〔註28〕轉引自張應杭，倫理學概論〔M〕，杭州：浙江大學出版社，2009：207。

觀聖賢之意；因聖賢之意，以觀自然之理。」（《朱子語類》卷十）還說：「大
凡爲學，最切要處在吾身心，其次便是做事，此是的實緊切處。學者須是把
聖人之言來窮究，見得身心要如此，做事要如此。天下自有一個道理在，若
大路然。聖人之言，便是一個引路底。」（《朱子語類》卷一百一十四）也就
是說，通過讀書，閱讀者可以站在聖賢的肩上認識自我、認識世界、改造世
界、改造自我。忠德的修養自然離不開這些優秀的傳統著作。通過閱讀經典，
與古代聖賢對話，閱讀者可以從古代聖賢那裡汲取經驗，提高自己，培養自
己的公德之心，剔除私欲。不讀書，不加強自己的理論修養，就很難提高自
己的忠德水平。朱熹說：「又有一般人都不曾讀書，便言我已悟得道理，如此
便是惻隱之心，如此便是羞惡之心，如此便是是非之心，渾是一個私意。」（《朱
子語類》卷十一）讀書是「去蔽」，是剝離「私意」，形成「以天下爲己任」
之心。對如何讀書，朱熹認爲先讀《論語》《孟子》，再讀歷史著作。朱熹說：
「今人只爲不曾讀書，只是讀得粗書。凡讀書，先讀《語》、《孟》，然後觀史，
則如明鑒在此，而妍醜不可逃。若未讀徹《語》、《孟》、《中庸》、《大學》便
去看史，胸中無一個權衡，多爲所惑。」（《朱子語類》卷十一）這是一種可
取的方法。

在閱讀態度上要採取同情理解的方法。著名歷史學家陳寅恪先生在馮友
蘭著的《中國哲學史》中的《審查報告一》中說：「對於古人之學說，應具瞭
解之同情，方可下筆。蓋古人著書立說，皆有所爲而發；故其所處之環境，
所受之背景，非完全明瞭，則其學說不易評論。……所謂眞瞭解者，必神遊
冥想，與立說之古人，處於同一境界，而對於其持論所以不得不如是之苦心
孤詣，表一種之同情，始能批評其學說之是非得失，而無隔閡膚廓之論。」〔註
29〕陳寅恪先生這種同情理解方法用來閱讀學習忠德經典是適合的。陳寅恪先
生認爲，對經典要有同情的理解，應當採取平等對話的方式來學習。我們要
站在古人當時的境遇中來閱讀忠德經典，而不是把忠德經典當作任意解剖的
「僵屍」，對古代經典進行盲目地批判，而是要同情地理解。只有這樣，我們
才能理解忠德經典的精髓，才能提高自己的忠德修養。這種方法也正如徐復
觀先生所言的，「要扣緊《論語》，把握住孔子思想的性格，用現代語言把它
講出來，以顯現孔子的本來面相，不讓許多浮淺不學之徒，把自己的思想行

〔註29〕馮友蘭，中國哲學史〔M〕，上海：華東師範大學出版社，2000：432。

爲套進《論語》中去，抱著《論語》來糟蹋《論語》。」〔註30〕當然，對傳統忠德經典奉若神明，認爲是絕對正確的，也不是閱讀忠德經典的方法。盡信書，不如無書。那種只強調閱讀，或者讀死書的方法也是不合理的。

我們還需要樹立典型，挖掘中國歷史上著名的忠德案例來教育人們。黨的十七大報告指出，「弘揚中華文化，建設中華民族共有精神家園。中華文化是中華民族生生不息、團結奮進的不竭動力。」如忠貞愛國的蘇武、抗擊倭寇的戚繼光、虎門銷煙的林則徐等等，都是忠德教育的典範。

當然，要提高人的忠德修養，只有傳統忠德認識是不夠的，還要「自用吃力去做」（《朱子語類》卷八），需要在實踐上下功夫。

第二，需要加強忠德的實踐修養。實踐是忠德理論的來源，也是忠德修養的目的。如果只有書本上的忠德知識，說起來頭頭是道，卻沒有實際的行動，紙上談兵，這是不可取的。忠德的修養需要做到身心合一、知行合一、理論與實踐的結合。孔子說：「誦《詩》三百，授之以政，不達；使於四方，不能專對；雖多，亦奚以爲？」（《論語・子路》）這就強調了忠德理論與忠德實踐相結合的道理。具體說來，在忠德的實踐修養方面主要有兩個方面：一是躬行，二是愼獨。前者是外在的實踐方式，後者是內在的實踐方式。

一是躬行的方法。躬行就是忠德主體親自去體驗忠德之道，感受行忠過程中帶來的心理感受和快樂，並經過長期的實踐而形成忠德品質的一種方法。孔子說：「學而時習之，不亦樂乎！」（《論語・學而》）這個「習」就是強調學習的實踐性。陸游也說：「紙上得來終覺淺，絕知此事要躬行。」這也是看到了實踐的重要性。

躬行，就是要做到知行合一。王陽明說：「夫學、問、思、辨、行，皆所以爲學，未有學而不行者也。如言學孝，則必服勞奉養，躬行孝道，然後謂之學，豈徒懸空口耳講說，而遂可以謂之學孝乎？」（《王陽明全集・答顧東橋書》）王陽明認爲，只有書本知識的學習，不是眞學，而要躬行。要講忠與孝，就要「必服勞奉養，躬行孝道」才算孝。同樣的道理，要忠於朋友，爲朋友盡心辦事，也應當用實際的行動來證明，而不是僅僅停留在口上。要爲人民盡忠，就要在自己的工作崗位上，盡職盡責，不能做損公肥私，違法亂紀的事，要做到表裏如一，言行一致。

躬行的實踐範圍十分寬廣，幾乎包括了人們生活的衣、食、住、行、擇

〔註30〕徐復觀，中國思想史論集續篇〔M〕，上海：上海書店出版社，2004：283。

業、擇偶等生活的所有方面。人們也只有在生活實踐中才能感受到忠於人民、忠於國家、忠於工作職責、與人謀而忠等方面帶來的榮譽感、成就感、他人對自己的認同感，並由此產生忠德主體內心的幸福感。

　　二是慎獨的方法。慎，就是明白善惡、是非、忠奸、對錯等。李顒說：「『慎』之云者，朝乾夕惕，時時敬畏，不使一毫牽於情感，滯於名義，以至人事之得矣，境遇之順逆，造次顛沛，死生患難，咸湛湛澄澄，內外罔聞，而不知為所轉，夫是之謂慎。」（《二曲集·靖江語要》卷四）獨，就是人的主觀本性，也可以說是人的良知。陳確說：「獨者，本心之謂，良知是也。」（《陳確集·輯祝子遺書序》卷十）慎獨是實踐修養的方法之一。如果說躬行是一種外在的忠德行為的實踐修養方法，那麼慎獨就是一種內在的忠德行為實踐修養方法。慎獨是忠德主體運用自己所具備的知識、生活經驗、情感意志、理性思維能力等力量來反思自己行為的得與失、對與錯、善與惡、有禮與無禮等行為，並對其進行心靈的過濾。對好的、對的、善的、有禮的行為加以保留和提升以便以後做得更好；對不好的、錯誤的、惡的、無禮的行為加以剔除以便以後不再犯同樣的錯誤，以提高自己的忠德修養和忠德智慧。慎獨強調的是忠德主體的自覺性和自律性。

　　《中庸》說：「道也者，不可須臾離也，可離非道也。是故君子戒慎乎其所不睹，恐懼乎其所不聞。莫見乎隱，莫顯乎微，故君子慎其獨也。」（《禮記·中庸》）朱熹解釋說：「隱，暗處也。微，細事也。獨者，人所不知而己所獨知之地也。言幽暗之中，細微之事，迹雖未形而幾則已動，人雖不知而己獨知之，則是天下之事無有著見明顯而過於此者。是以君子既常戒懼而於此尤加謹焉，所以遏人欲於將萌，而不使其滋長於隱微之中，以至離道之遠也。」（《四書章句集注·中庸章句》）一個人在行為發生之前，只有自己知道自己的真實想法，一個人自己是不是出於忠心，自己比別人最先知道。慎獨是自己內心反思自己的所說所為，是自己在拷問自己。但是，慎獨不是自我欺騙，而是忠誠地面對自己的一切。陸九淵說：「慎獨即不自欺。」（《陸九淵集·語錄上》卷三十四）自我欺騙、自我隱瞞、掩耳盜鈴不是慎獨的宗旨。朱熹說：「眾所共知之處，亦自七顛八倒了，更如何地慎獨！」（《朱子語類》卷十六）因此，慎獨是一種忠德修養，是對忠德主體心靈健康的打磨。同時，慎獨還是一種道德上的進步，是對自己行為的反思，是心靈雜污的「過濾器」。

　　明代大儒劉宗周認為：「慎獨是學問第一義。」（《劉宗周全集·學言上》）

還說：「愼獨之外，別無學也。」（《劉宗周全集·大學古記約義·愼獨》）這雖然有點誇張，但是卻點明了愼獨在忠德修養中的作用和地位。愼獨的目的是要達到：一個人在沒有人監督的情況下，自己要做得和有人監督下一樣好，甚至更好。

現代社會是個開放的社會，生活節奏快，每個人時時處處都在面對各種各樣的誘惑，有物質的誘惑如金錢，也有精神的誘惑如名譽等等。如果一個人自己把持不住，平時不加強自己的忠德修養，可能會一念之差鑄成大錯，甚至淪爲罪犯，遺恨終生。韋政通先生說：「人類因與他自己『疏離』，而產生種種不當的行爲。這種疏離之病，尤以現代人爲甚。現代人恐懼獨處，是一種很普通的病。傳統的愼獨工夫，極有助於可治此病。」〔註31〕因此，加強愼獨修養，對培養人的忠德修養十分重要。

總之，忠德的個體修養的方法多種多樣，但是在實際生活中，忠德個體修養是多種方法的綜合運用，理論修養和實踐修養也是相互影響、相互聯繫的，並沒有一種純粹的方法可以讓人一夜之間變成忠於國家和人民的人。

三、制度保障

完善的制度建設能夠爲忠德的養成提供可靠的保障。中國古代把制度治理稱之爲廣義的「禮」或者是「禮治」。《左傳·隱公十一年》說：「禮，經國家，定社稷，序民人，利後嗣者也。」荀子也說：「禮者，治辨之極也，強國之本也，威行之道也，功名之總也。」（《荀子·議兵》）還說：「國無禮則不正，禮之所以正國也。」（《荀子·王霸》）《左傳》生動地描述了一幅禮治制度建設下的效果圖：「禮之可以爲國也久矣。與天地並。君令臣共，父慈子孝，兄愛弟敬，夫和妻柔，姑慈婦聽，禮也。君令而不違，臣共而不貳，父慈而教，子孝而箴；兄愛而友，弟敬而順；夫和而義，妻柔而正；姑慈而從，婦聽而婉：禮之善物也。」（《左傳·昭公二十六年》）在一個完善的制度中，社會各階層各個社會角色都能做到各司其職、恪盡職守、盡心爲人、各盡人倫。這種美好的道德秩序與完善的制度保障是分不開的，忠德的養成也是如此，它的養成與制度保障息息相關。因此，加強制度建設對忠德的養成具有重要的意義。具體說需要做出如下努力。

〔註31〕 韋政通，中國哲學辭典〔M〕，長春：吉林出版集團有限責任公司，2009：590。

第一，不斷完善公正合理的社會制度，創造普遍公平正義的社會環境。我國實行的是社會主義制度，是人民當家做主的國家。消滅了剝削制度，實現了人與人之間的平等。尤其是改革開放以來，我國社會各項事業，取得了舉世矚目的偉大成就，國民的生活水平不斷得到提高，這充分體現了社會主義制度的優越性。

但是，我國的社會主義畢竟還處於初級階段，各項社會制度還需要不斷完善。人民日益增長的物質文化需要同落後的生產力之間的矛盾依然沒有解決，社會不穩定、不和諧的因素也依然存在。例如，政府官員放言「你是爲黨說話還是爲人民說話」，使黨政關係以及人民主權的憲法憲政充滿內在緊張。又如，一些幹部在實踐中「對上級負責」而不實事求是或罔顧百姓，使幹部制度或公務員制度的制度規範形同虛設。〔註 32〕因此，要根除這些不忠現象必然需要完善社會制度。

社會制度在忠德的養成中，具有基礎地位。我國是社會主義制度國家，一切權力來源於人民，任何人都不能爲了自身的利益去消解爲人民服務的宗旨，這本身就爲忠德的養成提供了社會背景基礎。正如美國著名哲學家羅爾斯所說，制度公正優先於個體善。社會制度作爲背景性安排，決定了社會成員活動的基本範式及其價值取向。〔註33〕杜威說：「一切政治制度和實業組織的最高標準，應當對社會每個成員的完滿生長有貢獻。」〔註 34〕說的也是這個道理。

因此，要加強忠德的養成，就要不斷完善社會主義制度，堅持政治體制改革，不斷解放和發展生產力，堅持「任何人在制度面前均不能享有例外」。〔註 35〕只有這樣才能不斷完善公正合理的社會制度，才能爲忠德的養成創造出普遍公平正義的社會環境。

第二，不斷制定和完善各項法律法規和各項政策措施，實現德治與法治的完美結合。我國是一個法治國家，在法治面前人人平等。對那種大公無私，

〔註32〕王向民，從忠誠到利益：革命後社會的公務員激勵機制〔J〕，中國浦東幹部學院學報，2012（1）：116。
〔註33〕參閱高兆明，制度倫理研究——一種憲政正義的理解〔M〕，北京：商務印書館，2011：407。
〔註34〕〔美〕杜威，哲學的改造〔M〕，許崇清譯，北京：商務印書館，1980：100。
〔註35〕高兆明，制度倫理學研究——一種憲政正義的理解〔M〕，北京：商務印書館，2011：331。

以社會、民族、國家和人民利益為重的忠德行為和忠德現象，國家要在政策上給予支持和保證。

改革開放三十多年來，我國的經濟建設舉得了巨大成就。但是由於我國處在社會轉型時期，極端拜金主義和極端功利主義在社會上還很盛行。

社會上，一些人為了金錢，不顧他人、社會和國家利益，進行違法犯罪活動，導致社會上假冒偽劣產品時常出現，如毒奶粉、毒豆芽等，都說明忠德的缺失在當前社會中還比較嚴重。溫家寶總理說：「近年來相繼發生『毒奶粉』、『瘦肉精』、『地溝油』、『彩色饅頭』等事件，這些惡性食品安全事件足以表明，誠信的缺失、道德的滑坡已經到了何等嚴重的地步。」〔註 36〕這種忠德的滑坡，如果不加以遏制那必然會極大的影響國民的生活質量，嚴重的還會影響到國民的身體健康，危及生命。如果有了完善的公正合理的法律法規和政策措施，對那些忠德缺失的現象進行及時有效的處罰，那麼這對那些心存僥倖的自私自利的不忠之人，無疑會起到警示作用，使他們不敢做短斤缺兩、損人利己、坑蒙拐騙的違法犯罪的事。

政府系統中，一些官員見利忘義，徇私舞弊，利用手中的職權進行索賄受賄、權色交易，把人民授予的權利變成了為自己謀利的工具，有的甚至叫囂「有權不用，過期作廢」，這些人不是忠於人民、忠於國家，嚴重的損害了國家和政府形象。根除這些現象，必然要完善幹部選拔、考覈、管理制度，只有不斷健全和完善幹部任用制度和政策法規，才能做到「尊賢使能，俊傑在位」。

因此，我們需要不斷制定和完善各項法律法規和各項政策措施，實現德治與法治的完美結合，為忠德的養成提供良好的環境。

第三，要構建高效運轉的社會回報和賞罰機制，實現道德與幸福的統一。社會回報和賞罰機制的完善和發展是立體式的、綜合的發展，不是單面的、片面的發展。對忠德的養成也是如此。建立和完善高效運轉的社會賞罰機制，讓忠誠、誠信的人不吃虧，使他們及時得到社會的獎賞，不論是物質的還是精神的；同時要使那些不忠不仁、道德敗壞的人遭到社會譴責，使不忠不仁不道德的行為失去存在的環境。要讓缺德成為無德之人的重負，讓有德成為有德之人的通行證。要讓奉獻社會的人得到尊重和獎賞，要讓那些誠實守信、

〔註36〕溫家寶，講真話 察實情──同國務院參事和中央文史研究館員座談時的講話〔N〕，光明日報，2011－4－18（3）。

見義勇爲、忠心爲人的人得到合理的回報。例如，有的人見義勇爲而被歹徒打傷或者殺傷，結果這些人因爲付不起鉅額的醫療費而錯過最佳的治療時間，讓英雄流淚又流血。如果沒有很好的社會回報機制，可能下次面臨同樣問題時，很多人就會見死不救，這會對社會產生惡劣影響。有德者默默奉獻，而無德者不履行義務卻享受著有德者的奉獻，如果一個社會陷入這樣的不合理的不公正的道德環境，那麼，社會風氣敗壞、人際關係的惡化、個體忠德品質的墮落就成爲可能。忠德的建設和養成離不開社會環境，忠德的養成和發展不是孤立的事件，它與社會制度保障緊密聯繫在一起。因此，只有建立合理的社會回報機制和賞罰機制，讓有德之人得到合理的社會回報和獎賞，對那種眞誠奉獻的人，要使他們在物質上和精神上得到應有的社會補償，使忠德之人實現道德和幸福的統一。這對忠德建設和養成無疑具有重要作用。

　　總之，制度建設對忠德的養成和保障是個系統工程，需要全社會共同努力，只有這樣才能保證忠德的養成和忠德的弘揚，才能培養出爲了弘揚社會主義忠德而努力奮鬥的忠德之人，才能造就出爲了社會和國家的發展而勤奮的忠德之人，才能塑造出爲了追求忠德人格的完善而不斷進取的人，也只有這樣才能使忠德成爲照耀人類不斷前進的明燈。

結語：忠，德之正也

《左傳·文公元年》說：「忠，德之正也；信，德之固也。」《大戴禮記·衛將軍文子》也說：「孝，德之始也；弟，德之序也；信，德之厚也；忠，德之正也。」「正」的內涵主要有以下幾種。一指「眞誠」。如「御史大夫張湯智足以拒諫，……非肯正爲天下言。」（《史記·汲鄭列傳》）二指「公正」、「合理」。如「名不正，則言不順。」（《論語·子路》）「刑殺不正，賊民之深者也。」（《列女傳·齊傷槐女》）三指「正直」、「正確」。如「田豐剛而犯上，許攸貪而不正。」（《後漢書·荀彧傳》）「究觀方士祠官之變，谷永之言，不亦正乎！不亦正乎！」（《漢書·郊祀志》）四指「辨別是非」、「判定正誤」。如「民有諍訟，爲正曲直，此大功也。」（袁宏《後漢紀·光武帝紀三》）「辯有理勝，有辭勝。理勝者，正黑白以廣論，釋微妙而通之。辭勝者，破正理以求異，求異則正失矣。」（《人物志·材理》）五指「匡正」。如「國無禮則不正，禮之所以正國也。」（《荀子·王霸》）六指「標準」。如「務勝則爭，力征則訟，訟而無正，則莫得其性也。故賢者立中正，設無私，而民說仁。」（《商君書·開塞》）這些「正」的意思都囊括在忠德的德性範圍之內。所以，《左傳·文公元年》說：「忠，德之正也。」《忠經·廣爲國章》也說：「邪則不忠，忠則必正。」

作爲一種德性，「忠，德之正也」，這也正表明了忠德作爲「衆德之基」、「令德」的合理性，因爲，作爲基礎的德性，如果「不正」，那麼這就如同修建高樓大廈的地基一樣，如果大廈的地基不正，那麼萬丈高樓就不可能建成。「忠，德之正也」，也正表明了忠作爲「衆德之基」的價值。其它的道德規範如恭、寬、信、敏、惠、孝、悌、義、禮、智、勇等等，都是對「公正」、「正義」的追求。它們是建立在「忠」的基礎上的道德規範，是「分有」了「忠」

的德性內涵。《忠經·辨忠章》說：「忠而能仁，則國德彰；忠而能智，則國政舉；忠而能勇，則國難清，故雖有其能，必日忠而成也。仁而不忠，則私其恩；智而不忠，則文其詐；勇而不忠，則易其亂，是雖有其能，以不忠而敗也。此三者，不可不辨也。」從這個角度上來說，忠德德性所體現出來的道德精神是眾德的出發點，也是眾德的歸宿，是原因也是目的，是其它德目的價值內驅力，也是其它德目的評價標準，於是「忠」就成為具有普遍意義的道德，也就是成為「全德」、「令德」。總體說來，這種具有「全德」性質的儒家忠德主要包括兩個基本的道德維度：做人之忠和為政之忠。

自從先秦儒家的主要代表孔子、孟子和荀子，把三代以來由一種道德規範的忠整合發展成儒家「眾德之基」之後，忠德就成為儒家「道統」精神價值追求即「公忠」的目標和標準。隨著中國封建皇帝制度的建立，封建皇帝使用了各種各樣的手段大張旗鼓地鼓吹「君要臣死，臣不得不死；君要臣亡，臣不得不亡」，認為「普天之下莫非王土，率土之濱莫非王臣」，世界萬事萬物都歸於皇帝一人所有，甚至認為，世間的一切都是皇帝一人的私產。君主們「敲剝天下之骨髓，離散天下之子女，以奉我一人之淫樂，視為當然，曰：此我產業之花息也。」（《明夷待訪錄·原君》）封建皇帝喜歡所有的人都忠於自己，就算皇帝本人不仁、不義、敗德，他也喜歡臣民無條件地忠於自己。君主為了加強自己的統治，強調「私忠」，這個時候「私忠」就可能「表現一種猙獰可怕的形態。作為專制主義手下的一隻鷹犬，它表現為對臣民和部屬的強制要求，表現為一種超越理智的服從律令，表現為酷吏的刑罰和牢獄的鎖鏈！為了實現這種所謂的『忠』，可以殺人如麻，可以告密賣友，原來是作為道德原則的理念，完全變成為污穢和卑劣！」〔註1〕

儒家忠德強調的是「道統」下的忠即「公忠」。所以，儒家說，「臨患不亡國，忠也」（《左傳·昭公元年》），「公家之利，知無不為，忠也」（《左傳·僖公九年》），「忠，社稷之固也」（《左傳·成公二年》），這些也都體現了儒家「公忠」的精神。這裡自然就產生了以皇帝為首的「治統」或「法統」下的「私忠」與儒家「道統」下的「公忠」的二元結構。這種二元結構在傳統忠德發展史上一直處於統一和矛盾之中。

儒家認為皇帝是德與位的合一，他們對皇帝進行了道德捆綁。認為為君要「尊天事地，敬社稷，保四國，慈愛萬民，薄賦斂，輕租稅。」（《貞觀政

〔註1〕李慶，中國文化中人的觀點〔M〕，北京：學林出版社，1996：504。

要・政體》）要對國家、社會和民眾負責。孟子極力強調「民爲貴，社稷次之，君爲輕」。儒家的君主觀是道德理性主義的，認爲君主應當在道德上具有無限完滿性和豐富性，而不應當是暴力的擁護者、鼓吹者。所以，當君主做到了儒家所界定那些道德要求時，這個時候作爲儒家官僚或儒家知識分子會成爲君主的朋友或政治盟友。他們會積極參與政府事務，「竭股肱之力，加之以忠貞之節」（註2）（《勵忠節鈔・忠臣部》），「一心事君」才成爲可能。這時「道統之忠」和「政統之忠」是統一的，或者說「公忠」和「私忠」是統一的。從這個角度來說，儒家之忠具有維護封建君主制度的一面。人們認爲儒家的忠是一種君主專制制度的幫兇，多數是從這個立場上來說的。

但是，一旦君主失去道德的約束、敗德、虐民，成爲暴政的推動者，「不尊天，不事地，不敬社稷，不固四海，外失禮於諸侯，內逆民心」（《貞觀政要・政體》）。在這種情況下，儒家就高舉「忠義」、「正義」、「道義」的大旗，與君主展開對抗。這時兩者不是盟友關係而是「德與位」、「理與勢」的對抗關係。這個時候「道統之忠」和「政統之忠」、「公忠」和「私忠」是處於矛盾之中。美國著名學者約瑟夫・列文森說：「君主與官僚之間的緊張關係並不是舊秩序虛弱的表現，相反是它的力量所在。」（註3）這時儒家不僅不是君主擁護者，而是君主批評者和抗爭者。從這個角度來說，儒家之忠不是君主制度的諂媚者，而是有自己的獨立人格和價值立場。這個立場就是「道統」的立場，是以民意爲核心的立場，是以民眾的生存和發展爲目的立場，是以「民意」爲基本的評價坐標的立場。因此，在傳統忠德發展史上，歷代都有這種爲了正義和公忠而獻身的儒家士大夫或士君子。在這個意義上說，忠「它應當是一種眞誠的出於道德理念的獻身，是一種出於社會責任感的奮鬥，是一種追求人格完善的努力。」（註4）儒家忠德就是在這種「道統」和「政統」的博弈中演變、發展和延綿的。

「五四」新文化運動批判儒家，「打倒孔家店」，強調「道德革命」，反對封建社會的愚忠愚孝、反對君主專制制度下君主強調的「私忠」、反對一家一姓之忠。從這個角度上來說，「五四」新文化運動，剔除了套在廣大民眾頭上

〔註2〕 轉引自屈直敏，敦煌寫本類書《勵忠節鈔》研究〔M〕，北京：民族出版社，2007：218。
〔註3〕 〔美〕約瑟夫・列文森，儒教中國及其現代命運〔M〕，鄭大華、任菁譯，桂林：廣西師範大學出版社，2009：202。
〔註4〕 李慶，中國文化中人的觀點〔M〕，北京：學林出版社，1996：505。

的「私忠」的鎖鏈，對人們的思想是一種解放。毫無疑問「五四」新文化運動對私忠、愚忠的批判，「是積極的樂觀的，在當時及以後產生過巨大的歷史影響，現在仍然可以清晰地感受到這一影響的歷史延續性。」〔註5〕「五四」的價值也正是儒家「忠，德之正也」的體現。

但是，因為以陳獨秀為首的「五四」新文化運動的知識精英，所運用的理論武器如民主、自由畢竟是西方的，他們把中國文化和西方文化完全對立起來，「認為要引進和確立新人生就必須全盤地顛覆中國傳統的文化，尤其是要徹底地推倒儒家思想傳統，這就表明他對文化性質的理解存在著極大的誤解。」〔註6〕著名學者霍韜晦先生指出：「『五四』中人把中國傳統與西方文化對立起來，誤認為西方的民主、科學是人類文明的最高典範，有普遍性，有必然性，於是以之作為標準來改造自己，以求中國文化自行『涅槃』」。〔註7〕這種無視中國文化的實際和歷史傳統，用西方文化來解構和建構中國文化的想法本身就是不現實的。

可以這樣說，「五四」新文化運動在打倒了封建專制制度和封建君主專制強調的「私忠」和「愚忠」的同時，把儒家優秀的「公忠」也一起丟掉了。儘管現代封建制度和封建君主強調的「私忠」、「愚忠」已成為歷史，但是儒家忠德尤其是「公忠」思想不應當成為封建制度的殉葬品。因為傳統是活著的現在，傳統儒家忠德也是和現代社會其它文化一樣，一起參與了現代化的過程，完全從文化沙漠中建立起現代忠德文化幾乎是不可能，因為現代忠德不可能與過去忠德一刀兩斷。現代的「民族之忠」、「國家之忠」、「為人民服務之忠」需要從傳統儒家忠德中汲取精華。正如孫中山所說：「現在一般人的思想，以為到了民國，便可以不講忠字，以為從前講忠字是對君的，所謂忠君，現在民國沒有君主，忠字便可以不用。……這種理論，實在是誤解。因為在國家之內，君主可以不要，忠字是不能不要的。……我們的忠字可不可以用之國呢？……忠於事又是可不可呢？我們做一件事，總要始終不渝，做得成功，如果不成功，就是把性命去犧牲，亦所不惜，這便是忠。」（《三民主義‧民族主義》第六講）

〔註5〕 胡軍，中國儒學史（現代卷）〔M〕，湯一介、李中華主編，北京：北京大學出版社，2011：54。

〔註6〕 胡軍，中國儒學史（現代卷）〔M〕，湯一介、李中華主編，北京：北京大學出版社，2011：54～55。

〔註7〕 霍韜晦，從反傳統到回歸傳統〔M〕，北京：中國人民大學出版社，2010：104。

今天我們建設社會主義現代化，忠不是忠於某個人，而是忠於社會主義、忠於人民、忠於國家、忠於中華民族……現代意義上的忠德本質是一種「公忠」，是爲了國家、民族和人民而盡忠的新型的忠，具有新的時代內涵，體現出來的是一種忠誠精神、正義精神、責任精神、進取精神、仁愛精神、和諧精神和奉獻精神……。這也正是儒家「忠，德之正也」在新時代的發展。因此，當前在建設社會主義和諧社會中，儒家忠德依然是不可缺失的存在。

儘管我們對忠德的研究不夠深入，但是我們相信隨著社會的發展，儒家忠德的價值會越來越得到人們的肯定和期待……

參考文獻

一、馬克思主義經典類

1. 《馬克思恩格斯選集》，北京，人民出版社，1995 年。
2. 《毛澤東選集》，北京，人民出版社，1991 年。
3. 《鄧小平文選》，北京，人民出版社，1993 年。
4. 《江澤民文選》，北京，人民出版社，2006 年。

二、古籍與注疏類

1. 《十三經注疏》（清嘉慶刊本），阮元校刻，北京，中華書局影印，2009 年。
2. 《十三經注疏》（標點本），李學勤，北京，北京大學出版社，1999 年。
3. 《諸子集成》，北京，中華書局，2006 年。
4. 《戰國策注釋》，何建章注釋，北京，中華書局，1990 年。
5. 屈原，《屈原集校注》，金開誠等校注，北京，中華書局，1996 年。
6. 司馬遷，《史記》，北京，中華書局，1982 年。
7. 劉向，《説苑校證》，向宗魯校證，北京，中華書局，1987 年。
8. 《鹽鐵論校注》，王利器校注，北京，中華書局，1992 年。
9. 韓嬰，《韓詩外傳》，許維遹校釋，北京，中華書局，1980 年。
10. 班固，《漢書》，顏師古注，北京，中華書局，2005 年。
11. 范曄，《後漢書》，李賢等注，北京，中華書局，2005 年。
12. 陳壽，《三國志》，裴松之注，北京，中華書局，2005 年。
13. 諸葛亮，《諸葛亮集》，段熙仲、聞旭初編校，北京，中華書局，1960 年。

14. 王弼,《王弼集校釋》,樓宇烈校釋,北京,中華書局,1980 年。

15. 馬融,《忠經》,鄭玄注,北京,中華書局,1985 年。

16. 吳兢,《貞觀政要集校》,謝保成集校,北京,中華書局,2003 年。

17. 韓愈,《韓愈文集彙校箋注》,劉真倫、岳珍校注,北京,中華書局,2010 年。

18. 柳宗元,《柳宗元文集》,北京,中華書局,1979 年。

19. 劉禹錫,《劉禹錫集》,《劉禹錫集》整理組點校,卞孝萱校訂,北京,中華書局,1990 年。

20. 歐陽修,《歐陽修全集》,李安逸點校,北京,中華書局,2001 年。

21. 蘇軾,《蘇軾文集》,孔凡禮點校,北京,中華書局,1986 年。

22. 李覯,《李覯集》,王國軒點校,北京,中華書局,2011 年。

23. 曾鞏,《曾鞏集》,陳杏珍、晁繼周點校,北京,中華書局,1984 年。

24. 石介,《徂徠石先生文集》,陳植鍔點校,北京,中華書局,1984 年。

25. 邵雍,《邵雍集》,郭彧整理,北京,中華書局,2010 年。

26. 司馬光,《資治通鑒》,胡三省音注,北京,中華書局,1956 年。

27. 張載,《張載集》,章錫琛點校,北京,中華書局,1978 年。

28. 程顥、程頤,《二程集》,王孝魚點校,北京,中華書局,1981 年。

29. 岳珂,《鄂國金佗稡編·續編校注》,王曾瑜校注,北京,中華書局,1989 年。

30. 朱熹,《朱子全書》(修訂本),朱傑人、嚴佐之、劉永翔主編,上海,上海古籍出版社,合肥,安徽教育出版社,2010 年。

31. 朱熹,《朱子全書外編》,朱傑人、嚴佐之、劉永翔主編,上海,華東師範大學出版社,2010 年。

32. 陸九淵,《陸九淵集》,鍾哲點校,北京,中華書局,1980 年。

33. 胡宏,《胡宏集》,吳仁華點校,北京,中華書局,1987 年。

34. 陳亮,《陳亮集》,北京,中華書局,1974 年。

35. 葉適,《習學記言序目》,北京,中華書局,1977 年。

36. 葉適,《葉適集》,劉公純、王孝魚、李哲夫點校,北京,中華書局,2010 年。

37. 呂本中,《官箴》,北京,中華書局,1985 年。

38. 陳淳,《北溪字義》,熊國禎、高流水點校,北京,中華書局,1983 年。

39. 真德秀,《西山政訓》,北京,中華書局,1985 年。

40. 張養浩,《張養浩集》,李鳴、馬振奎校點,長春,吉林文史出版社,2008 年。

41. 脫脫,《宋史》,北京,中華書局,1985 年。

42. 陳獻章,《陳獻章集》,孫通海點校,北京,中華書局,1987 年。

43. 王陽明,《王陽明全集》,吳光、錢明等編校,上海,上海古籍出版社,1992 年。

44. 李贄,《焚書 續焚書》,北京,中華書局,1975 年。

45. 劉宗周,《劉宗周全集》,吳光主編,杭州,浙江古籍出版社,2007 年。

46. 黃宗羲,《明儒學案》(修訂本),沈芝盈點校,北京,中華書局,2008 年。

47. 黃宗羲、全祖望,《宋元學案》,陳金生、梁運華點校,北京,中華書局,1986 年。

48. 陳確,《陳確集》,北京,中華書局,1979 年。

49. 顧炎武,《日知錄集釋》(全校本),黃汝成集釋,欒保群、呂宗力點校,上海,上海古籍出版社,2006 年。

50. 王夫之,《宋論》,舒士彥點校,北京,中華書局,1964 年。

51. 王夫之,《讀通鑒論》,舒士彥點校,北京,中華書局,1975 年。

52. 王夫之,《讀四書大全說》,北京,中華書局,1975 年。

53. 潘平格,《潘子求仁錄輯要》,鍾哲點校,北京,中華書局,2009 年。

54. 顏元,《顏元集》,王星賢、張芥塵、郭微點校,北京,中華書局,1987 年。

55. 蘇輿,《春秋繁露義證》,鍾哲點校,北京,中華書局,1992 年。

56. 章學誠,《文史通義校注》,葉瑛校注,北京,中華書局,1985 年。

57. 焦循,《孟子正義》,沈文倬點校,北京,中華書局,1987 年。

58. 龔自珍,《龔自珍全集》,王佩諍校,上海,上海古籍出版社,1975 年。

59. 陳立,《白虎通義疏證》,吳則虞點校,北京,中華書局,1994 年。

60. 孫星衍,《尚書今古文注疏》,陳抗、盛冬鈴點校,北京,中華書局,1986 年。

61. 吳毓江,《墨子校注》,孫啓治點校,北京,中華書局,1993 年。

62. 孫詒讓,《墨子間詁》,孫啓治點校,北京,中華書局,2001 年。

63. 劉寶楠,《論語正義》,高流水點校,北京,中華書局,1990 年。

64. 王先謙,《荀子集解》,沈嘯寰、王星賢點校,北京,中華書局,1988 年。

65. 程樹德,《論語集注》,程俊英、蔣見元點校,北京,中華書局,1990 年。

66. 王先慎,《韓非子集解》,鍾哲點校,北京,中華書局,1998 年。

67. 何寧,《淮南子集釋》,北京,中華書局,1998 年。

68. 楊伯峻，《孟子譯注》，北京，中華書局，1960 年。

69. 楊伯峻，《論語譯注》，北京，中華書局，1980 年。

70. 楊伯峻，《春秋左傳注》，北京，中華書局，2009 年。

71. 劉尚慈，《春秋公羊傳譯注》，北京，中華書局，2010 年。

72. 黎翔鳳，《管子校注》，梁運華整理，北京，中華書局，2004 年。

73. 黃暉，《論衡校釋》，北京，中華書局，1990 年。

74. 蔣禮鴻，《商君書錐指》，北京，中華書局，1986 年。

75. 王利器，《新語校注》，北京，中華書局，1986 年。

76. 王利器，《顏氏家訓集解》（增補本），北京，中華書局，1993 年。

77. 朱謙之，《老子校釋》，北京，中華書局，1984 年。

78. 徐元誥，《國語集解》（修訂本），王樹民、沈長雲點校，北京，中華書局，2002 年。

79. 陳戍國，《四書五經》（校注本），長沙，嶽麓書社，2006 年。

80. 黃懷信、張懋鎔、田旭東，《逸周書彙校集注》（修訂本），上海，上海古籍出版社，2007 年。

81. 黃懷信，《論語彙校集釋》，周海生、孔德立參撰，上海，上海古籍出版社，2008 年。

82. 李零，《郭店楚簡校讀記》（增訂本），北京，中國人民大學出版社，2007 年。

83. 陳鼓應，《老子注譯及評介》（修訂增補本），北京，中華書局，2009 年。

三、著作類（按作者姓氏音序排列，同作者按出版年排列）

1. 白鋼，《中國政治制度史》，北京，社會科學文獻出版社，2007 年。

2. 蔡元培，《中國倫理學史》，北京，商務印書館，1999 年。

3. 陳瑛，《中國倫理思想史》，長沙，湖南教育出版社，2004 年。

4. 陳來，《中國近世思想史研究》，北京，商務印書館，2003 年。

5. 陳來，《有無之境：王陽明哲學的精神》，北京，生活·讀書·新知三聯書店，2009 年。

6. 陳來，《古代宗教與倫理：儒家思想的根源》，北京，生活·讀書·新知三聯書店，2009 年。

7. 陳來，《古代思想文化的世界：春秋時代的宗教、倫理與社會思想》，北京，生活·讀書·新知三聯書店，2009 年。

8. 陳來，《朱子哲學研究》，北京，生活·讀書·新知三聯書店，2010 年。

9. 陳來，《詮釋與重建：王船山的哲學精神》，北京，生活·讀書·新知三聯書店，2010 年。

10. 陳澤環，《道德結構與倫理學：當代實踐哲學的思考》，上海，上海人民出版社，2009 年。

11. 陳少峰，《中國倫理學史》，北京，北京大學出版社，1996 年。

12. 陳谷嘉，《宋代理學倫理思想研究》，長沙，湖南大學出版社，2006 年。

13. 陳谷嘉，《元代理學倫理思想研究》，長沙：湖南大學出版社，2010 年。

14. 陳勁松，《儒化中國的維度》，北京，中國戲劇出版社，2006 年。

15. 陳戌國，《中國禮制史》，長沙，湖南教育出版社，2011 年。

16. 陳蘇鎮，《中國古代政治文化研究》，北京，北京大學出版社，2009 年。

17. 晁天義，《先秦道德與道德環境》，北京，中國社會科學出版社，2010 年。

18. 蔡尚思，《中國傳統思想總批判》，上海，上海世紀出版股份有限公司，上海古籍出版社，2006 年。

19. 蔡尚思，《中國禮教思想史》，上海，上海世紀出版股份有限公司，上海古籍出版社，2006 年。

20. 崔大華，《莊學研究》，北京，人民出版社，1992 年。

21. 崔大華，《儒學引論》，北京，人民出版社，2001 年。

22. 鄧廣銘，《岳飛傳》，北京，生活・讀書・新知三聯書店，2007 年。

23. 馮友蘭，《中國哲學史新編》，北京，人民出版社，1998 年。

24. 馮友蘭，《中國哲學史》，上海，華東師範大學出版社，2000 年。

25. 馮契，《中國古代哲學的邏輯發展》，北京，東方出版中心，2009 年。

26. 樊浩，《倫理精神的價值生態》，北京，中國社會科學出版社，2001 年。

27. 樊浩，《道德形而上學體系的精神哲學基礎》，北京，中國社會科學出版社，2006 年。

28. 方克立、李錦全，《現代新儒家學案》，北京，中國社會科學出版社，1995 年。

29. 方朝暉，《文明的毀滅與新生：儒學與中國現代性研究》，北京，中國人民大學出版社，2011 年。

30. 郭沫若，《十批判書》，北京，中國華僑出版社，2008 年。

31. 郭偉川，《儒家禮治與中國學術：史學與儒、道、釋三教論集》（修訂本），北京，北京圖書館出版社，2002 年。

32. 郭偉川，《先秦六經與中國主體文化》，北京，北京圖書館出版社，2007 年。

33. 郭維森，《屈原評傳》，南京，南京大學出版社，1998 年。

34. 葛兆光，《中國思想史》，上海，復旦大學出版社，2005 年。

35. 耿有權，《儒家教育倫理研究：以西方教育倫理為參照》，北京，中國社會科學出版社，2008 年。

36. 龔書鐸，《清代理學史》，廣州，廣東教育出版社，2007 年。

37. 龔鵬程，《儒學新思》，北京，北京大學出版社，2009 年。

38. 龔延明，《岳飛評傳》，南京，南京大學出版社，2001 年。

39. 干春松，《制度儒學》，上海，世紀出版集團，上海人民出版社，2006 年。

40. 甘懷眞，《皇權、禮儀與經典詮釋：中國古代政治史研究》，上海，華東師範大學出版社，2008 年。

41. 胡適，《中國哲學史大綱》，上海，上海世紀出版股份有限公司，上海古籍出版社，1997 年。

42. 侯外廬，《中國思想通史》（第一卷），北京，人民出版社，1957 年。

43. 侯外廬，《宋明理學史》（上冊），北京，人民出版社，1984 年。

44. 侯外廬，《宋明理學史》（下冊），北京，人民出版社，1987 年。

45. 胡發貴，《儒家朋友倫理研究》，北京，光明日報出版社，2008 年。

46. 何俊、范立舟，《南宋思想史》，上海，上海古籍出版社，2008 年。

47. 何懷宏，《良心論》，北京，北京大學出版社，2009 年。

48. 何茲全，《中國古代社會》，北京，北京師範大學出版社，2007 年。

49. 金觀濤、劉青峰，《中國現代思想的起源：超穩定結構與中國政治文化的演變》，香港，中文大學出版社，2000 年。

50. 金觀濤、劉青峰，《興盛與危機：論中國社會超穩定結構》，北京，法律出版社，2011 年。

51. 金觀濤、劉青峰，《開放中的變遷：再論中國社會超穩定結構》，北京，法律出版社，2011 年。

52. 金春峰，《漢代思想史》（增補第三版），北京，中國社會科學出版社，2006 年。

53. 焦國成，《中國倫理學通論》（上），太原，山西教育出版社，1997 年。

54. 姜林祥，《中國儒學史》（七卷本），廣州，廣東教育出版社，1998 年。

55. 姜廣輝，《中國經學思想史》（第一卷），北京，中國社會科學出版社，2003 年。

56. 季乃禮，《三綱六紀與社會整合——由〈白虎通〉看漢代社會人倫關係》，北京，中國人民大學出版社，2004 年。

57. 康中乾，《魏晉玄學》，北京，人民出版社，2008 年。

58. 孔子基金會，《中國儒家百科全書》，北京，中國大百科全書出版社，1997 年。

59. 羅國傑，《倫理學》，北京，人民出版社，1989 年。

60. 羅國傑，《中國傳統道德》，北京，中國人民大學出版社，1995 年。

61. 羅國傑，《中國倫理思想史》，北京，中國人民大學出版社，2008 年。

62. 羅安憲，《中國孔學史》，北京，人民出版社，2008 年。

63. 羅熾、白萍，《中國倫理學》，武漢，湖北人民出版社，2002 年。

64. 李澤厚，《中國近代思想史論》，天津，天津社會科學院出版社，2003 年。

65. 李澤厚，《中國古代思想史論》，北京，生活·讀書·新知三聯書店，2008 年。

66. 李學勤，《中國古代文明研究》，上海，華東師範大學出版社，2009 年。

67. 李德順，《價值論》（第 2 版），北京，中國人民大學出版社，2007 年。

68. 李幼蒸，《儒學解釋學：重構中國倫理思想史》，北京，中國人民大學出版社，2009 年。

69. 李申，《簡明儒學史》，北京，中國人民大學出版社，2006 年。

70. 李琪明，《倫理與生活──善惡的變與辨》，臺北，五南圖書出版股份有限公司，2003 年。

71. 李好，《行政忠誠理論與實踐》，長沙，湖南大學出版社，2008 年。

72. 劉餘莉，《儒家倫理學：規則與美德的統一》，北京，中國社會科學出版社，2011 年。

73. 雷學華，《忠──忠君思想的歷史考察》，南寧，廣西人民出版社，1996。

74. 劉澤華，《中國政治思想史》，杭州，浙江人民出版社，1996 年。

75. 劉澤華、葛荃，《中國古代政治思想史》（修訂本），天津，南開大學出版社，2001 年。

76. 劉澤華，《中國政治思想史論集》，北京，人民出版社，2008 年。

77. 劉宗賢、蔡德貴，《陽明學與當代新儒學》，北京，中國人民大學出版社，2009 年。

78. 劉美紅，《先秦儒學對「怨」的診斷與治療》，廣州，中山大學出版社，2010 年。

79. 勞思光，《新編中國哲學史》，桂林，廣西師範大學出版社，2005 年。

80. 梁濤，《郭店竹簡與思孟學派》，北京，中國人民大學出版社，2008 年。

81. 魯芳，《道德的心靈之根──儒家「誠」論研究》，長沙，湖南師範大學出版社，2004 年。

82. 牟宗三，《心體與性體》，上海，上海世紀出版股份有限公司，上海古籍出版社，1999 年。

83. 牟宗三，《從陸象山到劉蕺山》，上海，上海世紀出版股份有限公司，上海古籍出版社，2001 年。

84. 牟宗三，《政道與治道》，桂林，廣西師範大學出版社，2006 年。

85. 牟宗三，《才性與玄理》，桂林，廣西師範大學出版社，2006 年。

86. 牟宗三，《歷史哲學》，桂林，廣西師範大學出版社，2007 年。

87. 蒙培元，《中國哲學主體思維》，北京，人民出版社，1993 年。

88. 蒙培元，《心靈超越與境界》，北京，人民出版社，1998 年。

89. 聶石樵，《屈原論稿》，北京，中華書局，2010 年。

90. 錢穆，《中國文化史導論》，北京，商務印書館，1994 年。

91. 錢穆，《國史大綱》，北京，商務印書館，1996 年。

92. 錢穆，《中國近三百年學術史》，北京，商務印書館，1997 年。

93. 錢穆，《朱子新學案》，北京，九州出版社，2011 年。

94. 錢廣榮，《中國倫理學引論》，合肥，安徽人民出版社，2009 年。

95. 屈直敏，《敦煌寫本類書〈勵忠節鈔〉研究》，北京，民族出版社，2007 年。

96. 任繼愈，《中國哲學史》（第 1～3 冊），北京，人民出版社，1996 年。

97. 任繼愈，《中國哲學史》（第 4 冊），北京，人民出版社，1997 年。

98. 沈善洪、王鳳賢，《中國倫理思想史》，北京，人民出版社，2005 年。

99. 沈順福，《儒家道德哲學研究：德性倫理學視野中的儒學》，濟南，山東大學出版社，2005 年。

100. 薩孟武，《儒家政論衍義——先秦儒家政治思想的體系及其演變》，臺北，東大圖書有限公司，1981 年。

101. 湯用彤，《魏晉玄學論稿》，北京，生活·讀書·新知三聯書店，2009 年。

102. 湯一介，《郭象與魏晉玄學》（第三版），北京，北京大學出版社，2009 年。

103. 湯一介、李中華，《中國儒學史》（九卷本），北京，北京大學出版社，2011 年。

104. 唐君毅，《文化意識與道德理性》，桂林，廣西師範大學出版社，2005 年。

105. 唐凱麟、張懷承，《成人與成聖——儒家倫理道德精粹》，長沙，湖南大學出版社，1999 年。

106. 唐凱麟、王澤應，《20 世紀中國倫理思潮》，北京，高等教育出版社，2003 年。

107. 唐代興，《生存與幸福：倫理構建的知識論原理》，北京，中國社會科學出版社，2010 年。

108. 唐賢秋，《道德的基石：先秦儒家誠信思想論》，北京，中國社會科學出版社社，2004 年。

109. 唐明燕，《前秦儒學視域下的中華民族精神研究》，北京，人民出版社，2010 年。

110. 涂可國,《儒學與人的發展》,濟南,齊魯書社,2011 年。

111. 韋政通,《倫理思想的突破》,北京,中國人民大學出版社,2005 年。

112. 韋政通,《中國哲學辭典》,長春,吉林出版集團有限責任公司,2009 年。

113. 韋政通,《中國思想史》,長春,吉林出版集團有限責任公司,2009 年。

114. 韋政通,《韋政通文集》,何卓恩、王立新編,北京,中華書局,2011 年。

115. 萬俊人,《尋求普世倫理》,北京,北京大學出版社,2009 年。

116. 王爾敏,《晚清政治思想史論》,桂林,廣西師範大學出版社,2007 年。

117. 王海明,《新倫理學》(修訂版),北京,商務印書館,2008 年。

118. 王子今,《「忠」觀念研究——一種政治道德的文化源流與歷史演變》,長春,吉林教育出版社,1999 年。

119. 王成,《中國古代忠文化研究》,香港,香港天馬出版有限公司,2004 年。

120. 王鴻生,《歷史的瀑布與峽谷:中華文明的文化結構和現代轉型》,北京,中國人民大學出版社,2007 年。

121. 王澤應,《20 世紀中國馬克思主義倫理思想研究》,北京,人民出版社,2008 年。

122. 吳來蘇、安雲鳳,《中國傳統倫理思想評介》,北京,首都師範大學出版社,2002 年。

123. 魏義霞,《理性與啓蒙:宋元明清道德哲學研究》,北京,商務印書館,2009 年。

124. 蕭公權,《中國政治思想史》,北京,新星出版社,2010 年。

125. 徐復觀,《兩漢思想史》,上海,華東師範大學出版社,2001 年。

126. 徐復觀,《中國人性論史》,上海,華東師範大學出版社,2005 年。

127. 蕭羣忠,《孝與中國文化》,北京,人民出版社,2001 年。

128. 蕭羣忠,《道德與人性》,鄭州,河南人民出版社,2003 年。

129. 蕭羣忠,《倫理與傳統》,北京,人民出版社,2006 年。

130. 蕭羣忠,《中國道德智慧十五講》,北京,北京大學出版社,2008 年。

131. 許建良,《先秦儒家的道德世界》,北京,中國社會科學出版社,2008 年。

132. 許亞非,《中國傳統道德規範及其現代價值研究》,成都,四川大學出版社,2002 年。

133. 香港浸會大學宗教與哲學系,《當代儒學與精神性》,桂林,廣西師範大學出版社,2009 年。

134. 夏鼐,《中國文明的起源》,北京,中華書局,2009 年。

135. 夏征農,《大辭海》(哲學卷),上海,上海辭書出版社,2003 年。

136. 余英時,《士與中國文化》,上海,上海人民出版社,2003 年。

137. 余英時，《朱熹的歷史世界：宋代士大夫政治文化研究》，北京，生活‧讀書‧新知三聯書店，2004 年。

138. 余英時，《余英時文集》，桂林，廣西師範大學出版社，2004 年。

139. 余英時，《現代儒學論》，上海，上海人民出版社，2010 年。

140. 余明俠，《諸葛亮評傳》，南京，南京大學出版社，1996 年。

141. 楊國榮，《倫理與存在——道德哲學研究》，上海，華東師範大學出版社，2009 年。

142. 楊國榮，《道論》，上海，華東師範大學出版社，2009 年。

143. 楊國榮，《善的歷程——儒家價值體系研究》，上海，華東師範大學出版社，2009 年。

144. 楊國榮，《孟子的哲學思想》，上海，華東師範大學出版社，2009 年。

145. 楊國榮，《王學通論——從王陽明到熊十力》，上海，華東師範大學出版社，2009 年。

146. 楊國榮，《心學之思——王陽明哲學的闡釋》，上海，華東師範大學出版社，2009 年。

147. 楊澤波，《孟子性善論研究》（修訂版），北京，中國人民大學出版社，2010 年。

148. 楊建祥，《儒家官德論》，南昌，江西出版集團，江西人民出版社，2007 年。

149. 俞世偉、白燕，《規範‧德性‧德行：動態倫理道德體系的實踐性研究》，北京，商務印書館，2009 年。

150 袁行霈，《中國文學史》，北京，高等教育出版社，1999 年。

151. 張岱年，《中國哲學大綱》，北京，中國社會科學出版社，1982 年。

152. 張岱年，《中國倫理思想研究》，南京，江蘇教育出版社，2009 年。

153. 張豈之，《中國思想學說史》，桂林，廣西師範大學出版社，2007 年。

154. 張錫勤、柴文華，《中國倫理道德變遷史稿》，北京，人民出版社，2008 年。

155. 張錫勤，《中國傳統道德舉要》，哈爾濱，黑龍江大學出版社，2009 年。

156. 張錫勤，《儒學在近代中國的命運》，北京，人民出版社，2011 年。

157. 張繼軍，《先秦道德生活研究》，北京，人民出版社，2011 年。

158. 張燕嬰，《先秦「仁」學思想研究：儒墨道法家「仁」論說略》，北京，中國社會科學出版社，2010 年。

159. 張華夏，《現代科學與倫理世界：道德哲學的探索與反思》（第 2 版），北京，中國人民大學出版社，2010 年。

160. 張德勝，《儒家倫理與社會秩序：社會學的詮釋》，上海，上海人民出版社，2010 年。

161. 張耀南，《中國哲學批評史論》，北京：商務印書館，2009 年。

162. 張崑將，《德川日本「忠」「孝」概念的形成於發展——以兵學與陽明學爲中心》，上海，華東師範大學出版社，2008 年。

163. 張麗珠，《中國哲學史三十講》，北京，北京師範大學出版社，2010 年。

164. 張大可，《司馬遷評傳》，南京，南京大學出版社，1994 年。

165. 張舜清，《儒家「生」之倫理思想研究》，北京，中國社會科學出版社，2010 年。

166. 周予同，《周予同經學史論》，朱維錚編校，上海，世紀出版集團，上海人民出版社，2010 年。

167. 周桂鈿，《中國傳統政治哲學》，石家莊，河北人民出版社，2007 年。

168. 朱伯崑，《易學哲學史》，北京，崑崙出版社，2009 年。

169. 朱維錚，《走出中世紀》（增訂本），上海，復旦大學出版社，2009 年。

170. 朱漢民，《忠孝道德與臣民精神——中國傳統臣民文化論析》，鄭州，河南人民出版社，1994 年。

171. 朱貽庭，《中國傳統倫理思想史》（第四版），上海，華東師範大學出版社，2009 年。

172. 趙汀陽，《論可能的生活》（第 2 版），北京，中國人民大學出版社，2010 年。

173. 鄭國光，《聖王之道：先秦諸子的經世智慧》，北京，中華書局，2010 年。

174. 趙園，《明清之際士大夫研究》，北京，北京大學出版社，1999 年。

四、譯著類（按作者國籍音序排列）

1. 〔德〕羅哲海，《軸心時期的儒家倫理》，陳詠明、翟德瑜譯，鄭州，大象出版社，2009 年。

2. 〔德〕鮑吾剛，《中國人的幸福觀》，嚴蓓雯、韓雪臨、吳德祖譯，南京，江蘇人民出版社，2009 年。

3. 〔德〕阿爾伯特·史懷哲，《中國思想史》，常暄譯，北京，社會科學文獻出版社，2009 年。

4. 〔古希臘〕亞里士多德，《尼各馬可倫理學》，廖申白譯注，北京，商務印書館，2003 年。

5. 〔加拿大〕貝淡寧，《中國新儒家》，吳萬偉譯，徐志躍校，上海，上海三聯書店，2010 年。

6. 〔美〕狄百瑞，《儒家的困境》，黃水嬰譯，北京，北京大學出版社，2009 年。

7. 〔美〕安・蘭德,《自私的德性》,焦曉菊譯,北京,華夏出版社,2007年。

8. 〔美〕田浩,《朱熹的思維世界》(增訂版),南京,江蘇人民出版社,2009年。

9. 〔美〕約翰・羅爾斯,《正義論》,何懷宏、何包鋼、廖申白譯,北京,中國社會科學出版社,1988年。

10. 〔美〕約瑟夫・列文森,《儒教中國及其現代命運》,鄭大華、任菁譯,桂林,廣西師範大學出版社,2009年。

11. 〔日本〕島田虔次,《中國思想史研究》,鄧紅譯,上海,上海古籍出版社,2009年。

12. 〔日本〕島田虔次,《中國近代思維的挫折》,甘萬萍譯,南京,江蘇人民出版社,2008年。

13. 〔日本〕酒井忠夫,《中國善書研究》(增補版),劉岳兵、何英鶯譯,南京:江蘇人民出版社,2010年。

14. 〔日本〕吉川忠夫,《六朝精神史研究》,王啓譯,南京,江蘇人民出版社,2010年。

15. 〔日本〕土田健次郎,《道學之形成》,朱剛譯,上海,上海古籍出版社,2010年。

16. 〔智利〕達里奧・薩拉斯,《道德觀》,王再勵譯,北京,知識出版社,2006年。

五、論文類（按作者姓氏音序排列）

1. 卜師霞,「孔子忠恕思想的內涵」,《孔子研究》,2007年第5期。

2. 陳其泰,「司馬遷與孔子:兩位文化巨人的學術關聯」,《孔子研究》,1991年第4期。

3. 戴黍,「試析儒家忠恕思想中的『己』」,《道德與文明》,2007年第3期。

4. 范鵬、白奚,「『禮』、『忠』、『孝』的現代詮釋」,《孔子研究》,1997年第4期。

5. 龔延明,「岳飛是『精忠』還是『愚忠』辨析」,《學術月刊》,2002年第4期。

6. 郭學信,「范仲淹人格與儒家忠道意識」,《學海》,2002年第5期。

7. 葛晨虹,「弘揚民族精神與傳承文化傳統」,《倫理學研究》,2003年第4期。

8. 郝虹,「東漢儒家忠君觀念的強化」,《孔子研究》,2000年第3期。

9. 黃君良,「《忠信之道》與戰國時期的忠信思潮」,《管子學刊》,2003年第3期。

10. 洪修平,「論儒學的人文精神及其現代意義」,《中國社會科學》,2000 年第 6 期。

11. 洪興文,「權力主體忠誠於權力客體：和諧社會的權力倫理基礎」,《道德與文明》,2008 年第 1 期。

12. 浩菲,「關於孔子忠恕思想的界說問題」,《孔子研究》,2003 年第 4 期。

13. 景懷斌,「『忠恕』與『通情』──兩種人際認知方式的過程與特徵」,《孔子研究》,2005 年第 5 期。

14. 李奇,「論孝與忠的社會基礎」,《孔子研究》,1990 年第 4 期。

15. 李克非,「論司馬遷的史學道德」,《道德與文明》,1986 年第 5 期。

16. 李甦平,「中日早期儒學『忠』範疇比較」,《孔子研究》,1991 年第 4 期。

17. 李好,「論忠誠之爲政治倫理美德」,《道德與文明》,2008 年第 3 期。

18. 李鵬,「士人傳統與立命安身──鮑照與劉宋忠孝觀念的離合」,《孔子研究》,2010 年第 3 期。

19. 潘世冬,「屈原人生歸宿的宗教學闡釋」,《宗教學研究》,2001 年第 3 期。

20. 錢遜,「對『夫子之道,忠恕而已矣』的理解」,《中國哲學史》,2005 年第 1 期。

21. 沈榮森,「先秦儒家忠君思想淺探──兼論『三綱』之源」,《孔子研究》,1990 年第 1 期。

22. 田耕滋,「從思維方式看屈原生命悲劇的人性深度」,《孔子研究》,2008 年第 5 期。

23. 王國良,「從忠君到天下爲公──儒家君臣關係論的演變」,《孔子研究》,2000 年第 5 期。

24. 王澤強,「從郭店竹簡看屈原對儒家思想的承襲」,《學海》,2002 年第 5 期。

25. 王長坤、張波,「從『曲忠維』到『移孝作忠』──先秦儒家孝忠觀念考」,《管子學刊》,2010 年第 1 期。

26. 王成、裴植,「《管子》忠思想研究」,《管子學刊》,2007 年第 3 期。

27. 萬俊人,「人爲什麼要有道德？（上）」,《現代哲學》,2003 年第 1 期。

28. 萬俊人,「人爲什麼要有道德？（下）」,《現代哲學》,2003 年第 2 期。

29. 萬俊人,「儒家傳統教育理念的現代合理性及其限度」,《孔子研究》,1997 年第 1 期。

30. 武振偉,「從楚與中原各國關係看屈原的愛國問題」,《管子學刊》,2005 年第 3 期。

31. 吳眞,「道教修道生活的忠與孝──以初唐『致拜君親』論爭爲中心」,《現代哲學》,2009 年第 4 期。

32. 熊坤新，「愛國詩《國殤》──屈原」，《道德與文明》，1987 年第 5 期。

33. 蕭羣忠，「論『忠』及其現代意義」，《西北師大學報》(社會科學版)，1990 年第 6 期。

34. 蕭羣忠，「孝與中國國民性」，《哲學研究》，2000 年第 7 期。

35. 蕭羣忠，「儒者的安身立命之道」，《哲學研究》，2010 年第 2 期。

36. 謝遂聯，「智慧與忠義之間──論諸葛亮的『人謀』悲劇」，《西南交通大學學報》(社會科學版)，2006 年第 4 期。

37. 邢培順，「孔子『忠恕』思想發微」，《管子學刊》，2009 年第 3 期。

38. 閻長貴，「必須堅決摒棄封建道德──從忠孝談起」，《哲學研究》，1963 年第 6 期。

39. 姚潤月，「忠的觀念與近代中國民族主義」，《學海》，2010 年第 4 期。

40. 張善城，「評忠君道德」，《哲學研究》，1980 年第 9 期。

41. 張強，「司馬遷與西漢學術思想」，《學海》，2004 年第 6 期。

42. 張曉松，「『移孝作忠』──《孝經》思想的繼承、發展及影響」，《孔子研究》，2006 年第 6 期。

43. 章濤，「試談忠恕之道的認識方法意義」，《道德與文明》，1985 年第 1 期。

44. 周俊武，「論曾國藩的忠孝觀」，《倫理學研究》，2004 年第 3 期。

45. 左高山，「論『忠』與『信』的政治倫理意蘊與當代轉換」，《倫理學研究》，2004 年第 5 期。

六、外文參考文獻（按作者名首字母排列）

1. Emmett Barcalow：Moral Philosophy：*Theory and Issues（Third Edition）*, Wadsworth, USA, 2003.

2. Lawrence M.Hinman：Ethics：*A Pluralistic Approach to Moral Theory（Third Edition）*, Wadsworth, USA, 2003.

3. Terry Eagleton：*Trouble with Strangers：A Study of Ethics*，Blackwell, UK, 2009.

4. William H.Shaw：*Contemporary Ethics：Taking Account of Utilitarianism*，Blackwell, UK, 1999.

後　記

　　本書是由我的博士論文改寫而成。

　　2009 年 9 月，我考進中國人民大學攻讀博士學位時，「志存天地，不屑雷霆」，而現在越發感受到了「知者不言，言者不知」的道理了。讀的書越多，就越感到自己的無知；理解得越深，就越為曾經的幼稚而感到慚愧。博士論文就是在這種戰戰兢兢的狀態下寫成的。

　　博士論文的完成，首先要感謝導師蕭羣忠教授！論文從選題、結構、修改、定稿，都凝結著導師的心血，只是我天生愚鈍，才學疏淺，未達導師之意處猶多，深感汗顏。導師學問淵綜廣博、治學嚴謹、德行致厚，讓我受惠良多，對導師的教誨之情、扶掖之恩，心存感激，不敢忘懷。

　　在人大學習三年，得到了中國人民大學焦國成教授、葛晨虹教授、龔群教授、張立文教授、宋志明教授、楊慶中教授、彭永捷教授、羅安憲教授、梁濤教授、張志偉教授、曹剛老師、李茂森老師、郭清香老師、楊偉清老師、張霄老師、劉瑋老師等諸位老師的指導和關心，讓我受益匪淺，在此表示衷心感謝！山東大學王成教授贈送的《中國古代忠文化研究》一書對我啓發很大，感謝王老師的幫助！

　　還要感謝家人、同學、朋友對我的幫助！讀博三年他們為我提供了物質保障和精神鼓勵，解決了我學習和生活上的後顧之憂。

　　諸位的恩德與厚愛，定當銘鏤於心，只是找學埋不精，智行淺薄，除了在學業上繼續堅持「斷之以勇猛精進，持之以漸漬薰陶」的為學宗旨之外，無以言謝！

歐陽輝純

2014 年春節於永州石溪江上游嶺口村